NEW 영어학개론

15가지 주제로 알아보는, 영어학 입문자를 위한 개념서

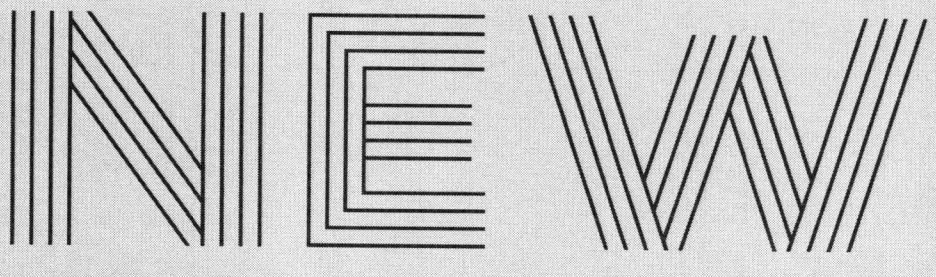

NEW 영어학개론

김형엽 지음

글로벌콘텐츠

들어가면서

　　언어를 연구하는 과정은 단순한 지식의 축적과 집합에만 멈추지 않는다. 언어라는 광활하고 매우 흥미로운 영역을 체계적으로 탐험하고 세심하게 살피려면, 마치 지도를 바라보듯이 모든 과정을 확실하게 하나씩 짚고 넘어가야 한다. 이러한 언어 탐구 과정은 언어의 가장 미시적인 구성 요소들로부터 출발해야 하며, 인간의 정신과 사회 속에서 언어의 활약상을 조목별로 관찰해야 한다. 또한, 언어가 현대 세상을 형성하는 과정에 이바지하는 역할을 확인해야 하며, 인간의 장구한 사상과 지성의 흐름 속에서 언어의 위상까지 총체적인 형태를 이해하는 광범위한 노력이 반드시 전제되어야 한다. 그리고 언어학 연구란 인류 자체를 정의하는 인지적이면서도 사회적 측면의 청사진을 함께 들여다보아야 한다. 결과적으로 인간 언어 탐험은 언어를 인간 사고의 본질, 인간 세계의 관계적 역학, 그리고 인간을 하나의 인류로 묶는 보편적 유산을 확인하는 광범위한 통찰의 확보 과정이라고 정리할 수 있을 것이다.

　　본 저서의 목적은 과학적이면서 체계적인 방법으로 영어를 탐구하고, 영어의 언어적 본질과 구조, 기능, 그리고 변화의 원리를 상세하게 밝히려는 시도라고 볼 수 있다. 그것은 영어가 단순히 외국어로서 배우는 기술과 방법론에만 제한되지 않으며, 영어라는 언어의 기저에 흐르는 보편적인 원리와 고유한 특성을 파헤치는 지적 탐험의 과정이라고 보아야 한다. 그리고 저서를 대할 독자들에게 영어의 새롭고 경이로운 세계로 첫발을 내딛도록 안내자 역할을 톡톡히 하리라고 믿는다. 따라서 영어에 대해서 막연한 호기심을 가진 사람부터 언어학을 전공하고자 하는 학습자에 이르기까지 누구에게든 영어를 언어학적 방향에서 핵심적인 개념과 이론을 흥미롭게 접하는 기회를 열어줌과 동시에 영어 연관 지식 학습의 폭을 충분하게 넓혀주는 즐거움의 장이 될 수 있을 것이다.

저서의 내용 구성은 모두 15개의 장으로 이루어져 있으며, 언어학의 가장 기초적인 단위에서부터 가장 넓은 사회·문화적 맥락을 총망라해서 점진적으로 영어에 대한 시야를 넓혀나가는 방식으로 구성되어 있다. 우선 제1장은 언어학 입문 소개의 글로서 영어를 이해하는 여정을 위한 기틀을 다지는 방법을 언급하고 있다. 영어의 언어로서 독특한 특성을 검토하고, 영어학의 대상을 제시하면서 접근 방법들을 소개한다. 이러한 내용에 기초해서 영어학의 연구 목표와 정체성을 명확히 설명하고, 영어가 의사소통, 사회, 인지 등 다양한 측면에서 접근하는 연구 동향을 제시하려고 한다.

그리고 제2장부터 제6장까지는 언어의 내적 구조를 탐구하는 영어학의 핵심 분야들을 차례대로 살펴보려고 한다. 가장 작은 소리 단위부터 시작하여 단어, 문장, 담화 그리고 의미에 이르는 과정들을 차근차근 밟아나갈 것이다. 제2장 음성학과 음운론 분야에서 인간이 생산하는 말소리의 물리적 특성과 영어의 소리 조직과 운영 체계를 정리한다. 제3장 형태론은 단어를 주축으로 의미상 가장 작은 단위인 형태소들이 결합하여서 단어를 형성 방식에 연계된 요인들을 탐구한다. 이어 제4장 통사론에서는 단어들이 결합하여 구와 문장을 구성하는 구조적 원리를 파악하고, 제5장 의미론 그리고 제6장 화용론에서는 단어와 문장이 담고 있는 의미의 본질과 실제 대화 상황 속에서 주어진 의미가 해석되는 방식과 기능을 심도 있게 들여다본다. 이러한 설명은 영어가 언어의 정교한 건축물로서 설계도에 따라 구축되는 단계를 한 계단식 확인하는 과정으로 보아야 한다.

다음으로 명심할 점이 있다면, 언어가 진공 속에서 홀로 존재하지 않는다는 사실이며, 영어 또한 이와 마찬가지임을 명심해야 한다. 언어는 활용하는 사람들의 삶과 환경 요인으로서 사회는 물론 인간의 정신 속에 깊이 뿌리내리고 있다. 영어도 하나의 언어로서 같은 맥락을 따른다는 점을 반드시 짚어야 한다. 그래서 중반부 제7장부터 제13장까지는 영어와 인간 세계의 접점들을 탐구, 검토하는 응용과 연계 분야들을 다루려고 한다. 제7장 사회언어학 그리고 제12장 인류언어학 부분에서 사회 계층, 지역, 문화, 성별 등 다양한 사회적 요인이 영어와 상호작용하는 상황을 살피고, 영어가 세계관을 반영하는 방식도 아울러 관찰한다. 제8장 심리언어학에서 아동의 언어 습득 과정, 영어 이외 외국어 학습과 함께 인간의 두뇌가 영어를 이해하고 생성하는 인지 과정을 추적한다. 영어의 역사를 추적하는 과거로의 시간 여행 차원에서 제9장 역사언어학은 영어가 시간을 거치면서 변화한 상황을 분석하고, 다른 언어들과 인간의 가계도처럼 친족 관계가 있는지를 비교하고, 초기 언어 형태를 재구성하는 방법을 제시한다. 그 외에도 현대 사회의 변화에 발맞춘 분야들도 반드시 살펴보아야 한다. 제10장 전산언어학에서는 인공지능, 자연어 처리, 기계 번역 등 컴퓨터를 통해 언어를 분석하고 처리하는 기술과 그 원리를 소개하고, 제11장 문자 체계와 철자법에서는 인류의 위대한 발명품인 문자의 유형과 역사를 다룬다. 제13장 응용언어학에서는 언어 교육, 번역, 법률, 언어치료 등 언어학적 지식이 현실 문제 해결에 관여하는 상태를 보임으로써 학문적 탐구의 실용적 가치를 조명한다. 그리고 제14장과 제15장을 통해서 언어학이라는 학문의 과거와 미래를 조망하며, 영어 이해 여정을 마무리할 것이다. 제14장 언어학 이론

발자취에서 고대 인도와 그리스 시대부터 근대 구조주의 언어학, 생성문법 이론을 거쳐 지금까지 언어에 대한 인류의 사상적 흐름을 되짚어보면서 현재 학문적 연구 좌표지점을 확인한다. 제15장 최신 동향과 미래 방향을 통해서 뇌과학, 인공지능 등 인접 학문과의 융합, 기술 발전에 따른 새로운 연구 방법론과 세계화 시대 영어의 끊임없는 진화와 영어학의 미래 상황을 그려볼 것이다.

본 저서는 일종의 여행 지도와 같게 구성되어 이 책을 읽는 누구든 영어에 관심이 있다면 내용 구성을 주축으로 기초 지식을 하나씩 쌓아가고, 그러한 과정을 기반으로 영어에 관해서 충분하게 배경지식을 확충할 수 있을 것이다. 이 글을 통해서 저서가 완성될 수 있도록 노력을 아끼지 않았던 글로벌콘텐츠 홍정표 대표님께 심심한 감사의 말을 꼭 남기고 싶다. 초기 『영어학 개론』 기획부터 이번 기획된 출판까지 물심양면의 후원이 없었다면, 현재 저서의 탄생을 기약하기가 쉽지 않았을 것이다. 그리고 출판 과정에 관련하셨던 관계자 모든 분께도 깊은 감사 마음을 보내고 싶다. 내용 완성의 단계에서 항상 옆에서 묵묵히 곁을 지켜주었던 사랑하는 제자 나형준 학생에게도 고마움을 전하고자 한다. 처음 본 저서의 출판을 마음에 담았을 당시부터 현시점까지 스승이 용기를 내어서 저술 작업에 돌입할 수 있도록 격려와 조언을 아끼지 않던 그의 열정을 지금도 생생하게 기억하고 있다. 끝으로 앞으로 본 저서를 토대로 영어학이 더 광범위한 분야에서 수많은 독자층에서 관심을 불러일으키고, 미래 AI 시대에서 영어학이 새로운 국면에서 눈부시게 발전할 수 있기를 진심으로 기대하면서 소개의 글을 마치려고 한다.

2025년 가을의 입구에서
저자 김형엽

차례

들어가면서 4

제1장   언어학 입문
　　　　1. 언어 특성과 언어학 이해 **14**
　　　　2. 언어학 연구 현황 이해 **18**
　　　　3. 의사소통 중심 언어학 연구 태동 **24**
　　　　4. 언어와 사회 관계성 관련 연구 **29**
　　　　5. 언어 습득 상황 탐구 **36**
　　　　6. 언어학의 미래 동향 **43**
　　　　7. 언어학의 하위 구성 분야 정리 **47**

제2장   음성학과 음운론
　　　　1. 음성학과 음운론 이해 **58**
　　　　2. 음소에 대하여 **60**
　　　　3. 음성의 구별 방식에 대하여 **69**

제3장   형태론
　　　　1. 형태소와 그 종류 **94**
　　　　2. 단어 형성 규칙 **111**

제4장   통사론
　　　　1. 문장 성분 이해 **133**

2. 구 구조 규칙과 문장 성분 구조 **139**

3. 변형생성이론 중심 문장 구조 이해 **148**

제5장　의미론

1. 어휘의 의미론 **159**

2. 반의어 **174**

3. 구와 문장의 의미론 **185**

제6장　화용론

1. 화용론과 의미론의 차이 **198**

2. 발화 행위 **199**

3. 수행 발화 **207**

4. 격률과 함축 **210**

5. 지시어 **215**

6. 담화 분석과 텍스트 언어학 **219**

제7장　사회언어학

1. 언어적 변이와 사회적 요인 **224**

2. 방언에 대하여 **228**

3. 공손 표현 방안 이론 **236**

4. 언어 접촉과 다중언어 사용 **240**

5. 언어 계획과 정책 **244**

제8장　심리언어학

1. 아동의 언어 습득 **250**

2. 제2 언어 습득 **254**

3. 언어 처리 **260**

4. 언어 생성 **261**

    5. 상호 연결성 **263**

    6. 신경학 기초 이해 **263**

    7. 언어 변이, 변화, 그리고 정체성 **268**

제9장   역사언어학

    1. 비교 방법과 언어 계통 **274**

    2. 음운 변화와 그림 법칙 **278**

    3. 문화와 사회의 영향 **286**

    4 영국의 역사적 발달 과정에 따른 영어의 변천 과정 **290**

제10장   전산언어학

    1. 자연어 처리의 기초 **308**

    2. 언어학과 머신러닝 **313**

    3. 인공지능과 언어의 이해 **316**

    4. 코퍼스 언어학과 텍스트 마이닝 **320**

    5. 음성 인식과 합성 **323**

    6. 응용 분야와 도전 과제 **325**

제11장   문자 체계와 철자법

    1. 문자 체계의 유형 **328**

    2. 문자의 역사적 발전 **331**

    3. 철자법과 철자 개혁 **335**

    4. 디지털 커뮤니케이션과 특수 표기 방식 **338**

제12장   인류언어학

    1. 언어, 문화, 그리고 세계관 **344**

    2. 언어 사용의 민족지학 **348**

3. 언어 공동체 350

    4. 언어적 상대성의 재검토 351

    5. 의례와 사회적 관습에서의 언어 355

제13장 응용언어학

    1. 언어 교수법 360

    2. 번역 이론과 실천 365

    3. 법률에서의 언어 369

    4. 임상언어학과 언어치료 372

제14장 언어학 이론 발자취

    1. 고대 인도 시대 언어 관점 378

    2. 고대 그리스 시대 380

    3. 로마 시대 언어학 384

    4. 중세 유럽의 언어학 이론 385

    5. 르네상스와 비교 언어학의 시작 386

    6. 역사 언어이론의 태동 388

    7. 구조주의의 탄생 391

    8. 현대 언어학 시대 태동 394

제15장 최신 동향과 미래 방향

    1. 언어학의 학제적 접근 402

    2. 언어연구의 기술적 발전 404

    3. 세계화와 언어에 미치는 영향 407

    4. 새로운 연구 분야와 트렌드 410

제1장

언어학 입문

1 언어 특성과 언어학 이해

언어학 분야는 인간이 언어를 생산하고 해석하는 능력을 연구하는 학문이다. 언어는 언어학 연구의 핵심적 자료이고, 특정 지역 언어의 경우 관련된 언어라면 방언까지 포함하여 언어 자체의 특성으로서 내부 구성 요소들과 구조 등이 주요 연구 대상이며, 더 나아가서는 언어 화자의 사회적 연관성과 언어들 사이의 관계성도 관찰하고 규명한다.

현대 언어학에서는 언어의 내부 구성 요소들과 이들의 체계적 구조를 모델 구축 방식으로 철저하게 규명하고 기술하여 이론적 모델을 제시하고 있다. 그리고 언어는 연구 대상으로서 청각, 시각, 촉각 등 감각을 통해 관찰이 가능한 물리적 형태를 지니고 있다. 예를 들면 언어 화자의 발화를 청각 기관으로 수용하는 청취, 글자나 수화처럼 외면적으로 관찰하는 시각적 관찰, 점자처럼 읽는 방식이 다른 글자 체계의 촉각 확인 등 여러 수용 상황을 생각해 볼 수 있다.

언어의 대표적인 구성 요소는 외적 형태를 중심으로 문장, 구, 단어, 음절, 음소처럼 구조화된 대상들로 분류될 수 있다. 이와 같은 언어의 구성 요소들은 각자 별도의 규칙을 갖추고 있으며, 구성 요소 중 가장 작은 단위인 소리 요소인 음소를 시작으로 문장 구성 방식까지 규칙적 결합 방법을 기반으로 그 범위를 넓혀갈 수 있다.

■ 1.1. 언어의 내적 부문 연구

언어학은 앞서 제시했듯이 언어를 검토, 확인하면서 언어 화자가 언어를 알고 활용한다는 사실이 과연 무엇을 의미하는지를 규명하는 연구 분야이다. 인간은 누구든지 언어를 사용할 수 있으며, 이것은 인간이 곧 '언어 지식'linguistic knowledge을 소유하고 있음을 가리키는 것이다. 그리고 언어를 사용할 능력의 소유와 활용 상황은 언어 화자가 모국어에 관련된 언어 지식 요소들로서 소리 체계, 어휘의 의미, 어휘 형성규칙, 문장 구성 방식과 의미 등을 총체적으로 이해하는 상태를 의미한다.

언어학은 언어를 연구하기 위해서 이처럼 언어에서 발견되는 능력을 세분화해서 관찰한다. 여기서 분류된 부문들을 소위 '하위 구성 요소'로서 영어 명칭으로는 'competence'라고 부른다. 소리 체계, 어휘 의미와 형성, 문장구조와 의미 등이 하위 분야의 요소들이다. 이와 같은 구성 요소들이 바로 언어학의 연구 분야이며, 여기에는 기본적으로 음성학, 음운론, 형태론, 통사론, 의미론 부문들이 속한다.

■ 1.2. 어학 연관 외적 연구 분야

언어학이 언어 자체의 내적 구조를 연구하기도 하지만, 그 이외에도 인간이 언어를 사용하는 상황이 또 다른 측면에서 언어학의 연구 대상이 되고 있다. 우선 언어가 인간관계를 공고하게 구축하고, 언어를 개인과 공동체 수준에서 다른 사람들과 의견을 주고받는 사회적 상황작용의 필수적인 도구임을 인식하는 연구 과정이 중요한 핵심 주제이다. 여기서 언급하는 사회적 상호작용이란 정보 교환, 의견 표현, 일상적 대화 등 다양한 상황을 포함한다. 거기에 더해서 역사적 일화, 허구적인 상상 이야기 등에서 나타내는 감정도 언어 사용의 일부로서 간주할 수 있다.

인간 공동체 범주에서 사회적 상호작용은 언어가 이러한 기능 수행 자체를 위한 절대적인 수단이라서 가능한 것이다. 이처럼 언어가 상호작용이라는 목적에만 초점을 둔다는 상황을 정확히 파악하려면, 언어의 내적 구조 규명 결과인 언어의 문법 체계가 소통의 윤활한 수행에 필수적인 기초 토대이고, 인간이 자신의 의견과 지식을 다른 사람들에게 드러내는 중요한 기능이라는 사실도 분명하게 알아야 한다.

따라서 현대 언어학 이론을 보면, 언어학이 언어를 구성하는 하위 구성 요소들의 검토와 설명에만 멈추지 않고, 구조적 언어학 기반으로 언어의 내부 구조 확인을 주축으로 언어의 적용, 언어 사용 방법, 언어 활용에서의 심리학적 특성 등을 탐구하면서 인간이 의사소통을 수행하는 형태와 방식을 통찰한다. 더 나아가 언어의 다방면적 특징들을 확인하고, 정리함으로써 언어의 광범위한 측면들을 제시하고 있다.

최신 언어학 연구는 언어와 관련하여 인간의 인지 능력, 문화 현상, 상호 의사소통 의지 등의 부문들에 연관된 이해를 도모하는 과정에 상당한 노력을 기울이고 있다. 이러한 언어학 관점의 확장 현상은 언어 화자들이 자신의 생각을 표현하고, 서로 지식을 공유하고, 커뮤니티를 형성하면서 사회적 유대를 형성하는 방식 등에 대하여 광범위한 언어학적 방법론을 토대로 밝혀주고 있다. 그리고 현재 언어들에서 확인할 수 있는 다양한 상황을 밝혀주고, 언어적 발화 결과들의 내용 구조와 표현 형태를 정확하게 설명하며, 언어 화자들이 대화를 수행하려는 이유까지 밝히려는 시도까지 탐구 영역에 포함하는 것으로 보고 있다.

인간 언어는 소리를 토대로 의미 전달에 비중을 두고 있고, 인간 목소리의 기능은 음성을 기반으로 해당 의미를 수신자에게 전달하는 가장 기본적인 수단이다. 그렇지만 때로는 음성 전달이 정보 전달 역할 이상으로 사람들 사이에서 분위기를 조성하기도 하고, 글자들이 내용 확인에 멈추지 않고, 수려한 글씨체를 토대로 사람들에게 감동을 일으키기도 한다. 다만 이러한 상황들은 언어의 본래 기능 관점에서 본다면 부수적인 효과 정도로 보아야 할 것이다.

　일단 언어는 주요 발현 상황은 음성이라는 물리적 객체로서 나타나며, 인간들은 상대방의 목소리를 들으면서 의미를 파악하고, 상대방의 의도를 이해한다. 글자는 의미 전달 수단으로서 물리적 객체이며, 눈앞의 인쇄 글자들이 정보를 주도한다. 그리고 언어는 시공간적 특성을 갖기 때문에 특정 시간과 장소에서 음성으로 발화된 물리적 객체로서 언어학적 관점의 관찰 대상이 될 수 있다. 다만 언어의 물리적 구현 결과물은 실제로는 시각으로 확인이 어려운 추상적이면서 무형의 대상이다.

　예를 들면 영어에서 음성 발화와 표기 글자는 일종의 '음성 표시 기호' 또는 '발음 기호'로서 사람, 시간, 장소 등을 추상적 방식으로 제시하고 있다고 보아야 한다. 영어 문장 'This is a book'이라는 표현이 상대방으로부터 전달되었을 때 문장 청취자는 실제로 'book'이라는 단어의 청취로는 그 음성 객체 안에서는 대상물 자체의 외적 특성을 추측할 수 없다. 즉 'book'이라는 영어 단어에 관해 사전을 통한 확인 지식이 없다면, 정작 해당 단어가 가리키는 의미를 전혀 알 수 없다. 이 말은 단어가 결과적으로 추상적일 수밖에 없음을 가리키는 것으로서 언어와 인간이 서로 완전한 별개 존재라는 의미로 이해할 수 있다.

　이처럼 언어와 인간이 별개 존재임을 보여주는 또 다른 예로서 언어 화자들은 문장을 구성할 때 반드시 기억에 남아 있던 문장 이외 새로운 구조의 문장들도 얼마든지 발화로 내놓기도 하며, 언어 청취자 또한 비록 주어지는 해당 문장을 이전에 들어보지 못하였어도 문장 의미를 큰 어려움 없이 이해할 수 있다. 이러한 현상은 언어 화자들이 문장 표현을 말하고 들을 때 반드시 기억에만 의존하여 문장을 구성하고 의미를 파악하지는 않는다는 사실을 확인해 준다. 사람과 언어가 경험이라는 전제를 고려하지 않더라도 상호 이해 가능으로 말미암아 언어와 인간이 상호 독립적 존재임을 이해할 수 있다. 따라서 인간은 언어를 제대로 사용하려면 언어 자체의 전반적 사항들을 확실하게 인식하고 있어야 비로소 의사 전달을 정확하게 완성할 수 있다. 결과적으로 언어가 개념 전달이라는 기능을 수행하는 주된 도구로서 인간과 별도로 존재하면서 아울러 추상적 존재라는 사안은 언어를 구조적 체계 결과, 인지적 구성체, 심리적 실체이기 때문에 언어 체계에 관련된 언어학적 이론의 이해와 언어 활용에 대한 온전한 파악이 매우 중요한 과정이고, 아울러 당위 과제라는 사실을 분명하게 알아야 한다.

2 언어학 연구 현황 이해

■ 2.1. 사회적 요인과 인지적 측면 부상

2.1.1. 사회언어학

사회언어학은 언어와 사회적 상관관계를 연구하는 분야이며, 사람들이 커뮤니티의 환경적 맥락에서 언어를 통해서 나타내는 상호적 관계를 탐구한다. 언어가 사회적 요인들에 따라 변화하는 현상과 언어가 사회 범위에서 활용되는 상태를 검토하며, 언어와 문화, 언어와 사회적 정체성, 언어와 사회 상하 권력 구조 사이의 연관성을 파악한다.

사회언어학에 관련된 중요 개념 용어들로는 언어 변이, 언어 태도, 코드 스위칭, 언어와 성별 차이의 '젠더'를 고려할 수 있다. 그리고 언어가 단순히 의사소통 수단을 넘어 사회적 상호작용과 문화적 표현의 도구라서 언어가 사회 구조를 반영하는 상태와 사회 구조 형성에 관련된 영향력을 이해할 수 있어야 한다. 사회언어학 주요 연구 주제들은 다음과 같다.

a. 언어의 방언

지역 특성 및 사회 구조 등이 반영된 지역적 방언에서의 차이점들과 사회 계층, 연령, 성별, 인종이 반영된 사회적 방언의 특징 등을 분석한다.

b. 언어와 사회적 정체성

언어가 개인이나 집단의 특성을 반영한 정체성이 형성되는 과정과 결과를 살펴보고, 이를 토대로 이중언어, 다중언어 사용자가 단일언어 환경 화자들과 보여주는 정체성에서의 차이점에 기초한 특징들을 상세하게 확인한다.

c. 언어 정책과 계획

사회 구조 안에서 사람들이 사용하는 언어의 지위를 검토하고, 다수 언어 환경에서 공식 언어 설정 필요성의 과정과 현황, 소수 인구 언어를 위한 언어 보호 관련 정책 등을 탐구한다.

d. 언어 변화

사회적 구조와 변모 등의 요인들이 언어 현상과 언어 변화에 미치는 영향을 관찰하고, 시대적 변화에 따른 언어의 발달과 쇠퇴를 연구한다.

e. 언어와 사회 상하 구조적 권력 상태

언어 사용이 사회를 구성하는 인원들 사이에 상하 구조로서 일종의 권력 관계를 반영하는 상황과 언어가 주어진 권력 구조의 강화에 영향을 미치는지를 분석한다.

2.1.2. 사회언어학 주요 학자

현대 사회언어학의 창시자로 알려진 미국의 언어학자 윌리엄 라보프 William Labov는 사회적 요인이 언어 변이 현상과 변화 상황에 미치는 영향을 연구하였다. 라보프의 학문적 의의는 언어가 이론적 방법론에 기초하는 생성문법 이론 방법론에서 단순하게 언어의 문법적 구조로만 분석되지 않는다는 사실을 제시하였고, 사회적 맥락 속에서 언어가 얼마든지 변화하고 변모할 수 있다는 측면의 중요성을 강조하였다. 그의 연구는 언어학과 사회학, 인류학, 심리학 등 다양한 학문에 영향을 주었으며, 주요 연구 주제들은 다음처럼 정리할 수 있다.

a. 언어 변이 현상과 언어 변화

언어가 사회적 요인으로서 '연령, 성별, 계층' 등에 따라 다양한 변이를 보이고, 변화할 수 있다는 사안을 실증적 방식으로 탐구하였으며, 이러한 연구는 방언과 언어 변이 및 변화 연구에 중요한 기반이 되었다.

b. 뉴욕 지역 'r' 발음 규명

뉴욕 거주자 중 영어 'r' 발음 사용을 장기간 조사하여서 영어 화자의 사회적 지위와 'r' 발음 사이의 상관관계를 밝혀주었다. 이러한 결과는 사회 계층 사이의 차이가 언어 활용에 영향을 미친다는 연관성을 설명한 시도였다.

c. 특정 지역 방언 확인

이 연구는 '마사스 빈야드'Martha's Vineyard라는 섬에서 지역 거주민의 발음을 연구함으로써 지역 정체성이 언어 사용에 미치는 영향을 분석하였다. 그리고 방언의 변화와 사회적 구조의 관계를 밝혀주었다.

d. 사회언어학적 방법론 개발

사회적 방언 연구를 수행하면서 인터뷰 적용 및 녹음 자료 등 언어 자료 수집 방식을 개척하였고, 이러한 방대한 자료를 토대로 실험 방법론을 통해서 실증적 연구 흐름을 열어주었다.

2.1.3. 인지언어학

인간의 언어가 두뇌에 연관되어서 인지적 능력을 토대로 사고, 경험, 개념화에 밀접하게 연결되어 있음을 탐구하는 언어학 분야이다. 전통적으로 언어 문법 구조를 설정하고, 구조적 관점에서 그 타당성을 확인하는 문법 규칙 중심 구조언어학 방법을 벗어나서 언어가 인간의 사고방식을 반영하며, 언어를 통해 세계를 이해하는 과정을 분석한다.

인지언어학에서는 언어가 인간의 사고와 경험을 이해하는 '창문'과 유사하다는 측면을 강조하며, 이러한 관점을 바탕으로 언어를 습득하는 상황에 새로운 관점을 제공한다. 그리고 이러한 연구 방향은 심리학, 철학, 인공지능 등 다양한 학문 분야와 융합 연구를 가능하게 할 수 있다. 인지언어학 분야에서 대표 학자로서 인지 문법 언어학자 로날드 랭액커Ronald Langacker는 자신의 저서인 『Foundations of Cognitive Grammar』에서 자신이 개발한 이론의 핵심 주제로서 문법이 인간의 개념적 구조와 연결되어 있음을 주장하였다.

2.2. 언어학과 신진 기술의 융합

　기술의 발전은 언어학의 연구 및 이론 응용에 영향을 미치고 있다. 즉 연구 방법과 언어 사용 방식에서 변화를 일으켰으며, 언어학 연구에 대단위의 자료들을 제공하였고, 더욱 정밀한 분석의 가능성을 열어주었다. 특히 디지털 기술, 인공지능, 빅데이터 방식들의 등장으로 언어학적인 접근 방식과 언어학 이론의 응용 범위를 확장하였다.

　앞으로 미래에는 언어학 연구와 인공지능의 융합을 토대로 인간 언어의 본질과 함께 언어의 응용 분야 확장이라는 새로운 응용 가능성을 탐구할 수 있게 될 것이다. 그리고 기술 발전 속에서 언어학의 응용에 연관된 연구 미래는 언어학 연구에 제공할 수 있는 데이터의 양적, 질적 향상과 개발된 도구를 기반으로 더 정밀한 분석의 가능성에 달려 있다. 앞으로 인공지능과 언어학 연구의 융합은 인간 언어의 본질과 향후 다각적인 응용 가능성을 열어주는 중요한 열쇠가 될 수 있다. 다음은 언어연구에 도움을 줄 기술적 부문들을 소개하는 내용이다.

a. 언어의 빅데이터 분석

　언어 데이터 자료를 광범위하게 수집하고, 분석하는 기술이 출현하였다. 즉 웹 코퍼스를 기반으로 말뭉치와 소셜 미디어 데이터 분석을 수행하고, 더 나아가 실시간 언어 변화 자료도 연구할 수 있다. 게다가 빅데이터와 머신러닝 방식들을 활용해서 언어의 방언들 분석, 음운 현상 규명, 통사구조에서의 특성 등 언어적 특징들을 비교, 검토할 수 있게 되었다.

b. 자연어 처리

　기계 번역, 음성 인식, 텍스트 생성 등 언어학 연구의 실질적 응용 사례를 고려한다. 언어에 나타나는 구조 특징과 연관된 의미 특성을 확인하고, 그 결과를 컴퓨터 알고리즘으로 구현하면서 구축한 자연어 처리 기술에 언어학의 이론적 모델을 직접 적용한다.

c. 언어학 실험 도구

현대 기술 중 초점을 분석하는 시표추적검사eye-tracking, 기능적자기공명영상fMRI 등의 기술적 도구들을 적용함으로써 언어의 인지적 처리 과정을 탐색한다. 이와 같은 실험 언어학은 주로 신경언어학과 밀접한 관련성을 보이며, 이러한 분야에서 인간 언어의 물리적 체계와 함께 언어를 구사할 때 반영되는 심리적 메커니즘을 분석한다.

d. 디지털 기술과 언어 커뮤니티

사회 공동체를 중심으로 널리 활용되고 있는 소셜네트워킹서비스SNS가 형성하고 있는 다양한 형태의 통신네트워크 그리고 인터넷 기반 커뮤니티를 바탕으로 언어의 사회적 사용을 살펴보고, 다양한 그룹 중심의 언어 활용에서 발생하는 언어적 변화를 추적한다. 특히 디지털 언어 형식, 이모티콘 구성, 밈 요소 등 언어 활동에 발현된 새로운 언어 형식들이 주요 연구 대상들이다.

e. 언어 교육과 기술 발전

언어 학습에 응용되고 있는 다양한 앱, 인공지능 활용 강의 방법들을 통해 학습자 맞춤형 언어 교육 방법론의 가능성을 확인하고, 언어의 어학 교육 측면에서 발음 교정, 어휘 학습, 문법 연마에 지원되는 기술적 도구들의 속성을 확인한다.

3 의사소통 중심 언어학 연구 태동

언어와 의사소통은 밀접하게 관련되어 있다. 그러나 상호 소통에 대한 관점은 언어학에서 주창하는 언어 내부 본질을 볼 때 의사 전달 과정과 소통의 방식을 설명하는 방법과는 별개의 개념으로 이해하는 것이 맞다. 즉 의사 전달 규명이 대화자 양쪽 모두를 염두에 두면서 의사 공유 상황을 설명하지만, 기존 언어학 이론은 이러한 대화 측면을 언어 본질에서 분리해서 바라보고 있다.

언어 본질에 대한 언어학 이론 수립과 의사소통 과정 규명은 범위 관점에서 구별되는 개념이다. 그리고 의사소통에서는 인간 상호작용의 역할에 비중을 두지만, 현대 언어학의 이론에서는 그 부분을 중요하게 여기지 않는다.

의사소통 중심 언어학 접근 방식에서는 정보 소통 현상에서 나타나는 인간 상호작용, 사회적 행동을 연구하는 방향을 열어간다. 그리고 언어학 이론 연구에서는 주로 언어적 표현에 반영될 근본적 구조와 핵심 규칙들을 제시하지만, 의사소통 연구에서는 대화자들이 다양한 형태로 정보를 교환하는 역동적 과정에 연관된 포괄적 상황들을 탐구한다. 따라서 언어 자체 연구를 토대로 언어의 본질을 이해하려는 기존 언어학과 달리 의사소통에 관련된 연구 과정은 인간 사이의 상호 소통 자체에 관해서 언어는 물론 그 외 연계 요소들의 종류와 그들의 역할을 종합적으로 검토해야 한다.

3.1. 이론 중심 언어의 본질

언어를 설명할 때 가장 중시되는 부분에는 의미를 전달하기 위해 사용되는 구조화된 기호, 소리, 규칙의 체계가 포함된다. 인간만이 독특하게 언어를 소유하고 있으며, 언어 현상을 토대로 인간의 사고체계가 매우 복잡하고 추상적이라는 사실을 확인할 수 있다.

이처럼 인간이 사고 행위 가능성을 열어주는 언어를 언어학적으로 접근할 때는 반드시 언어의 하위 구성 요소로서 음성학, 음운론, 형태론, 통사론, 의미론, 화용론 분야를 총망라해서 이해해야 한다. 그렇지만 여기서 이와 같은 언어학적 속성 규명을 위한 다수 하위 구성 요소들이 의사소통을 설명할 때 일부 기초적 토대가 될 수는 있더라도 교환 체계와 방법의 탐구에 절대적 기준이 되지 않는다는 사실을 명심해야 한다.

3.2. 의사소통 방식

의사소통이란 대화자 개인들 사이에서 정보, 아이디어, 감정, 의미를 교환하는 광범위한 과정을 가리킨다. 여기에는 기본적으로 언어가 핵심 요소이며, 다양한 방식들이 고려된다.

3.2.1. 언어적 의사소통

말과 글을 포함해서 단어와 문법의 구조 활용을 통해서 정보 메시지를 전달하고 수용한다. 예를 들면 얼마 전까지 의사소통 참여자가 직접 대면하지 못할 때는 글자로 작성한 의사소통 방식으로서 텍스트 기반의 전달 수행 형태로서 편지, 책, 게시물 방법이 있었다. 그러나 소통 수단 기술이 눈부시게 발전하면서 전기 장치를 통한 소통 방식으로서 전화, 전보가 출현하였고, 이후 컴퓨터 소통 방식으로 사회연결망이 구축되면서 사람들 사이의 상호 소통에 이메일, 스마트폰 중심의 메시지 전달이 활발하게 사용되기에 이르렀다.

3.2.2. 비언어적 의사소통

얼굴 표정, 제스처, 자세, 눈맞춤 등을 고려할 수 있다. 예를 들면 긍정적 표현 방법으로 '예'라고 말하면서 동시에 고개를 끄덕이는 행동을 생각할 수 있다. 상대방이 방향을 질문할 때 대답을 수행하면서 동시에 손가락으로 관련 방향을 가리키는 방법도 여기에 속한다. 그리고 대화 중 화자의 말에 집중하고 있음을 나타내는 의도로 대화 상대를 계속해서 주시하는 행위도 생각해 볼 수 있다.

3.2.3. 준※언어적 의사소통

대화 수행 중 발화 음성의 강약, 높낮이, 소리 강도, 소리 억양처럼 음성적 변화 시도는 동일한 내용의 표현이지만, 상대에게 의미를 전달할 때 차이를 느끼게 만들 수 있다. 즉 의미 변화가 음성 기호 자체 변화에 기초하는 대신에 그 외 소리 표현에 차이를 둠으로써 대화 내용의 뉘앙스를 얼마든지 다양하게 만들기도 한다.

예를 들면 음량을 크게 함으로써 흥분된 감정을 전달하기도 하고, 언양을 높게 하여 목소리를 통해서 화자의 놀라운 감정을 나타낼 수 있다. 이러한 방식은 특히 강연자들이 청중에게 자신의 의도를 내비칠 때 수없이 활용되기도 하고, 종교계에서는 설교, 독경 등이 보여주는 특수한 소리 변화 활용의 형태로 나타나기도 한다.

3.2.4. 시각적 의사소통

이미지, 시각 자료를 사용하여 정보를 전달하는 방식으로 거리의 교통 표지판이 대표적인 경우이다. 최근에는 정보, 데이터, 지식을 시각적으로 표현하는 방식으로서 인포그래픽infographics이 광범위하게 사용되고 있다. 이것은 정보를 빠르고 쉽게 표현하기 위한 시각적 표시 방법으로서 표지판, 지도 기술 문서에 주로 사용되고 있으며, 통계학 분야에서 과학적 정보 개념을 쉽게 이해할 수 있도록 시각화하는 도구로 사용된다. 그리고 이모티콘emoticon도 일종의 시각적 의사소통 수단으로서 사이버 공간에서 컴퓨터 자판의 문자, 기호 숫자를 조합해서 글자로 직접 표현하는 대신 상대방에게 감정이나 의사를 나타내는 표현법을 의미한다.

3.3. 의사소통 중심 탐구 항목

3.3.1. 언어 범위 연관 측면

언어에서는 주로 언어 중심 의사소통의 특정 체계가 관찰 대상이며, 의사소통 부문에서는 언어verbal, 비언어nonverbal, 준準언어paralanguage(몸짓, 표정 등의 전달 행위), 시각언어visual language 수단들을 포함하는 모든 정보 전달 방법들이 해당한다.

3.3.2. 언어 구조 복잡성 측면

언어에서는 특정 문법, 통사적 구조, 어휘 등을 갖추면서 상당 수준으로 구조화된 체계를 다루고, 의사소통 부문에서는 언어 소통 맥락의 유동성, 언어적 또는 비언어적 단서의 조합 구조를 검토하고 탐구한다.

3.3.3. 인간 고유성 측면

언어가 내부적으로 복잡하고 구조화된 상징 체계로 보고, 의사소통에서도 언어의 고유성 및 구조적 특성을 염두에 둔다. 이런 바탕에서 동물의 다양한 소통 방법 형태인 '울음소리', '제스처 표현', '화학 물질 신호' 방식들을 관찰하고, 언어의 독특한 위상을 확인한다. 또한 동물들의 이러한 소통 방식의 형태들을 인간 언어의 내부 구조적 복잡성과 표현에서의 추상성과 비교, 검토하여 언어 자체의 인간에 대한 유일성을 분명하게 밝힌다.

3.3.4. 언어의 기능 측면

언어는 인간 사이에 공유된 암호체계로서 일종의 코드 구조로 볼 수 있다. 인간은 언어를 통해서 구체적인 의미와 확실한 사고 내용을 전달할 수 있다. 그리고 언어 중심의 의사소통이 정보 교환은 물론 상대방에게 화자의 '감정 표현', '사회적 상호관계성', '속임수 신호' 등을 전할 수 있다. 여기서 말하는 언어적 기능은 바로 앞서 언급한 다양한 측면들을 모두 포함해서 언어 역할을 심도 있게 연구한다.

3.3.5. 언어 습득 발달 측면

언어의 습득 단계를 보면, 아이가 태어난 지역의 언어를 모국어로 습득하는 과정에서 해당 언어의 내적 규칙과 표현 구조를 익혀가는 과정을 확인한다. 이러한 언어 토대의 의사소통 과정에서 언어 습득이 발현하기 이전부터 표현에 활용되는 비언어적 단서들을 찾아내어 이해하고, 이러한 표현 방식을 의사소통에 활용하는 소통 기술 방법들을 광범위하게 탐구한다.

3.3.6. 언어의 상호 연관성

언어와 의사소통이 상호 밀접한 연관성을 보이지만, 반드시 언어가 곧 의사소통이라는 개념은 좀 더 고려해 볼 필요가 있다. 인간 사회 범주 안에서 효과적인 의사소통은 언어 활용이 가장 확실한 선택일 수 있지만, 때로는 비언어적 방식들과 언어 대화 환경의 맥락이 실질적인 대화 내용의 의미와 화자의 의중 해석을 위한 중요한 단서가 되기도 한다. 게다가 한 가지 표현 결과가 '발화 연쇄 사슬'speech chain 구조가 속한 상황에 따라서 화자와 청자가 서로 반응하는 형태를 좌우하기도 한다.

예를 들면 연설자가 강연을 진행할 때 자신의 의견 전달을 주로 언어를 바탕으로 의도하는 메시지를 전달하지만, 그에 더해서 '눈맞춤', '손짓', '신체 제스처', '목소리 크기', '목소리 높낮이' 등 다양한 형태 변화를 적용해서 청중에게 효과적으로 기획하였던 주요 요점을 강조할 수 있다.

4 언어와 사회 관계성 관련 연구

언어는 앞에서 보았듯이 의사소통의 핵심 도구로서 화자가 자신의 사고를 공유하고, 감정을 표현하며, 상호관계를 형성하는 주요한 연결고리이다. 그리고 언어는 '사회적 정체성', '문화적 규범', '사회 구조' 등을 형성하며, 인간이 주변 환경을 학습하고 이해하면서 대화 상대방과 상호작용을 진행하는 방식을 결정하는 중요한 기준이 된다. 따라서 언어는 사회의 모든 측면에서 필수적 요소임이 분명하다.

언어는 의사소통을 가능하게 하고, 정체성을 형성하며, 문화를 보존하고, 상하 구조적 권력 역학 등에 영향력을 미친다. 또한 경제 활동 및 정치 구도에서도 주도적 역할을 맡기도 한다. 어떠한 상황이든지 인간과 사회를 제대로 이해하려면, 사회에서 언어의 역할을 분석하고, 이해하는 과정은 필수적인 요인이다. 그리고 이와 같은 언어에 대한 관찰 및 연구를 토대로 언어가 인간의 삶에 미치는 영향을 이해할 수 있으며, 효과적이고 포괄적인 의사소통을 촉진하는 방법을 이해할 수 있다. 다음에서는 언어 분석에 고려해야 하는 언어와 사회의 관계 측면들을 살펴보려고 한다.

■ 4.1. 언어의 도구 기능

언어의 중요한 기능은 바로 의사소통이기 때문에 인간들은 언어를 매개체로 자신들의 생각, 욕구, 필요 사항들을 전달한다. 그리고 '청중에 대한 강연에서', '책의 저술에서', '일상적 대화에서' 언어는 타인과 자신을 연결하는 결정적인 열쇠 그 자체이다. 예를 들어서 기업은 비즈니스 용어를 토대로 소비자에게 상품 정보를 홍보하고, 병원 의사는 의료 전문 용어를 사용해서 자신의 환자에게 진단 상황을 설명하고, 주변 이웃들은 비공식적 표현을 통해서 개인적인 경험을 서로 나눈다. 이처럼 언어는 다양한 환경적 맥락 속에서 주어진 목적에 맞도록 유연하게 적용되고, 활용되는 특징을 보여준다.

■ 4.2. 사회적 정체성 형성

언어 활용 상태는 언어 화자, 청자의 사회적 정체성을 형성에 중요하게 작용할 수 있다. 사람들이 사용하는 발화의 말투는 화자의 '생활 배경', '교육 수준', '사회적 소속' 부분들을 반영할 수 있다. 특히 화자가 말할 때 나타나는 방언, 억양, 속어 표현 등은 지역적 출신 정체성이나 성장 환경의 문화적 상황을 대변하기도 한다.

예를 들면 미국에서 남부 지역 출신 사람이 뉴욕 출신의 사람과 이야기를 나눌 때는 서로 다른 방식의 표현과 독특한 지역 발음을 사용하면서 대화를 이어간다. 이와 같은 두 대화자 사이의 언어적 차이는 말을 하는 대화자들 각자의 소속감을 대변하며, 동시에 그들의 발화 형태를 기반으로 특정 지역에 대한 소속을 내부인과 외부인으로 구별하는 사회적 범주 경계 설정 상태를 암시할 수도 있다.

4.3. 문화 전달의 수단

언어의 주요 역할 중 하나는 문화 전달을 수행하는 것이다. 한 세대에서 다음 세대로 사회의 가치, 신념, 전통 등을 전달하는 기능을 담당한다. 사회에 소속된 사람들은 그 사회에서 주로 통용되는 '옛이야기', '신화', '전통 의식'을 통해 언어는 문화적 전통과 다양한 문화유산을 보존한다.

때로 지역 원주민 언어를 들어보면, '거주 지역 생태계', '주위 약용 식물', '종교적인 영적 관습' 등 여러 방면에서 지역을 대표하는 독특한 지식을 확인할 수 있다. 따라서 만약 해당 지역을 대표하던 언어가 사라진다면, 관련된 문화적 지적 유산이 소실될 수 있다. 사라질 위기에 처한 언어를 되살리려는 학자들의 노력은 바로 해당 지역의 거주민이 누리던 문화적 자신을 유지하려는 시도로도 볼 수 있다.

4.4. 일상생활에서의 언어

일상생활 환경에서 언어는 사회적 규범과 예절을 이해하고 준수하는 과정에 도움을 주기도 한다. 예를 들면 '부탁합니다', '감사합니다' 등의 표현은 타인에 대한 존중과 배려를 가리키는 예의적 표현이라고 볼 수 있다. 사람들 사이에서 '칭찬', '사과', '간단한 대화' 내용은 사회적 유대감을 강화하고, 상호 협력 촉진에 매우 유용하다.

언어학 분야 중 화용론은 이러한 맥락 환경에서의 언어 사용을 연구하는 분야로서 사람들이 서로의 관계성을 관리하고, 사회적 조화를 유지하는 방법 연구에 초점을 맞추고 있다.

4.5. 언어의 교육적 역할

교육 부문에서 지식 전달의 매개체는 언어이기 때문에 교육자가 언어를 통해 학습자에게 필요한 지식을 전달하면, 학습자는 언어를 토대로 교육 지식의 개념을 이해할 수 있다. 학습자가 수업에서 정해진 언어 내용을 능숙하게 파악하고, 이해하는 능력은 학업 성취에 절대적인 요소이다. 예를 들어서 모국어가 영어가 아닌 학생들은 영어 교육 수업에서 개념 이해에 상당한 어려움을 겪을 수 있다.

대한민국의 경우 학교에서 영어를 위시해서 외국어 교육 프로그램을 강화하는 이유가 학생들의 난관을 해소하고, 학습자들이 자신의 모국어 지식을 토대로 외국어를 성공적으로 습득하도록 도움을 주려는 교육적 목적 때문이다.

4.6. 언어의 미디어 범주적 역할

미디어 매체를 보면, 언어가 대중에게 전달하려는 시대 반영 메시지를 통해서 상황 인식 형성에 지대한 영향을 미친다. 미디어 관련자로서 기자, 작가, 방송인은 언어를 바탕으로 주변에 정보를 전달하고, 즐거움을 제공하며, 당시의 환경 파악 방향에 영향력을 피력할 수 있다. 특히 '뉴스 보도', '광고', '소셜 미디어 게시물'에 활용되는 언어 표현들은 특정 사건이 인식되고 해석되는 결과를 자아내기도 한다. 따라서 미디어를 대하는 사람들은 미디어 언어 양식을 정확하게 파악하는 능력을 갖추어야 한다. 또한 내용을 확실하게 짚어내는 문해력 증진 시도는 대중에 대한 미디어 매체들의 영향력을 분명하게 인식하도록 기회를 열어줄 수 있다.

최근 소셜 네트워크 체계에서 왕성한 유튜브 방송들에서 시청자의 의견이 극도로 좌우되는 상황을 보면, 미디어를 통해서 활용되는 언어 표현에 포함된 주요 의미를 분명하게 파악하고, 비판적 평가 능력에 대한 노력은 매우 시의적절한 시도라고 보아야 한다.

4.7. 사회적 상하 구조 권력 역학

언어 사용 방식을 분석하면, 사회적 상호작용 현상과 언어 사용자들 사이의 영향 상황을 확인할 수 있다. 이것은 언어가 사회적 구조를 반영하기도 하고 때로는 주어진 구조를 강화할 수 있기 때문이다. 예를 들면 사회적으로 통용되는 공식적인 호칭과 직위의 경칭은 상대방에 대한 존경 의중 및 복종을 대변할 수 있다.

반면에 특정 호칭과 경칭이 제외된 비공식적 언어 표현은 상호 평등과 동료 사이 친근감을 상징할 수 있다. 그리고 표현에 포함된 전문 용어와 기술적 용어들은 다른 분야 종사자나 비전문가의 접근을 불허하는 장벽을 만들 수 있다. 이러한 현상은 결과적으로 범주 이외 사람들과 정보 공유를 제한하는 불평등을 일으킬 수 있다.

4.8. 경제 활동에서의 언어

언어는 경제 활동 촉진에 원동력이 될 수 있다. 비즈니스 세계에서 효과적인 의사소통은 '거래', '협상', '마케팅' 분야들은 언어를 기반으로 수행된다. 이러한 과정들 속에서 명확하고 설득력 있는 언어 표현은 당연히 판매를 촉진하고, 성공적으로 계약 성사를 완수하는 기회를 제공할 수 있다. 생산 상품 중 특정 브랜드를 향한 소비자들의 충성도 형성에서도 언어의 효력은 엄청난 영향력을 가진다.

세계 도처의 비즈니스 시장에서 상품 판매자들의 다국어 사용 능력은 중추적 자산으로서 다양한 소비자들에게 다가서는 계기를 마련해 줄 것이며, 세계 어느 지역이든 언어의 장벽에 맞닥뜨리지 않으면서 사업을 원활하게 운영할 수 있을 것이다.

4.9. 법률 체계에서의 언어

사회 각자 분야에서 사용되는 언어에 다양한 모습을 발견할 수 있지만, 법률에서 사용하는 언어는 별도의 명칭으로서 '법률 용어'legalese라고 불린다. 이처럼 법률 언어를 별개로 취급하는 이유는 바로 법률의 정밀성과 형식성이 특별한 속성을 보이기 때문이다.

사람들이 '법률 조문', '계약 책정', '법적 문서 해석' 등에서 구성된 문장들의 명확성을 보장해야 하고, 더 나아가서는 의미적 모호성을 방지할 수 있어야 한다. 그러나 법률 언어 자체의 복잡성과 난해성은 일반인이 자신의 권리와 의무를 확인할 때 넘기 힘든 난제가 되기도 한다. 국가와 법계를 통해서 현재까지 법률 언어를 간소화하려는 노력이 수차 시도되었던 근본적인 이유도 바로 법률 표현 체계에 편하게 접근하도록 가능성을 열어 주고, 공정성을 기약하려는 차원 때문이었다.

4.10. 사회 담론에서의 언어

언어는 특정 분야의 담론적 표현에서 매우 특이한 형태로 나타나기도 한다. 특히 정치적 표현 내용을 가리키는 다양한 담론에서 중요한 역할을 할 수 있다. 정치계 인사들은 대중에게 자신을 알리는 과정에서 수사적 표현 등을 동원하여 유권자를 설득하고 동감을 유도하기도 한다. 특히 연설 내용을 구성할 때 적절한 단어의 선택, 핵심적인 문제점을 확실하게 부각, 설득을 위한 비유 표현 응용은 청중의 여론을 형성하고, 동시에 정책 결정 방향 모색을 암시할 수도 있다.

예를 들어서 정치인들은 사람들이 즉각적으로 저항감을 느끼게 할 '세금 인상'이란 직접적 표현을 지양하고, 대신에 정부의 '수입 증대' 방식으로 표현하는 방법을 채택한다. 또한 군대를 동원할 때도 '군사적 행동' 표현을 사용하기보다 오히려 '평화 유지 임무'로 명명함으로써 사람들이 상황의 인식 방향과 태도에 변화를 꾀하기도 한다.

5 언어 습득 상황 탐구

　인간이 언어를 기반으로 의사소통하는 방식을 배우는 과정을 가리킬 때 '언어 습득'이라고 말하며, 모국어 화자가 언어를 완성하는 과정을 가리킨다. 여기서 언어 완성은 단계별로 설명이 가능하며, '말하기', '듣기', '읽기', '쓰기'와 함께 수화 언어 활용 등 다양한 언어 연관 활동들을 포함한다. 언어 습득의 시발점은 유아기 시기를 필두로 시작하며, 아기가 성장하면서 비로소 언어 행위가 완성된다.

　언어 습득의 핵심 구도는 인간이 '선천적'으로 타고난 언어 능력을 소유하고 있고, 성장하면서 마주치는 환경적 요인이 언어 완수에 절대적 영향력을 발휘한다고 현대 언어학에서 주장하고 있다. 이러한 언어 습득의 성장기는 초기 유아기를 거쳐서 아동기까지 지속된다. 따라서 언어 습득은 아기가 출생하면서 시작되는 역동적이고 다면적 현상으로서 앞서 제기한 선천적 능력과 환경적 요인의 영향을 받는다. 다만 유아가 성장하면서 '사회적 상호작용', '주변에 대한 모방', '행동의 강화'와 같은 과정을 토대로 아동은 효과적으로 주위 사람들과 의사소통하는 방법을 배워가며, 나름대로는 '어휘', '문법', '실용적 대화 기술'을 개발하고, 이러한 요소들의 축적을 통해서 아동 자신만의 언어 세계를 구축하게 된다.

■ 5.1. 유아기 언어 습득

　아기들의 언어 습득은 일단 첫 단어 발화 이전부터 시작한다고 알려져 있다. 신생아는 애초에 말소리를 구별할 수 있고, 언어학에서는 이러한 기능을 가리켜서 '음소 인식'이라고 부른다. 생후 4개월 이후에 소리를 직접 생성하는 단계에 접어들면서 일종의 '옹알이' 발성 생성을 보인다.

여기서 옹알이 단계란 발화에 매우 중요한 음성 기관의 운동 요령 연습 과정이고, 1세에 들어서면 자신이 모국어에서 첫 번째 단어를 생성하게 된다. 초기 단어들을 보면, 대체로 '엄마' 또는 '우유'처럼 익숙한 사람이나 사물을 지칭한다. 이 단계에서 아이는 드디어 어휘 습득이 개시되고, 주변 언어에 더 많이 노출되면서 어휘수가 신속하게 증가하는 현상을 보여준다. 그리고 약 2세가 될 때 단어를 조합하는 '두 단어 단계'에 접어들어서 '쿠키 줘' 또는 '큰 트럭' 같은 단순한 문장을 조합하는 기능을 갖기 시작한다.

5.2. 언어 습득 이론

현대 언어학에서 바라보는 언어 습득의 주요 이론은 핵심적으로 '선천적 언어 능력' 개념이라고 말할 수 있다. 최신의 '변형생성이론'에서는 기본 개념인 보편 문법이라는 언어 생성 기초 능력을 설정하고, 모든 인간이 보편 문법 체계를 지니고 태어난다는 주장이 핵심 요점이다.

언어 능력을 선천성에 관련시킨 현대 언어학 이론은 아이들이 복잡한 문법 구조를 성장 초기에 그리고 매우 신속하면서도 효율적으로 습득하는 이유를 설명할 수 있다. 그렇지만 여기서 언어 습득에 연계된 또 다른 요인으로서 아이들이 성장하면서 겪는 환경적 요인도 절대적 역할을 보인다는 사실이다.

사회 구조 속에서 소속 구성원들 사이의 상호작용은 언어 발달에 필수적 요건이기 때문이다. 예를 들면 아이를 돌보는 부모와 보모는 아이들과 교류하면서 자연스럽게 말의 표현 형식과 높낮이 같은 음조 형태를 깨닫게 된다. 즉 '높은 음조', '느린 속도', '억양 구성'으로 발화하는 상태를 알아차

리면서 대체로 '아동 지향적 발음' 형식으로 소리를 구성한다.

성인이 아이와 유사한 발화 형태를 제시하면, 큰 어려움 없이 아이의 주의를 끌 수 있으며, 이와 같은 시도가 아이의 언어 습득에 중요한 길잡이가 될 수 있다. 예를 들어서 부모가 아이에게 강아지를 가리키면서 약간 아동 방식의 목소리 상태로 반복해서 천천히 '강아지'라고 말을 전하면, 아이는 그 단어를 직접 동물과 연관 지으면서 단어를 배우게 된다. 이러한 습득 과정은 아동 시기에 수없이 발생하며, 이러한 상황은 성인이 아이와 이야기를 나눌 때 흔하게 발생한다. 조부모님들이 어린 손자, 손녀와 함께 놀이동산에서 서로 재미있게 이야기를 나누면서 '무엇이 먹고 싶을까요?'라는 말을 아동 발화 형식을 활용해서 음량을 크게 그리고 소리를 높게 발음하는 방식으로 아이의 관심을 끌려는 광경을 흔하게 발견할 수 있다.

5.3. 언어의 모방과 강화

아이들은 아동에게 일상적인 소리를 사용하며, 주변에서 듣는 단어들을 모방하면서 언어를 배우기 시작한다. 그리고 주위 사람들로부터 칭찬이나 격려 등 긍정적 강화를 통해 올바른 언어 사용 방법을 터득한다. 아이가 '주스'라고 말하고, 바라던 음료를 받게 된다면 단어 사용을 통해서 효과적인 소통 방식의 가능성을 인식하는 단계에 들어서게 된다.

이러한 상황은 아동이 부모들과 대화하면서 얼마든지 나타날 수 있는 상황이다. 그리고 주변에서 특정 대상을 손가락으로 가리키면서 명칭을 발음하는 과정에서 가령 실수가 발생하더라도 어른이 관련 단어 발음을 지도하는 방식으로 단어의 기억이 강화될 수 있다. 만약 아이가 길에 앉아 있는 고양이를 가리키면서 '양이야!'라고 발음한다면, 어른이 그 말을 듣자마자 '아! 고양이'라고 정정해서 발음함으로써 아이가 스스로 단어를 수정하고,

정확한 기억을 구축할 수 있다.

■ 5.4. 언어 습득의 결정적 시기 가설

언어 습득을 논의할 때 '결정적 시기 가설'은 아이가 유아기를 거치면서 언어 습득이 가장 빠르게 그리고 가장 자연스럽게 완성 단계에 들어서는 특정 시기를 가리키는 이론이다. 아이가 어떠한 이유이든지 언어 습득을 위해 '결정적 시기' 동안 언어에 노출되지 못하면, 그 시기 이후 언어를 접촉하는 단계에서는 언어 학습에 어려움을 겪게 되고, 결국은 모국어 화자 수준의 언어 활용 단계에 도달하지 못하게 된다.

예를 들어서 아이가 우연한 사건으로 말미암아서 인간 사회로부터 격리되어서 언어 습득의 결정 시기를 지나친 사례에서는 아동들이 제대로 언어 행위를 수행하지 못하는 경우들로서 결정적 시기 가설의 타당성을 잘 보여주고 있다. 그래서 아이들이 언어 습득 시기를 보낸 이후에 언어에 관련된 집중적인 교육을 받더라도 언어 학습에 상당한 어려움을 겪게 되며, 이에 관련된 상황들이 널리 알려져 있다.

■ 5.5. 이중언어 환경

주변에서 두 개 이상의 언어를 모국어 수준으로 구사하는 이중언어 사용자들을 관찰하면, 대체로 어린 시절 다수 언어에 노출된 환경을 경험한 사실을 확인할 수 있다. 이러한 상황에 속한 아이들은 큰 어려움 없이 자신들이 맞닥뜨린 여러 언어에 능숙해지는 성향을 보여준다.

일단 어린 시절 다수 언어에 접하면, 초기에는 하나의 언어만을 배우는 단일언어 환경의 아동에 비해서 습득한 어휘량이 상당히 낮은 하위 수준 현상을 보인다. 그러나 후에 성장기를 거치면서 곧바로 다른 경우의 아이들 수준에 다다르는 것을 확인할 수 있다.

이처럼 이중언어 습득 아이들은 자신들이 습득한 언어들을 자동으로 자연스럽게 변환할 줄 알게 되고, 이러한 언어 전환 능력을 통해 다양한 언어를 자유자재로 사용하게 된다. 언어학적으로 언어 전환을 자동으로 수행하는 상태를 가리켜서 언어들을 자유롭게 변환할 수 있다는 의미로서 '코드 전환' 능력이라고 부른다. 일단 아이들이 이중언어자로서 언어 사이의 변환 기능을 갖추면, 주변 상황을 인식하고 판단하는 인지 능력에서도 출중한 유연성을 보이기도 한다.

■ 5.6. 언어의 사회적 그리고 실용적 측면

언어 습득은 단어와 문법을 배우는 과정에만 그치지 않는다. 아동이 언어를 배우는 과정에는 여러 상황이 반영되며, 이렇게 연관된 다양한 맥락 환경들 속에서 언어를 적절히 사용하는 방법을 익히게 된다.

또한 대화를 수행하면서 이야기를 나누는 상대방과 관계를 맺는 방식도 확인하고 숙지한다. 즉 대화 중 화자로서 말을 시작하는 '시점 선정하기', 서로 내용을 전달하면서 '말하기 차례 지키기', 언어에 수반되는 '비언어적 단서 파악'처럼 대화 실행의 사회적 측면과 대화 운용의 실용적 측면들도 함께 언어 습득 연구에 포함되어야 한다. 그리고 분명한 사실은 앞서 언급한 사회적, 실용적 기술은 의사소통을 효과적으로 수행하기 위한 필수적 요건임을 알아야 한다.

5.7. 심리언어학 연구

현대 언어학에서 언어 습득 부문을 집중적으로 고찰하는 학문 분야가 바로 심리언어학이다. 이 연구 분야에서는 아동이 언어를 습득하고 완성하는 언어 습득 과정을 탐구에 초점을 맞추고 있다. 연구 내용에 따르면 유아는 최초로 언어를 접하면서 단계적으로 표현 형태를 인식하고, 그러한 결과를 바탕으로 언어의 문법 규칙을 학습하게 된다.

예를 들면 아동이 '아름다운 꽃'이라는 표현 안에서 형용사가 명사 앞에서 수식하는 문법 구조를 감지할 수 있으면, 문법 규칙을 학습한 상태로 이해할 수 있다. 이와 같은 문법 규칙 구조는 언어가 달라지면, 문법 규칙 형태에 변화가 생길 수 있다. 아동은 처음으로 마주하는 언어가 한국어라면 주어진 문법 구조에 따라서 문법 상황을 파악하고, 다른 외국어를 대하는 경우 또 다른 문법 규칙 형태를 확인하고 이해하는 단계에 들어설 수 있다. 이런 과정을 통해서 아동은 다양한 문법 구조에 대한 이해력을 갖추게 될 것이다.

5.8. 언어의 신경과학 연구

신경과학 분야 핵심은 곧 인간 두뇌에 연관된 연구를 의미한다. 가장 먼저 언어 습득과 관련된 인간 두뇌 역할 및 부위를 관찰하고, 언어 습득과 언어 활용에 연관된 두뇌 영역들을 확인하고 규명한다. 인간 두뇌의 양쪽 측면 좌반구, 우반구 분석을 토대로 언어 활동이 좌뇌 부위에 밀접하게 연계되어 있고, 특히 좌뇌 앞부분에 있는 '브로카 영역'과 좌뇌 중간 부분에 있는 '베르니케 영역'이 언어 생성과 인식에 주요 역할을 담당하는 상황을 밝혀 주었다.

여기서 말하는 두뇌의 두 부위는 언어 처리를 전반적으로 담당하고 처리하는 매우 중요한 부위라는 사실을 분명하게 밝혔다. 인간 두뇌를 직접 관찰하는 도구로서 영상 처리 기계인 '기능적 자기공명 영상법'fMRI에 기초한 연구는 언어 발달 과정에서 좌측 두뇌의 영역들이 활발하게 언어적 작동을 수행한다는 사실도 확인해 주었다.

■ 5.9. 언어 장애 살피기

언어를 사용할 때 나타나는 문제점을 통칭해서 '언어 장애'라고 한다. 여기에는 '난독증'dyslexia이나 '특정 언어 장애'SLI 같은 언어 장애를 생각할 수 있다. 그리고 언어 장애 대상 아동들은 언어 습득에 어려움을 겪게 된다. 우선 난독증을 보면, 읽기와 철자 인식과 인지에 중대한 결격 현상을 보여준다. 예를 들면 단어를 기억해 내는 데 어려움을 겪거나, 문장을 읽어도 뜻을 잘 인지하지 못하거나, 철자를 자주 틀리거나, 글쓰기에 어려움을 겪는 증상이 나타난다.

그리고 특정 언어 장애 대상 아이들은 언어를 생성하고, 이해하는 능력을 충분하게 발휘하지 못한다. 예를 들면 언어 표현 어려움, 언어 이해 어려움, 발음의 어려움, 문법적 어려움, 단어 습득 어려움 등을 확인할 수 있다. 언어 장애를 겪는 아동에 대한 치료 조치는 무엇보다도 정확한 조기 진단이 중요하며, 이후 전문화된 교육을 통해서 언어 장애 수위를 완화하고, 언어 발달을 지원하는 방법을 고려해야 한다.

6 언어학의 미래 동향

언어학의 기술 발전, 학제 사이의 연구, 인간 언어의 복잡성에 대한 심도 있는 탐구를 토대로 미래 시대에 촉망받는 연구 분야로서 역동적 발전과 전개를 구축할 것이다. 다음은 언어학 연구에서 미래에 고려해야만 하는 분야와 함께 언어학 연구의 주요한 동향 상황을 항목별로 제시하고 있다.

6.1. 언어학과 기술 발전

현대 언어학에서 기술은 점점 더 중요한 역할을 하고 있다. 컴퓨터 중심 전산언어학과 자연어 처리NLP 분야가 기술적 물결의 최전선에 있으며, 특히 자연어 처리 분야는 컴퓨터가 인간 언어를 이해하고, 생성할 수 있는 수위까지 도달하였으며, '기계 번역', '음성 인식', '텍스트 분석'과 같은 분야들에서 활용되고 있다. 예를 들면 '시리'Siri와 '알렉사'Alexa와 같은 가상 비서 시스템을 구동하는 알고리즘은 사용자의 질적 해석과 응답에 자연어 처리 방식을 응용한 경우들이다.

최근에는 인공지능 능력을 겸비한 ChatGPT 프로그램이 눈부시게 증강된 기계 학습 능력을 토대로 상당한 수준의 정보 처리 결과를 보여주고 있다. 그 외에도 언어 빅데이터를 의미하는 '거대언어모델'LLMs 기반 정보 처리 도구들은 그 잠재력을 여실하게 보여주고 있다. 이와 같은 대규모 언어 처리 도구들은 이 순간에도 비약적으로 발전을 거듭하면서 더욱 정교해지고 있고, 향후 미래 시대를 주도할 채비를 갖추어 나가고 있다.

6.2. 빅데이터와 말뭉치 언어학

현대 시대를 대표하는 핵심 용어인 빅데이터는 그 가용성의 범위가 확장되면서 언어학 이론을 혁신적으로 변화시키고 있다. 우선 방대한 텍스트 데이터의 총합을 통해 언어를 연구하는 '말뭉치 언어학'corpus linguistics은 이러한 경향을 분명하게 대변하고 있다.

이 분야의 연구자들은 이제 양적 측면에서 엄청난 양의 텍스트 데이터를 분석함으로써 이전에는 감지조차 쉽지 않았던 언어의 다양한 형태를 추출하고, 언어 특성과 흐름의 동향까지 속속들이 이해하도록 도움을 주고 있다. 예를 들면 언어 빅데이터로서 '소셜 미디어 게시물', '온라인 리뷰', '기타 디지털 콘텐츠'들을 집적하고 분석해서 '언어 변모 현상', '언어 사용 양상', '사회언어학적 변화'를 파악하는 기반을 확보할 수 있게 되었다. 이와 같은 빅데이터 기반 탐구 방법은 상당히 정밀하고 포괄적인 언어학 연구의 가능성을 열어주었다.

6.3. 언어학과 학제 간 연관성

언어학은 영역은 언어 활용의 형태에 집중하고, 문법 등 구조를 검토하는 방식을 벗어나서 점점 더 '신경과학', '심리학', '인류학', '컴퓨터 공학'과 같은 다른 학문과 교차 영역을 넓혀가고 있다. 이와 같은 학제 간 상호 협동 상황은 언어에 대한 이해를 더욱 풍부하게 만들고 있다. 예를 들면 신경언어학은 인간 두뇌 관찰을 위한 다양한 영상 기술을 활용하여 두뇌에서 언어가 처리되는 상황을 관찰하고 분석한다.

이러한 연구는 다른 언어들이 인간의 인지 기능에 미치는 영향을 살펴보고, 두뇌 손상이 언어 능력에 미치는 영향 상태를 밝혀낼 수 있다. 그리고 심리학 분야 전문가와 언어학자 사이의 협업은 언어 습득과 이중언어 사용의 인지적 측면을 규명하는 과정에 크게 공헌하고 있다. 언어학 연구에서 인류학적 언어학의 관점은 언어와 문화가 서로에게 미치는 영향을 연구하여서 언어 현상에 연관된 광범위한 문화적 맥락들을 상세하게 소개하고 있다.

6.4. 사회언어학 기반 언어 정책

사회언어학은 언어와 사회의 상호작용을 탐구하는 언어학 연구 분야로서 '성별', '민족', '계급' 같은 사회적 상황을 대변하는 항목들에서 나타나는 언어 현상들을 탐구한다. 그리고 앞서 제시한 항목들 기반 인간 사이의 역학 관계를 이해함으로써 언어 정책과 언어 교육을 수립하고 개척하는 방향을 모색할 수 있다.

예를 들면 언어를 바라보는 관점에서의 태도와 하나 이상의 모국어를 소유한 이중언어 사용자 연구는 학교 현장에서 언어 행위와 관계 형성의 연관성과 다중언어 사용을 지원하는 교육 정책 방향에 중대한 기준이 될 수 있다. 그리고 '미디어', '정치', '온라인 플랫폼'에서 언어가 사용되는 상태를 분석함으로써 사회 구성원의 상하 권력 역학과 그로 인한 사회적 변화를 이해하는 기회를 열어주며, 이러한 상황 파악은 향후 언어 연관 정책 설립에 영향을 줄 수 있다.

6.5. 언어의 진화 현상

언어는 시대별로 그리고 사회적 환경 차이로 말미암아 변화를 거듭한다. 다만 그러한 환경 속에서 언어가 변화하는 상태를 살피는 시도는 언어학의 중심 관심사이다. 정확한 추산 방식에 기초하여 설정된 언어 연계 모델은 연구자들이 언어 변화 과정을 시뮬레이션으로 확인하고 분석할 수 있도록 한다.

이와 같은 언어 연계 모델은 현재의 언어 사용 경향과 이전 시기의 역사적 데이터를 기반으로 언어가 앞으로 진화할 방향을 예측하는 가능성을 마련해 줄 수 있다. 이처럼 언어 변화 상황을 정확하게 이해한다면, 언어 변화의 체계적 메커니즘과 언어적 다양성을 촉진하는 요인들을 좀 더 정확하게 통찰할 수 있다.

■ 6.6. 언어 보존과 부흥

현대 시대에 들어서면서 여러 언어가 소멸 위기에 처하면서, 이러한 언어들을 보존하고 되살리려는 노력이 활발히 진행되고 있다. 언어학자들은 지역 사회와 협력하여서 사라질 위기에 처한 언어들을 기록으로 남기고, 더 나아가서 다시 부흥시키는 작업을 수행하고 있다.

최근에는 디지털 도구와 온라인 플랫폼을 토대로 보존 노력은 중요한 전환점에 들어선 상태이다. 소멸 위기의 언어에 대한 '디지털 사전 제작', '원어민 음성 녹음', '언어 학습 앱 개발' 시도들은 멸종 위기의 언어 지속을 위해서 결정적인 계기를 마련해 주고 있다. 이와 같은 언어학자들의 노력은 세계적으로 언어적 다양성을 보존하고, 언어에 연계된 문화적 유산과 언어 보유자들의 정체성 확립에 중요한 역할을 보여주고 있다.

7 언어학의 하위 구성 분야 정리

앞에서 살펴본 언어학 연구 현황과 미래 상황을 참고하면, 언어학 연구가 인간 언어의 복잡하고, 다면적인 본질을 탐구하며, 인간이 상호 소통하고 사고를 공유하면서 상호작용을 수행하는 방식을 설명하는 길을 열어준다고 볼 수 있다. 따라서 이와 같은 모든 상황을 총망라해 보면, 언어학 연구 분야들은 언어 내적 구성을 토대로 음성학 및 음운론, 형태론, 통사론, 의미론도 분류되어야 한다. 그렇지만 언어의 연구 방향은 단순히 어어 구조 규명에만 멈추지 말아야 한다. 그 이유는 언어 현상이 구조적 특징 외에도 언어 활용 현황에는 다양한 항목들이 관련될 수 있기 때문이다.

우선 언어로 수행되는 대화 내용 및 표현 문장들은 맥락에 따라 의미가 달라지기 때문에 이런 상황을 관찰하는 화용론적 이해가 필요하다. 그리고 언어가 역사적으로 발생하는 언어의 변화 상태를 관찰하는 역사언어학 분야가 고려되어야 한다. 그 외 언어학 연구에 연관된 분야들로는 사회언어학, 심리언어학, 언어 습득, 계산언어학, 신경언어학, 담화 분석, 인류학적 언어학 등을 생각해 보아야 한다. 다음에 앞서 언급된 언어학 연구 하위 구성 분야들을 총체적으로 모아서 각자 항목의 내용을 순서에 따라서 개략적으로 살펴보려고 한다. 그리고 각자 항목에 대한 자세한 설명은 본 저서에서 이후에 하나씩 상세하게 제시할 계획이다.

■ 7.1. 음성학

음성학phoetics에서는 인간 언어의 소리를 구성하는 물리적 특성을 탐구하며, 소리가 생산 및 청취를 관찰한다. 소리 생성에 연관된 조음 음성학, 발성된 소리가 전파되는 원리를 분석하는 음향 음성학, 화자의 발화 소리를 다른 사람이 인식하는 청각 음성학이 여기에 속한다. 예를 들면 'cat'이라는 단어 발음에서 구성 음성인 [k], [æ], [t] 개별 음성들이 인간의 입안에서 발성되는 현상을 분석한다. 그리고 'pat'의 [p]과 'bat'의 [b] 음성들이 성대의 진동으로 인하여 물리적으로 차이가 있음을 분석하고, 이러한 차이가 단어 의미 전달에 미치는 영향을 규명한다.

7.2. 음운론

음운론phonology은 특정 언어나 일부 언어들에서 소리가 수행하는 기능을 연구하는 분야이다. 이것은 소리 형태와 다양한 규칙 등을 발견하는 과정을 통해서 언어의 추상적이고 인지적인 측면을 다룬다. 더 나아가서는 언어에 포함된 음성들을 관찰하고, 언어들에서 연관된 음성들의 종류와 음성들 각자가 단어를 구성할 때 배열되는 방식을 확인하고, 의미 전달 기능을 수행하는지 검토한다. 예를 들면 영어 'sing'의 끝부분 소리인 'ng' 부분 음성 '[ŋ]' 음성이 단어의 앞에 위치하지 못하지만, 다른 언어에서는 앞부분 배치가 가능하다는 사실을 관찰과 분석을 토대로 제시한다.

7.3. 형태론

형태론morphology은 단어의 구조와 단어의 형성 방식을 연구하며, 단어를 분석할 때 '형태소'morpheme라는 의미 단위로서 최소 의미 단위 개념을 제안하고, 연관된 요소들을 정확하게 밝힌다. 예를 들면 영어 단어 'unhappiness'(불행하다)에서 'un-'은 부정적 의미의 접두사로서 의미 핵심 요소인 어근 'happy' 상태를 부정하는 의미적 영향을 미친다. 그리고 '-ness'는 명사적 의미의 접미사로서 역시 'happy'라는 어근의 품사를 형용사로부터 명사로 변경시킨다. 따라서 제시한 영어 단어 'unhappiness'는 형태소 정의인 의미의 최소단위를 기반으로 형태소 3개로 구성되고 있다고 볼 수 있다.

이처럼 형태론은 형태소가 조합해서 단어를 형성하는 단어의 내적 특성을 확인한다. 그리고 언어마다 단어 형성 과정이 각자 다르게 나타나는 상황 등도 분석하면서 언어들의 단어 내적 특성 등을 제시한다.

7.4. 통사론

통사론syntax은 문장 안에서 단어 배열과 단어들 사이에 나타나는 구조와 의미적 측면을 다루는 분야이다. 다음 문장 'the cat chased the rat'에서 주어Subject로서 'the cat', 동사Verb로서 'chased', 목적어Object로서 'the rat'들이 문장 구성 요소들로서 순서에 따라서 배열되면서 문장의 핵심 의미를 전달하는 기능을 설명한다. 이처럼 통사론에서는 문장의 의미가 주어진 단어들 배열 순서에 따라서 결정되는 상황을 분명하게 확인할 수 있다. 다음은 영어 문장 분석의 외형적 특성을 제시하고 있다.

The cat	chased	the rat.
Subject	Verb	Object

언어에 따라서 문장 내부의 단어들 배열이 다를 수 있고, 문장 구성 규칙이 달라질 수 있다. 영어에서 '주어, 동사, 목적어' 배열이 한국어에서 '주어, 목적어, 동사'로 나타나기 때문이다. 이와 같은 단어 배열 연관 규칙 내용을

토대로 언어를 형성하는 문장 구성의 복잡한 과정을 분석하고, 의미 파악 과정을 분석하여 설명을 제시한다.

■ 7.5. 의미론

의미론semantics은 언어의 의미를 연구하는 분야로서 언어에 포함된 단어들과 단어들이 연합하여 나타나는 의미적 측면을 밝혀준다. 예를 들면 영어 단어 중 'bank'는 '금융기관'이 되기도 하고, '강둑'을 가리킬 수도 있다. 의미론 분석에 의하면 이처럼 동일한 단어가 다수 의미 기능을 가질 때는 'bank'가 포함된 문맥을 토대로 의미를 선택해서 다수 의미로부터 발생하는 모호성을 해결하는 과정을 검토한다. 그리고 단어 이상의 언어 단위인 구, 절 등 단위에서 'every' 또는 'some' 등을 포함할 때 상황에 따라서 다양한 의미로 해석되기도 한다. 이럴 때는 문장의 구성을 문법 구조 이외 문장 전체를 망라해서 분석하는 '의미 영역'을 설정함으로써 문장 전체에 나타나는 의미 다양성을 설명한다.

■ 7.6. 화용론

화용론pragmatics은 언어로써 서술된 내용이 언어 표현이 수행된 맥락에 의해서 해석에 영향을 받는 상황을 검토하고 탐구한다. 예를 들면 다음 영어 문장 표현 중 첫째는 조동사 'can'이 동사 'pass' 행위를 수행할 수 있는 잠재적 능력을 확인하는 것이 아님을 이해할 수 있다. 즉 주어진 표현을 해석할 때 '소금'을 건네라는 부탁을 전하는 '요청'으로 보아야 한다.

두 번째 표현은 단순하게 보면, '창문'을 닫으라는 명령으로 볼 수 있지만, 만약 외부 기온이 낮아서 춥다고 느낄 때도 전달할 수 있는 내용이다.

따라서 창문을 닫게 함으로써 실내 온도가 떨어지는 것을 막을 수 있다는 의미로 본다면, 더욱 복잡한 의미 전달 수단으로 볼 수도 있다. 이처럼 화용론에서는 문장을 이해하면서 내적으로 포함된 단어들의 사전적 뜻에만 초점을 두는 대신에 주어진 문장 표현들이 제시하는 원래 의미 파악 차원에서 주변 환경을 살피면서 의미를 이해해야 하는 다양한 상황들을 탐구한다.

"Can you pass the salt?"
"Close the window, won't you?"

7.7. 역사언어학

역사언어학historical linguistics은 언어가 역사 흐름 속에서 언어 변화 상황 및 변모하는 양상을 관찰하고, 언어들 사이에 나타나는 연계성에 대해서도 비교, 검토한다. 예를 들면 영어 역사에서는 시대별로 고대영어, 중세영어, 근대영어, 현대 영어 등을 분리해서 영어를 구성하는 요소들의 내적 형태와 의미에서 나타나는 변모를 연구한다.

역사언어학 분야는 언어 자료를 토대로 언어적 변화 현상을 상세하게 분석하고 원인을 제시하며, 영어가 주변의 다른 언어들과 연계된 관련성을 상세하게 밝히고 있다. 이와 같은 연구 방식은 인간 언어 전체에 적용할 수 있으며, 지역에 따라서 발생한 언어들 사이의 연관성을 확인할 때 중요한 디딤돌이 될 수 있다. 다음 항목들은 역사언어학에서 중시하는 대표적인 대상들을 제시한다.

- 어족語族 가계 구성(language family genealogy)
- 음성, 음운 변화(phonetic & phonological transition)

- 단어 의미와 형태 다양화(word form and meaning variation)
- 문법적 구조 추이(grammatical structure shift)
- 차용어의 영향(loan words influence)

7.8. 사회언어학

사회언어학sociolinguistics은 사회적 환경 속에서 언어가 다양하게 변화하는 현상을 집중적으로 관찰, 탐구한다. 즉 인간 상호 연계성을 대변하는 맥락을 중심으로 언어에 나타나는 다양한 현상을 관찰하고 설명한다. 예를 들면 최근 의사소통의 주요 수단인 인터넷, 스마트폰 표현을 보면, 영어에서 상당히 다양한 축약 표현들인 '2 u'(to you), 'yr'(year), 'gr8'(great), '@'(at) 등이 활발하게 활용되고 있다.

지역에 따른 표현의 차이도 사회언어학의 주요 과제이다. 예로서 미국의 경우 일반 음료를 지역에 따라 'soda,', 'pop', 'soft drink' 등의 호칭 상황과 다른 대상을 가리키는 표현 방식의 차이를 살펴볼 수 있다. 다음 항목들을 언어와 사회적 요인들로서 '거주 지역', '사회 계층', '사람 성별', '상하 연령' 등에서 발견되는 관계들을 관찰, 분석한다.

- 언어 방언(dalect) - 지역방언, 사회방언
- 언어 태도(attitude) - polite, maxim
- 코드 전환(code-switching) - language choice

7.9. 심리언어학

심리언어학psycholinguistics은 언어 사용과 연관된 심리적 현상 등을 연구한다. 아기가 말을 시작하기 이전에 음성을 인식하는 방식과 성인이 복잡한 문장을 즉각적으로 처리하면서 발화를 진행하고 청취한 내용을 이해하는 부분들을 다룬다. 따라서 언어 습득 부문은 아동이 모국어를 배우는 과정과 성인이 제2 언어로서 외국어를 학습하는 과정을 연구한다. 그 이유는 아동은 언어를 단기간에 완성하고 다양한 언어를 자연스럽게 습득하지만, 성인은 외국어를 습득할 때 상당한 난관을 마주하기 때문이다. 그리고 인간 정신 활동의 핵심적 생체 구조인 인간 두뇌가 언어 생성과 처리에서 보여주는 상황도 심리언어학의 주요 분야이다. 다음 항목들은 심리언어학에서 연구하는 대상들이다.

- 언어 생성(language production)
- 언어 습득(language acquisition)
- 언어 처리(language process)

7.10. 응용언어학

응용언어학applied linguistics은 언어학 이론을 실질적 상황에 활용하면서 발생하는 문제들을 확인하고, 해결 방법을 검토하는 분야이다. 예를 들면 응용언어학 전공에 속하는 언어 치료 행위는 발음상 어려움에 직면한 아동을 지도하고, 언어 발화 및 청취 능력을 상실한 성인들이 언어적 활용 기능을 제대로 회복하는 방안을 제시한다. 다음은 응용언어학에서 주로 다루는 주제들이다.

- 언어 교육 방법 개발
- 언어의 다양한 장애 치료

7.11. 계산언어학

계산언어학computational linguistics은 언어학과 컴퓨터 과학을 결합하여 알고리즘과 모델을 개발하는 분야를 가리킨다. 특히 기계 장치가 주어진 상황을 수행하도록 명령어로서 구성하는 방법을 연구하는 '자연어 처리'natural language processing 같은 영역 등을 포함하며, 다음 항목들이 이 분야에 해당된다.

- 번역 기술 방안
- 기계 언어 처리
- 음성 인식 기술
- 감정 분석 기능

7.12. 신경언어학

신경언어학neurolinguistics은 인간 두뇌 구성 부분들이 인간 언어수행을 위해 작동하는 형태를 관찰하고 분석한다. 즉 언어 처리, 언어 생성, 언어 습득에 관여하는 신경 조직 체계의 실행 상황인 종합적 메커니즘을 조사하고, 그 형태를 규명한다. 예를 들면 두뇌에 발생한 생체적 손상이 언어 수행 능력에 미치는 영향을 확인하고, 분석하는 과정이 포함된다.

7.13. 담화 분석

담화 분석pragmatics은 텍스트와 대화 등에서 언어가 사용되고, 활용되는 방식을 검토하고, 언어의 구조와 기능이 언어 표현과 연관된 맥락에서 나타나는 다양한 현상을 탐구한다. 예를 들면 대화에서 화자가 주제를 관리하는 방식과 주어진 텍스트 내용이 구성되고, 조직으로 나타나는 방식을 비교하고 검토함으로써 언어의 응용 및 활용을 다각적으로 연구한다.

■ 7.14. 인류학적 언어학

인류학적 언어학anthropological linguistics은 언어와 문화 사이 관계를 연구하는 분야로서 언어가 인간의 문화적 관습, 신념, 사회 구조를 반영하는 방법 및 영향을 미치는 현상을 핵심적으로 탐구한다. 예를 들면 문화에 따라 친족 관계나 사회적 위계를 표현하는 방식의 차이 등이 이 분야에 속한다고 볼 수 있다.

제2장

음성학과 음운론

1 음성학과 음운론 이해

음성학과 음운론은 말소리를 연구 대상으로 하며, 실제 음성을 연구하거나 인식하는 음을 관찰하고 탐구한다. 음성학과 음운론에서 다루는 소리 연관 항목들을 보면, 음성 구분의 기초로서 '변별적 자질', 소리의 기본 단위로서 '음소', 단어 범주에 음성 영향 요소인 '초분절음소'(또는 '운소'라고도 함), 소리 조합의 최초 단위인 '음절'로 분류된다. 다음 내용에서 앞서 언급한 음성, 음운 연관 단위들을 상세하게 설명하려고 한다.

음성학과 음운론은 둘 모두 인간의 말소리를 연구하지만, 실질적 연구 내용에서 설명하려는 목표에서 차이를 확인할 수 있다.

음성학

언어의 음성 자체를 관찰하는 학문 분야로서 말소리가 발음기관 중 생성되는 위치를 확인하고, 소리가 만들어지는 방법 규명에 집중한다.

음운론

언어에서 확인된 언어 음성들이 하나의 단위로서 조합해서 일정한 구성체를 조직하는 상태를 관찰하고, 언어에서 음성적 단위들이 수행하는 역할을 분석한다. 다음은 음운론 연구 분야에 속하는 항목을 정리한 것이다.

- 언어에서의 소리 체계
- 소리의 구성과 배열
- 소리의 음운적 변동

예를 들면 음운론 분야 분석을 보면, 영어의 'ring, little' 단어들에서 /r/, /l/ 소리들이 한국어로 /ㄹ/ 소리로 인식되는 상황을 설명한다. 즉 영어의 소리와 한국어 소리가 서로 음성적으로 기능이 다르다는 사실을 밝혀준다.

영어의 /r/과 /l/ 음성들이 서로 다른 음성적 특성들을 보여주고, 단어의 의미를 분리하는 기준이 되지만, 한국어 화자들은 영어의 다른 소리들을 같은 음성으로 인식하고 표기 방식으로서 /링/, /리틀/로서 둘 다 /ㄹ/로 표기한다. 따라서 만약 이 단어들을 한국어 음성 표식으로 나타내면, 같은 소리 /ㄹ/을 적용하지만, 반면에 영어에서의 /r/과 /l/은 다른 소리로 인식되므로 /r/과 /l/은 언어의 '음소체계'라는 기준에서 역할이 다름을 확인할 수 있다. 이러한 상황에서 한국어 화자에게 영어 발음 습득 학습을 시행하려면, 두 언어들 사이의 음성적 특성을 토대로 음운론 구조에서 발견할 수 있는 차이점을 명확하게 분석해야 비로소 정확하게 발음 교육을 완성할 수 있을 것이다.

앞에서 보았듯이 소리를 설명할 때 음성적 특성과 음운론적 구조 분석이 다르다는 측면을 이해하고 소리에 관해서 설명을 진행해야 한다. 언어에서 실제 음성과 우리가 인식하는 음성은 다른 측면을 보여준다.

실제로 발음 기관을 통해서 발화되는 소리인 실제로 말하고 듣는 소리들은 물리적으로는 연속적으로 발현되지만, 화자가 인식하고 의미를 이해하는 소리는 연속적이지 않은 분절음 형태임을 알아야 한다. 이때 분절 구조로서 분리된 소리를 '분절음'distrete sound이라고 명명하고, 소리 자체를 일컬어서 '음소'phoneme라고 부른다. 여기서 음소들의 체계와 단어의 음소 배열 구조를 반영하는 방식을 '철자법'이라고 부른다.

영어와 한국어 글자는 소위 '소리글자'라고 불리며, 음성 기반으로 단어를 표식하지만, 철자법은 여전히 소리표기로서 문제점을 안고 있다. 즉 철자법이 발음을 완벽하게 반영해 주지 못다는 사실이다. 이러한 문제점을 해결하기 위해서 최근 언어학자들은 'Phonemic Alphabet' 방식으로서 'International Phonemic Alphabet'IPA를 도입하였으며, 이후 소리 체계의 기초로서 음소의 체계를 확립할 수 있었다.

2 음소에 대하여

■ 2.1. 음소 정의 살피기

단어들이 서로 의미가 다른 사안은 사전 확인을 통해서 확실하게 이해할 수 있다. 그렇지만 관련 단어들을 청각 경로로 연관 의미를 확인하는 방식은 시각 방식과 완연하게 다르다. 일단 단어들을 들을 때 의미가 다름은 절대적으로 소리의 차이에 의존해야 한다. 즉 각자 별개 의미의 단어를 듣는다는 사실은 단어를 구성하는 음성 정보에서 의미의 차이를 유발하는 음성적 단위 존재 여부에 달려 있다.

예를 들면 'mat', 'bat', 'pat' 3가지 영어 단어들은 각각 첫 번째 소리인 /m/, /b/, /p/에서 차이가 나타난다. 그리고 이 중 2가지씩 비교해 보면, /m/↔/b/, /b/↔/p/ /m/↔/p/처럼 분류해 볼 수 있고, 이러한 비교 과정을 토대로 3 단어들이 의미에서 다르다는 점을 인지할 수 있다. 이처럼 단어의 의미 차이를 음성적 정보를 기반으로 확연하게 보여줄 수 있는 대상 혹은 단위를 전문 용어로서 '음소'라고 말할 수 있다. 그리고 제시한 영어 단어들 내부를 구성하면서 동시에 동일한 위치에서 음성적 차별을 분명하게 보여주는 단위를 '음소'라고 말한다. 특히 앞에서 보았던 음성 표기 /m/, /b/, /p/는 각자 별개의 독립적 음소가 된다.

단어는 이러한 음소들이 모여서 구성되며, 음소는 언어의 음성 체계로서 대부분 언어에서는 '자음'과 '모음'으로 구별된다. 사전 발음 표기를 보면 단어의 소리 정보를 전달하는 방식으로서 자음과 모음이 결합하고 있는 상태를 볼 수 있고, 이러한 구성 형태를 토대로 관련된 단어들의 음성 발화를 추측하고 시행할 수 있다.

> **알아두기**
>
> 설명 내용 중 소리 표기 방식에서 '/ /' 형식을 볼 수 있다. 음성학에서는 의미를 구분하는 기준이 되는 음성을 특별히 '음소'라고 명명하며, 바로 앞에서 제시한 표기를 사용해서 음소 표기라고 부른다. 그리고 관련된 음소가 실제로 발화되어서 음성적 소리 표현으로 발현되는 음성 표기는 '[ ]'를 적용해서 표시한다. 따라서 다음 예 형식으로 이러한 차이점을 간략하게 보여줄 수 있다.
>
> | | 음소 표기 | 음성 표기 |
> | --- | --- | --- |
> | mat | /m/ | [m] |
> | bat | /b/ | [b] |
> | pat | /p/ | [p] |

■ 2.2. 최소 변별쌍

영어 예에서 '/mat/', '/bat/'에서 첫소리 /m/과 /b/는 /at/처럼 다음에 위치한 음소들이 동일한 형태를 취한 상황에서 두 단어들의 의미 차이를 확실하게 보여준다. 이처럼 특정 조건에서 /m/, /b/ 음소들이 의미 차이의 기준 역할을 보여줄 때 이것을 '최소대립'minimal pair으로서 단어들의 쌍립 관계 구조의 대상이다. 이처럼 최소대립 관계 형태는 의미 차이의 기준이 되는 음성들을 '음소'로 정의하는 핵심적 기준이 된다. 다음은 최소대립 관계를 형성하는 기본적 조건을 제시하고 있다.

최소대립 관계 구조적 조건
— 단어 내부에 위치하며 단어 구성 요소
— 단어 내부에서 동일 위치에서 차이 제시

최소대립 관련 영어 단어 예시

a. 단어 앞에 위치　　/mat/ ↔ /bat/ ↔ /pat/　→ /m/, /b/, /p/
b. 단어 뒤에 위치　　/pin/ ↔ /pig/ ↔ /pill/　→ /n/, /g/, /l/
c. 단에 안에 위치　　/bat/ ↔ /bet/ ↔ /bit/　→ /a/, /e/, /i/

단어를 구성하는 음성이 주어진 조건을 만족하고, 상호 대립 관계 상태를 만족하면, '최소대립' 관계로 볼 수 있고, 이때 의미 차이 기준이 되는 음성들은 음소로 규정할 수 있다. 이유는 예시 단어들의 의미 차이가 연관된 음소로 분명하게 밝혀질 수 있기 때문이다. 따라서 최소대립으로서 쌍립 관계의 음소들은 단어의 의미 차이를 가져오는 핵심 요소임을 명심해야 한다.

Allophone & Complementary distribution (이음과 상호배타적 분포)

2.3. 음소의 발성 현상 이해

음소의 개념은 단어를 구성하고, 단어들 사이에서 의미 차이의 기준에 초점을 맞춘다. 여기서는 음소의 기능들과 더불어서 음성적 특징을 자세하게 살펴보려고 한다. 다음에서 앞에서 보았던 음소의 특성을 다시 정리하였다.

음소의 특징

    a. 단어를 구성하는 기본 요소
    b. 단어들 의미 차이의 기준 요소

음소의 특성은 분명하게 이해할 수 있지만, 음소는 여전히 소리와 밀접하게 연계된 소리의 단위로서 음소가 음성으로 발화되는 상황은 더 상세하게 살펴보아야 한다. 음소의 음성 특성으로서 가장 먼저 인지해야 할 점은 음소 자체가 음성 자체의 표기라기보다 오히려 발화를 시작하는 화자의 두뇌에 존재하는 내재적인 심리적 단위로 보아야 한다는 점이다.

음소가 결합하여서 단어를 구성하면, 이것은 물리적인 실제 발음 자체로부터는 거리가 있을 수 있다. 즉 음소 구성 단어의 외형적 표기가 단어의 발음을 완전하게 대치하는 대신 음소 표기 단어들은 발화 자체보다는 오히려 표기로서 음소 집합체 결과물로 보아야 한다.

2.3.1. 음소의 실제 음가 이음

이 말은 음소로 구성되었다고 하여도 아직은 실제 발화를 출현하는 음성적 표현이 음소 결합 표식과 물리적으로 관찰할 때 다를 수 있음을 암시한다. 결과적으로 특정 음소가 음성 기관을 통해서 외형적으로 실제 발음으로 발음될 때 음소들이 단어 내부 위치에 기초해서 발화 자체에서 물리적으로 다르게 발음될 수 있어서 이처럼 음성적인 변화 결과를 두고 '변이음'variants 현상이라고 말할 수 있다. 이처럼 음소가 단어 내부의 위치 환경 때문에 물리적 발음에서 차이점이 나타나는 상황을 음성학 분야에서는 음소의 '이음'異音 allophone 현상으로 정의한다.

그리고 발화 상황에서 출현하는 이음 현상은 단어 내부 음소 환경 조건에 따라 물리적 음성 특성에 기초해서 별개의 '음가'로 다시 분리될 수 있다. 그리고 이 음가들은 최종적으로 '실제 발음 소리의 차이'로서 보아야 하며, 비록 음소는 소리를 대표하는 요소라는 사실이 기본 정의이지만, 물리적으로는 발화에서 나타나는 다른 음성 상태는 발음을 정확하게 분석하고, 그 결과를 발음 교육에 반영하기 위해서 매우 중요하다.

이음의 정리
a. 발음 음성으로서 하나의 음소가 단어 내부적 위치 환경 차이로 인한 변이음 현상
b. 음소와 다르게 의미 차이 기준이 되지 않지만, 음성적으로 별도의 음가를 대표

다음의 예시는 영어 음소 /t/의 이음의 종류와 변이음 음가의 발음 상황을 보여준다. 제시되는 발음 음가의 음성 특성 차이를 보이는 목적으로 특수 표기들이 제시된다. 주어진 음성 표기들은 소리의 특징에 따라서 각자 다른 명칭이 주어진다. 그리고 음가의 발음 특성을 포함한 영어 예들은 이음을 포함하는 영어 단어들이며, 연관된 이음 음가들이 발생하는 환경은 발음 출현 환경 설명에 제시되어 있다. 특히 '어두' 또는 '어말' 등은 단어에

서 제일 앞 또는 제일 뒤 위치를 가리키며, 나머지 경우에는 이음이 발생에 영향을 미치는 주변 소리 발성 환경 요소들을 음성 요소를 중심으로 표기하고 있다.

이음	발음 음성 특성	발음 출현 환경
[tʰ]	'top' ('h' → 'aspirated' sound)	단어 제일 앞 어두 (word initial)
[t⁼]	'stop' ('=' → 'unaspirated' sound)	단어 앞 /s/ 바로 다음 (behind [s])
[t ̚]	'pot' ('ㄱ' → 'unreleased' sound)	단어 끝 위치 어말 (word final)
[ɾ]	'better' ('ɾ' → 'flap' sound)	모음 사이 위치 (between vowels)
[ʔ]	'button' ('ʔ' → 'glottal stop' sound)	단어에서 /n/ 바로 앞 (before syllabic /n/)

> **알아두기**
>
> 다음은 이음 음가 표식으로 동원된 발음 표기들에 관련 설명이다.
>
> • aspirated sound → 유기음
> 발음 특성: 발음할 때 자음의 강한 파열 음성 발음을 가리킨다.
> 발음 표식: 위첨자 'h'는 음성 파열을 지칭한다.
> 발음 위치: 영어 단어에서 자음 위치가 가장 앞일 때 발생한다.
> (예) pin[pʰɪn], top[tʰɑp], cat[kʰæt]
>
> • unaspirated sound → 무기음
> 발음 특성: 발음할 때 자음의 파열 발성 없이 출현하는 소리이다.

발음 표식: 위첨자 '='가 음성의 파열 부재를 지칭한다.
발음 위치: 단어 내부에서 's' 음소 바로 다음 자음의 발음 현상이다.
(예) spin[sp=ɪn], stop[st=ɑp], sky[sk=aɪ]

• unreleased sound → 불파음
발음 특성: 발음할 때 자음이 발성하지 못하는 파열 부재 소리이다.
발음 표식: 위첨자 'ㄱ'(또는 '?')로서 자음 발음의 파열 부재를 지칭한다.
발음 위치: 영어 단어에서 자음 위치가 가장 마지막 위치일 때 발생한다.
(예) cat[kætㄱ], stop[stɑpㄱ], back[bækㄱ]

• flap sound → 탄설음
발음 특성: 혀끝이 빠르게 윗잇몸을 가볍게 치며 발음되는 소리이다.
발음 표식: 발음 표식으로서 [ɾ]을 사용해서 소리를 나타낸다.
발음 위치: 주로 미국 영어에서 /t/, /d/ 음소가 모음 사이에 위치할 때 나타난다.
(예) butter['bʌɾər], ladder['læɾər], city['sɪɾi]

• glottal stop sound → 성문 폐쇄음
발음 특성: 성대에서 성문을 순간적으로 닫았다가 여는 방식으로 발생하는 소리이다.
발음 표식: 발음 표식으로서 [ʔ]을 사용해서 소리를 나타낸다.
발음 위치: 영어 단어에서 자음이 /n/ 다음에 위치할 때 발음으로 나타난다.
(예) button['bʌʔn], kitten['kɪʔn], mountain['maʊnʔn]

영어 음소 /t/ 이음에서 보았듯이 이음 음가는 나타나는 환경이 절대로 겹치지 않는 상태를 확인할 수 있다. 음성, 음운론 이론에서는 이음 음가들의 이와 같은 배열 상황을 가리키는 별도의 용어로서 '상호배타적 분포'complementary distribution를 적용한다. 제시된 이음 모두는 각자 독특한 환경에서만 발성으로 실현된다. 즉 이음은 환경 조건이 갖추어져야만 비로소 발성으로 나타나는 것이다.

앞에서 제시한 음소 /t/ 이음 음가 예들을 참고하면, 이음 각자가 서로 완전하게 다른 출현환경을 확인할 수 있으며, 이러한 상황을 토대로 이음 음가들의 상호배타적 분포 특성을 알 수 있다. 예를 들면 /t/ 이음 중 탄설음 [ɾ]는 음소 /t/가 '강세를 포함한 모음과 또 다른 모음 사이' 위치에서만 발성으로 나타나며, 그 밖의 다른 환경들에서는 출현이 허용되지 않는다. 이런 점을 감안한다면, 이음이 발생하는 환경을 분명하게 예측 가능하다고 말할 수 있다. 이러한 상호배타적 분포라는 개념은 음소들이 실제 상황에서 발성되는 정확한 상황을 가리킬 수 있고, 이를 토대로 영어 발음 교육의 방향을 설정할 수 있다.

2.3.2. 음소의 실제 발성 자유 변이

음소를 실제로 발음할 때 동일한 환경에서 두 개 이상의 발음이 나타나지만, 특별히 의미의 변화를 일으키지 않으면서 음성 발음이 자유롭게 교체되어 사용되는 현상을 가리킨다. 이러한 음성적 현상을 언어학에서는 '자유 변이'free variation라고 부르며, 이렇게 발현되는 음성 발음은 이음 음가와 다르게 특정한 음성 환경 조건을 따르지 않는다. 여기서 자유 변이 현상을 정리하면 다음과 같다.

자유 변이 특징 정리
a. 의미 차이 없음: 발음이 달라져도 단어 의미가 바뀌지 않는다.
b. 환경적 제약 없음: 발음 환경 또는 문맥 조건 관계 없이 자유롭게 나타난다.
c. 발성에 개인적 특성에 영향을 받음: 발성자의 방언, 스타일에 따라 다르다.

(예) 다음은 영어에서의 자유 변이 현상이다.

cat [kæt] ↔ cat [kæt˥] , stop[stɑp] ↔ stop [stɑp˥]
→ 어말 음소 /t/, /p/가 파열음 발성이든 불파음이든 두 발성으로 출현해도 의미가 같다.

economics [ˌiːkəˈnɑːmɪks] ↔ [ˌɛkəˈnɑːmɪks]
→ 어두의 모음 [iː] 또는 [ɛ] 발음이 개인차로 발음이 달라지지만, 의미가 달라지지 않는다.

자유 변이의 의의를 고려해 보면 음성 차이를 분석하기 위해서 음운 규칙을 적용하지 않으면서 단어에서 발생하는 발음 차이를 유용하게 설명할 수 있다. 발성의 주체인 화자의 사회적, 지역적, 개인적 특징을 설명할 때 의미 있게 활용할 수 있으며, 이 말은 자유 변이가 언어 사용자의 개인적, 사회적 선택 또는 습관에 따라 의미 변화를 일으키지 않으면서 나타나는 발음의 공존 변화를 의미한다고 볼 수 있다.

음성 현상에서 이음은 출현이 허용되는 환경에서만 혹은 출현이 적합한 환경에서만 나타난다. 그래서 이음의 특성인 '상호배타적 분포'에 상관없이 동일한 환경에서 다른 음성이 발생한다면, 이음 대신에 '자유 변이' 관계로 이해하여야 한다. 즉 '자유 변이' 관계를 간단하게 정리하면, 음소의 실제 발음이 자유롭게 교체되어 발음되더라도 단어의 의미에서 변화가 발생하지 않는 경우로 볼 수 있다. 앞에서 제시한 예처럼 'cat', 'stop' 단어 예에서 마지막 음소 /t/, /p/ 발음에 차이가 발생하여도 동일한 의미로 이해한다. 또 다른 예로서 'economic'을 보아도 같은 결론에 이를 수 있다.

3 음성의 구별 방식에 대하여

현재까지 음성·음운론의 기본 단위로서 음소 특성을 설명하였다. 이제부터 음소가 실제 활용되면서 소리로서 발성되기 위해 음소들 사이에 차이점을 상세하게 제시하려고 한다. 가장 먼저 음소들을 분류할 때는 우선 2가지 부류로서 '자음'consonant과 '모음'vowel으로 분류한다. 음성학 방편에서 자음과 모음의 특성을 일정한 기준을 중심으로 분류할 수 있으며, 이러한 분류는 '변별적 자질'distinctive features을 토대로 그 차이점을 명확하게 제시할 수 있다.

여기서 언급하는 변별적 자질은 특정한 음성을 규명하는 기준들의 집합으로 볼 수 있으며, 음소들은 변별적 자질들을 기준으로 연관된 음소들을 분류할 수 있다. 따라서 음소를 다른 방식으로 정의한다면, 음소 각자를 변별적 자질의 독특한 연합체로 볼 수 있고, 이때 변별적 자질을 음성, 음운론의 핵심적 단위로서 지칭할 수 있다. 다음에서는 이 단위에 대해서 구체적으로 살펴볼 것이다.

■ 3.1. 말소리 생산

음성 발성은 인간의 폐로부터 외부로 흐르는 공기 움직임으로 시작한다. 공기가 흐르는 경로를 살펴보면, 흐름이 주요 발음 기관인 '후두'larynx로부터 입술과 코로 통하는 통로를 지나면서 소리가 구성된다. 이처럼 공기가 흐르는 경로를 '성도'vocal tract라고 부른다.

성도가 중요한 이유는 음소를 규정하는 방식이 성도의 위치들과 음성 생성에 연관된 물리적 속성에 기초하고 있고, 발성 음성 분류가 성도에 관련한 용어들로 기술되기 때문이다. 예를 들면 음소 /p/는 성도 중 입술에서 만들어져서 음소 /p/를 입술 음성임을 지칭하는 '순음'labial consonant이라고 한다. 다음 도식은 인간의 발성 기관을 보여준다.

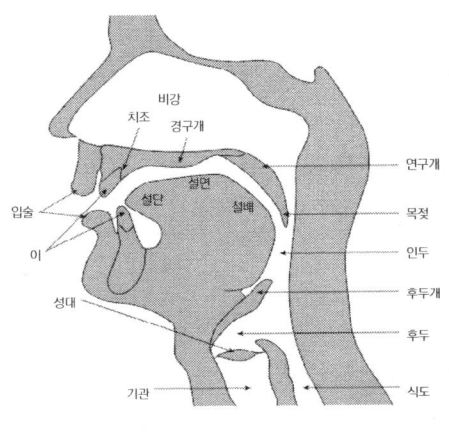

〈음성 발성 기관 도식〉

공기의 흐름은 폐에서부터 시작하며, 성도를 통해서 흐르는 공기는 후두 위치에서 가장 먼저 성대vocal cords에서 소리를 생성한다. 성대는 마치 창문의 커튼처럼 양쪽 장막 분리 구조로 되어 있어서 성대의 양쪽 장막이 서로 떨어져 있으면서 공기의 흐름이 저항을 받지 않고, 결과적으로 장막들이 진동하지 않으면, 소리의 울림을 구성하지 못한다. 이러한 소리 현상을 무성음voiceless sound이라고 한다. 그러나 성대 양쪽 장막들이 살짝 붙으면서 진동하면, 공기의 흐름에 대한 저항이 발생하고, 이러한 경우를 음성학적으로 유성음voiced sound이라고 한다.

이후에 성대를 지난 공기의 흐름이 인두 부근 바로 위쪽 있는 목젖의 작동에 따라서 구강과 비강으로 분리될 수 있다. 목젖 자체가 인두 벽 쪽으로 올라가 있으면, 비강 방향 통로가 차단되어 있어서 공기는 온전하게 입 방향으로 흐른다. 그러나 목젖이 움직이지 않고, 본래 자리에 있으면서 인두 벽으로부터 떨어지게 되면, 공기의 흐름이 비강으로 나아가게 되어서 결과적으로 비음nasal sound이 만들어진다. 구강으로 흘러간 공기의 흐름은 입 속에 배열된 조음기관들을 기반으로 특정한 소리로 구성되며, 최종적으로 입술을 거쳐서 입 밖으로 나간다. 발성을 결정하는 조음 과정은 '조음위치'와 '조음방법'으로 분류하고, 연관된 음성학 정보들은 다음처럼 정리할 수 있다. 특히 조음위치는 앞에 제시한 음성 기관 도식을 참고하여 명확하게 확인할 수 있으며, 발성 방식으로서 조음방법에 대한 설명은 향후 상세하게 제시될 것이다.

- 조음위치: 혀, 입술, 이, 치조, 경구개, 연구개
- 조음방법: 파열음, 마찰음, 파찰음, 비음, 유음, 활음

3.2. 자음과 모음

3.2.1. 영어 자음 알아보기

자음의 경우 폐로부터 입술까지 발성 기관을 흐르는 공기의 흐름이 구강 내부에서 특정 발음 위치의 물리적 작용인 기류의 방해 과정에서 생성된다. 그에 반해서 모음은 방해 수준이 현저하게 낮아서 눈에 띄는 방해 작용을 받지 않으면서 자유롭게 입 바깥으로 나간다. 다음 내용은 자음 생성을 주도하는 4가지 핵심 기준이며, 이 기준들을 토대로 자음 음성 종류를 체계적으로 분류할 수 있다.

a. 조음위치(place of articulation)

조음기관으로서 구강에서 혀, 입술, 이, 치경, 경구개, 연구개 등을 가리킨다.

b. 조음방식(manner of articulation)

구강, 비강에서 공기의 흐름이 방해를 받는 방식으로서 그 형태를 가리킨다.

c. 유성음(voicing)

성문에 위치한 성대를 구성하는 양쪽 막들이 기류 반응으로서 진동 여부로 유성 상황을 판별한다.
  - 성대 진동 있음: 유성음(voiced)
  - 성대 진동 없음: 무성음(voiceless)

d. 비강 활용 발성(nasality)

연구개 끝부분인 목젖의 위치에 따라서 기류 흐름이 구강 또는 비강 방향으로 향한다.
  - 목젖 부분 상향: 구강 내부 조음위치 중심 발성
  - 목젖 부분 하향: 비강 구조와 구강 조음위치 활용 발성

3.2.1.1. 조음위치

① 양순음(bilabial) : 윗입술과 아랫입술이 닿으면서 생성된 소리
→ /p/, /b/, /m/, /(w)/

② 순치음(labiodental): 윗니가 아랫입술에 살짝 닿으면서 생성된 소리

→ /f/, /v/

③ 치간음(interdental): 윗니와 아랫니 사이에 혀끝을 내밀어서 생성된 소리
→ /θ/, /ð/

④ 치조음(alveolar) : 혀끝이 치조 위치에 접근해서 생성되는 소리
→ /t/, /d/, /n/, /s/, /z/, /l/, /(r)/

> **알아두기**
> 음성학 설명에서 '치조음'은 또 다른 용어로 '치경음'으로 명명하기도 한다.

⑤ 경구개음(palatal): 경구개 치경음(palatal alveolar)으로 볼 수 있으며, 혀 앞쪽 끝부분이 치조 위치에 다가가고, 혀 앞쪽 부분이 경구개에 접근하여 생성 소리
→ /ʃ/, /ʒ/, /tʃ/, /dʒ/

⑥ 연구개음(velar): 혀 중간 이후 뒷부분이 연구개에 접근해서 생성되는 소리
→ /k/, /g/, /ŋ/

⑦ 성문음(glottal): 성대 사이의 공간에서 생성되는 소리
→ /h/, /ʔ/

- /h/는 기류가 성대 위쪽에서 성문을 통과하면서 발생하는 마찰 소리
- /ʔ/는 기류를 기도로 완전히 닫은 후 갑자기 열면서 순간에 공기의 방출로 생성되는 소리

  (예) button, butler 단어에서 음소 /t/가 /ʔ/로 발음된다.

3.2.1.2. 조음방법

① 파열음(plosives): 기류 완전 차단 이후에 순간 폭발하듯이 공기를 밖으로 내보내면서 생성되는 소리

→ /p/, /b/, /t/, /d/, /k/, /g/

> **알아두기**
>
> 파열음은 차단 동작에 초점을 두면, 폐쇄음(stops)으로 명칭을 변경할 수 있다. 또한 비록 비강으로 공기가 계속해서 흐르지만, 소리 구성 방법이 구강 내부 조음위치의 기류 차단에 기초하는 경우 비록 비음으로 콧구멍으로 공기가 계속 흐르더라도 구강 폐쇄음으로 간주할 수 있다. 이와 같은 공기 차단 동작은 성대에 가까운 목구멍 내부의 성문 차단으로 생성되는 /ʔ/ 음성도 폐쇄음으로 명명할 수 있다.

② 마찰음(fricatives): 조음기관인 혀, 입술, 치아, 치조, 경구개 위치가 상호 근접 동작을 통해서 접근 상태로 기류를 방해하면서 마찰을 발생해서 생성되는 소리

→ /f/, /v/, /θ/, /ð/, /s/, /z/, /ʃ/, /ʒ/, /h/

③ 파찰음(affricates): 구강에서 차단되었던 공기가 조금씩 서서히 방출

되고, 그로 인해서 발생하는 마찰을 토대로 생성되는 소리
→ /ʧ/, /ʤ/ ('파열음 + 마찰음' 발음 상태)

④ 비음(nasals): 콧소리라고 부르며, 연구개 끝 부분인 목젖의 하향 이동으로 목구멍 외에 콧구멍 방향으로 기류가 흐르면서 비강 내부에서 생성되는 소리
→ /m/, /n/, /ŋ/

> **알아두기**
> 구강 음성 → 연구개 끝 부분 목적이 상향 이동하면, 기류가 비강으로 흘러 들어가지 못하고 구강 방향으로만 흘러가서 입 내부 중심 구강 음성이 생성된다.

⑤ 유음(liquids): 기류 방해 현상이 발생하지만, 마찰 수준에 다다르지 못하는 소리
→ /l/, /r/

/l/: 발음할 때 먼저 혀끝 부분이 치조 위치에 닿아있고, 기류가 혀의 양쪽 측면으로 흘러가면서 발성 음성으로서 '치경설측음'(lateral) 별칭을 붙인다.

/r/: 혀끝 부분이 경구개 근처로 다가가기 위해 혀 앞부분을 말아 올리면서 생성되는 소리이고, 여기서 혀 말아올림은 'roll the tongue up'로 표식한다.

⑥ 활음(glides): 혀의 조음위치가 '이동'하면서 위치 변화를 통해서 생성되는 소리이며, 때로 모음과 함께 '이중모음'을 구성하기 때문에 완전한 모음으로 보는 대신에 '반모음'(semi-vowel)으로 부르거나 특정한 조음위치 설정이 쉽지 않아서 '접근음'(approximant)으로 부른다.
→ /w/, /y/ (또는 /j/)

/w/: 음성 발성을 위해서 다음 2가지 조음위치 동작이 필요하다.
- 혀와 연구개: 혀의 뒷부분이 입천장 위치 연구개로 접근해서 기류를 일부 방해한다.
- 입술 원형 구성: 입술을 둥글게 모으는 동작으로서 '원순'(lip rounding)으로 부른다.

/y/: 혀 앞부분이 경구개 위치로 저급하면서 소리가 생성된다.

3.2.1.3. 자음의 분류 기준 도식

현재까지 제시한 영어 자음의 특성과 자음들의 분류 방식은 3가지 항목을 기준으로 정리할 수 있다.

a. 조음위치
입안에서 공기의 흐름을 방해하거나 조정하는 부위를 통칭한다. 영어 자음에 관련된 구강 위치는 다음과 같다.
→ 입술(bilabial), 입술과 치아(labiodental), 치아(dental), 치조(alveolar), 후치경(post-alveolar), 경구개(palatal), 연구개(velar), 성문(glottal) 등으로 구분.

b. 조음방법

자음을 발음할 때 공기의 흐름을 완전하게 차단하거나 통로를 확실하게 좁히는 방식이다.

→ 파열음(plosive), 마찰음(fricative), 파찰음(affricate), 비음(nasal), 유음(liquid), 활음(glide) 등으로 구분

c. 성대 진동 여부

성문 내부의 성대 진동 상태에 따라 자음을 구분한다.

→ 유성음(voiced consonants): b, d, g, v, ð, z, ʒ, dʒ, m, n, ŋ, l, r, w, j
  무성음(voiceless consonants): p, t, k, f, θ, s, ʃ, h, tʃ

앞에서 제시한 영어 발음에서 자음을 분류하는 3가지 기준을 하나의 그림 도표로 정리해서 보여줄 수 있고, 도표에 배열된 음성들의 분류 방식을 위한 기준들 적용 방식은 다음과 같다.

- 조음위치: 도표 위에서 왼쪽부터 오른쪽으로 열거
- 조음방법: 도표 왼편에서 위쪽부터 아래쪽으로 열거
- 성대 진동 여부: 유성음은 셀 내부 음성 중 왼쪽 표기
  　　　　　　　무성음은 셀 내부 음성 중 오른쪽 표기

> **알아두기**
> 소리 표기 방식 참고: ʃ = š, ʒ = ž, tʃ = č, dʒ = ǰ, j = y로도 표기 가능
> - 접근음은 유음으로 분류 가능: /l/, /r/, /j/, /w/
> - 영어 자음 경우 /ʔ/은 일단 음소 /t/의 변이음(allophone)으로 간주 가능
> - 비음은 구강 내부에서 기류 차단 현상을 기반으로 폐쇄음(stop)으로 간주 가능

【한국어 용어 중심】

조음방법 \ 조음위치	양순음	순치음	치간음	치조음	후치조음	경구개음	연구개음	성문음
파열음	p, b			t, d			k, g	ʔ
마찰음		f, v	θ, ð	s, z	ʃ, ʒ			h
파찰음					tʃ, dʒ			
비음	m			n			ŋ	
유음	w			l, ɹ		j		

【영어 용어 중심】

Manner \ Place	Bilabial	Labio-dental	Dental (Interdental)	Alveolar	Post-alveolar	Palatal	Velar	Glottal
Plosive (stop)	p, b			t, d			k, g	ʔ
Fricative		f, v	θ, ð	s, z	ʃ, ʒ			h
Affricate					tʃ, dʒ			
Nasal	m			n			ŋ	
Approximant	w			l, ɹ		j		

3.2.2. 영어 모음 알아보기

3.2.2.1. 영어 모음 분류

모음 음성들은 기류가 구강 조음위치 기관의 방해의 영향을 상대적으로 적게 받으면서 생성되는 소리이다. 따라서 모음들의 분류는 자음과 방식이 달라야 하기 때문에 모음의 발성 방식의 기준들을 정리하면 다음과 같이 요약할 수 있다.

① 모음은 성대가 울리는 진동을 기반으로 소리가 생성된다.
② 기류가 구강에서 조음위치의 차단 작용을 받지 않고 외부로 나간다.
③ 독립적으로 자립하여 발음될 수 있어서 자음과 다르게 발성을 독자적으로 구성할 수 있다.

> **알아두기**
> 모음은 음절의 중심축이 되어서 음절의 핵을 형성하고, 초분절음소인 강세, 억양, 장단에 연관된다.

다음은 모음 분류 방식을 영어 중심으로 제시하고 있으며, 여기서 분류 기준은 구강 내부 혀의 동작과 위치에 의거해서 분류하고 있다.

a. 혀의 높낮이에 따른 분류
   고모음(high vowels): [iː, i, uː, ʊ]
   중모음(mid vowels): [e, ɛ, ə, ʌ, ɔː]
   저모음(low vowels): [æ, ɑː]

b. 혀 구조의 전후 위치에 따른 분류
   전설모음(front vowels): [iː, i, e, ɛ, æ]
   중설모음(central vowels): [ə, ʌ]
   후설모음(back vowels): [uː, ʊ, ɔː, ɑː]

c. 입술이 둥글어지는 원순 형태에 따른 분류
   원순 모음(rounded vowels): [uː, ʊ, ɔː]
   비원순 모음(unrounded vowels): [iː, i, e, ɛ, æ, ə, ʌ, ɑː]

d. 구강이나 혀 근육의 긴장 상태에 따른 분류

긴장 모음(tense vowels): [iː, e, uː, ɔː, ɑː]

이완 모음(lax vowels): [i, ɛ, æ, ə, ʌ, ʊ]

앞에서 제시한 영어 모음 분류 상태는 도표 구조를 통해서 분류 현황을 보여줄 수 있다. 다음에 제시한 영어의 모음도표vowel chart는 영어 모음들의 발음을 시각적으로 나타내고 있다. 모음도표에서는 영어 모음들이 발음되는 위치와 방식을 체계적으로 제시한다.

> **알아두기**
>
> 모음 도표 가로축: 혀 전후 위치
> 전설모음(front), 중설중간(central), 후설모음(back)
> 모음 도표 세로축: 혀 고저 위치
> 고모음(high), 중모음(mid), 저모음(low)

【한국어 용어 중심】

고저	전후	전설모음(Front)	모음(Central)	후설모음(Back)
고모음 (High)	긴장모음	iː (bead)		uː (boot)
	이완모음	i (bid)		ʊ (book)
중모음 (Mid)	긴장모음	e (face)		ɔː (bought)
	이완모음	ɛ (bed)	ə (sofa) ʌ (bud)	
저모음 (Low)	긴장모음			ɑː (father)
	이완모음	æ (cat)		

【영어 용어 중심】

height \ front-back		FRONT	CENTRAL	BACK
HIGH [+high]	TENSE	iː		uː
	LAX	i		ʊ
MID [-high][-low]	TENSE	e		ɔː
	LAX	ɛ	ə ʌ	
LOW [+low]	TENSE			ɑː
	LAX	æ		

【영어 모음의 적용 예】

	Example Word	Tongue Height	Tongue Position	Length
iː	seat	High	Front	Tense
i	sit	High	Front	Lax
e	case	Mid	Front	Tense
ɛ	let	Mid	Front	Lax
æ	cat	Low	Front	Lax
ə	about	Mid	Central	Lax
ʌ	cup	Mid	Central	Lax
uː	boot	High	Back	Tense
ʊ	book	High	Back	Lax
ɔː	law	Mid	Back	Tense
ɑː	car	Low	Back	Tense

> **알아두기**
>
> 영어 모음 도표로서 [ɜː]를 모음에 포함하기도 한다. 음성 특성은 다음과 같다.
>
> | ɜː | bird | Mid | Central | Tense |
> |---|---|---|---|---|

3.2.2.2. 영어 이중모음 알아보기

영어 모음 분류는 단모음simple vowel 그리고 이중모음diphthong 방향의 2가지 항목으로 분류할 수 있다. 영어 모음 도표 제시는 주로 단모음 위주로 구성되어 있지만, 이중모음은 단모음과 다르게 2개 모음 음성이 하나의 모음으로서 연속적 결합의 발음을 구성한다. 그리고 발음 형태를 보면, 하나의 모음에서 바로 다음 모음으로 미끄러지듯 발음이 구현된다. 이중모음의 음성적 특징을 정리하면 다음과 같다.

a. 2개 별도 모음이 결합하여서 하나의 모음으로서 역할을 한다.
   첫 번째 모음: 중심 음성으로서 소리 출발 역할
   두 번째 모음: 활음 음성으로서 위치 이동 역할
b. 발음하는 동안 혀 위치가 중심으로부터 활음 음성으로 이동한다.
c. 단어에 이중모음을 사용할 때 강세(stress) 위치에 나타나야 한다.

다음 도표는 영어에서 대표적인 이중모음 목록을 정리한 내용이다.

음성기호	이동 상태	발음 예
eɪ	e → i	face, day
aɪ	a → i	price, my
ɔɪ	ɔ → i	choice, boy
aʊ	a → ʊ	mouth, now
oʊ	o → ʊ	goat, no
ɪə	i → ə	near, here
eə	e → ə	square, air
ʊə	ʊ → ə	tour, cure

그리고 단모음과 이중모음 비교 내용을 다음처럼 정리할 수 있다.

구분	단모음(monophthong)	이중모음(diphthong)
소리의 수	하나의 고정된 소리	두 개의 소리로 이동하며 발음
혀 위치	고정됨	움직임이 있음
발음 예시	i (bit), æ (cat)	aɪ (bite), aʊ (house)

■ 3.3. 음성 구별의 변별자질에 대하여

근대 음성학, 음운론에서 단어 의미 구분이 음소를 기반으로 형성되지만, 음소 자체를 구별할 때는 더 작은 단위로서 '자질'feature을 통해서 확인되어야 한다. 따라서 현대 언어학의 연구 분야에서 음운론 분야에서는 소리 구분을 위한 기준 단위로서 '자질'의 특징을 정확하게 설명해야 한다.

일단 자질이 규명되면, 음소들이 서로 다른 측면을 규모 있게 제시할 수 있다. 예를 들어서 영어 음소 /t/와 /d/들의 공통점과 차이점을 보이는 방식으로 자질을 기준으로 선명하게 확인할 수 있다. 다음은 앞에 제시한 음소들의 자질을 정리한 내용이다.

/t/ → (조음위치) 치조음, (조음방법) 파열음, (성대 상태) 무성음
/d/ → (조음위치) 치조음, (조음방법) 파열음, (성대 상태) 유성음

앞에서 제시한 음소들을 음성적 특성들을 통해서 살펴보면, 음소들 사이의 공통점과 차이점을 분명하게 확인할 수 있다.

공통점: 치조음, 파열음
차이점: 무성음 ↔ 유성음

이처럼 음성 분류 기준들인 조음위치, 조음방법, 성대 상태에 해당하는 기준들은 연관된 자음과 모음들의 구분을 확연하게 보여준다. 음소 /t/, /d/를 음성학적으로 분석할 때 관련된 음성 기준을 토대로 상호 연관성 및 차이점을 이해할 수 있다. 따라서 두 음소 사이의 차이를 보기 위해서는 무성음과 유성음 특성이 중요한 단서이며, 이러한 경우 성대 상태를 가리키는 무성음, 유성음이 유효한 '자질'로 역할을 보여준다.

이처럼 음소의 차이점을 규정하는 기능을 수행하는 자질을 가리켜서 '변별자질'distinctive feature이라고 부른다. 음성학, 음운론 분야에서 광범위하게 활용되는 변별자질의 특성은 다음처럼 정리할 수 있다.

a. 변별자질들은 '+' 혹은 '−' 방식으로서 '이분법'binary opposition으로 표기한다.
  → 음소들의 상호 차이점과 공통점을 기반으로 음소들의 대립성, 유관성 관계를 나타낸다.

b. 음소들을 집합으로 묶는 '자연집단'natural class이 설정에 유용하게 이용된다.
→ 음소들의 변별자질들은 소리들 사이의 관계를 시각적으로 확실하게 보여줄 수 있다.

c. 음소들의 소리 변화 현상인 '음운변동'phonological change의 발생 원인을 설명한다.
→ 음소 변화 동기를 주위 음소들의 자질을 확인하고 비교하여 원인을 분명하게 밝혀준다.

다음 내용은 음소들의 자질에 활용될 수 있는 소리 구성 특징들을 음소의 '자질' 요소로서 정리하고 있다. 이러한 음성 구성 요소들은 앞서 언급했듯이 음성학적 설명을 위해서 중요한 기준으로 활용될 수 있고, 음소들에 연관된 자질들의 명확한 설정은 음소들을 확실하게 판별하는 데 결정적인 핵심 기준이 된다.

3.4. 초분절음소

소리를 음성 요소인 음소로 분리하는 가능성은 인간 언어음의 분절 구조를 가리킨다. 이러한 분절 음소들은 분절음이라고 불리며, 이미 보았듯이 자음 또는 모음들로 구성된다. 이 분절음들은 서로 교체되면서 단어를 만들고, 분절음들이 단어마다 다르게 분포하여서 의미 차이를 보여주게 된다. 그 이유는 음소가 바로 의미의 차이를 확인해 주는 단위이기 때문이다.

그렇지만 음소 형태를 취하지 않았지만, 여전히 의미 차이를 유발하는 단위를 확인할 수 있다. 비록 소리 교체가 발생하지 않더라도 의미 차이를 일으키는 요인들로서 소리의 '강세'stress, '성조'tone, '억양'pitch, '길이'length, '휴지'pause 등이 존재한다. 이와 같은 소리 현상이 변하면 표현에서 의미가 달라진다.

비록 이들이 분절음처럼 독립적 기능을 직접적으로 보이지 않지만, 분절음과 함께 의미 차이를 일으킬 수 있다. 이처럼 의미 분화를 가져오는 현상은 음성의 '대립 관계 형성'으로 볼 수 있고, 언어학 용어로서 '초분절 음소'suprasegmental phoneme 또는 '운소'prosodic phoneme로 부른다. 분절음인 음소가 아니라 '강세', '성조', '억양', '길이', '휴지' 등을 규명하는 연구 분야를 '자립 음운론'이나 '초분절 음운론'이라고 한다.

3.4.1. 강세

단어를 하위 구조로서 '음절'syllable로 분리할 수 있으며, 단어가 2개 이상 음절로 구성될 때 하나의 음절을 다른 음절들보다 강하게 발음하는 현상을 강세라고 한다. 음절들 가운데 강세를 소유한 음절은 보통은 소리가 강하고, 높고, 길게 나타난다. 영어에서는 강세의 유무 상태와 강세 위치에 따라서 단어의 품사가 달라질 수 있다. 이처럼 강세는 품사 차이와 함께 단어의 의미 차이를 일으킬 수 있어서 영어교육, 영어교육, 영어구사 등 과정에 이러한 측면을 분명하게 반영하는 것이 매우 중요하다. 그리고 강세는 다음처럼 분류할 수 있다.

- 단어 강세(word stress): 모든 단어(특히 내용어)에 강세 부여
- 복합어 강세(compound stress): 앞 단어에 강세 부여
- 구 강세(phrase stress): 뒤에 위치한 명사에 강세 부여

> **알아두기**
> 강세는 실제로 가장 강한 상태를 가리키지만, 음절이 3개 이상 포함될 때는 상대적 차이를 보일 수 있다. 이러한 경우 '강세종속규약'을 통해서 특정 위치에 가장 강한 '제1 강세'가 부여될 때는 그 밖에 다른 강세는 한 등급씩 낮아져야 한다.

3.4.1.1. 단어 강세

영어에서 단어의 품사 정보와 음절의 음성 구조처럼 기능적 유형을 알면, 단어의 강세 형태를 어렵지 않게 추정할 수 있다. 품사의 경우 강세가 위치하는 상태가 달라질 수 있다.

품사 정보

- 명사 2음절 구조에서 강세가 첫 번째 음절에 위치
  (예) táble, cénter, wíndow, dóctor, stúdent, músic

- 동사 2음절 구조에서 강세가 두 번째 음절에 위치
  (예) reláx, atténd, compléte, decíde, arrive, relý

음절의 음성 구조

음절구조로서 '운'rhyme의 모음 구조에 따라 강음절heavy syllable과 약음절weak syllable로 분류할 수 있다. 영어 단어의 경우 음절의 운에 포함된 모음이 '긴장모음'이나 '이중모음' 구조이면, 강세를 가질 수 있다.

- 긴장모음: agree /əˈgriː/, complete /kəmˈpliːt/, canoe /kəˈnuː/
- 이중모음: decide /dɪˈsaɪd/, complain /kəmˈpleɪn/, about /əˈbaʊt/

> **알아두기**
>
> ① 영어 단어 중에 운의 구조가 '이완모음 + 자음 1개'로 형성될지라도 강음절이 될 수 있다.
> (예) pencil /ˈpɛn.səl/, summer /ˈsʌm.ər/, mitten /ˈmit.ən/
>
> ② 음절 위치에 강세를 표시할 때 2가지 방법이 있다.
> - 강세 위치 모음에 직접 표시: reláx, atténd, compléte
> - 강세 위치 음절의 전체 표시: relax /rɪˈlæks/, attend /əˈtend/, complete /kəmˈpliːt/

한편, 영어에서 하나의 단어지만 강세 위치 변화에 의해서 품사가 달라질 수 있다. 다음은 이러한 현상을 보여주는 예들이다.

    contract   /ˈkɒn.trækt/ (계약)   /kənˈtrækt/ (수축하다, 계약하다)
    increase   /ˈin.kriːs/ (증가)   /ɪnˈkriːs/ (증가하다)
    reject   /ˈriːdʒekt/ (거절)   /rɪˈdʒekt/ (거절하다)

3.4.1.2. 복합어 강세

두 개의 단어가 결합하여 새로운 합성 단어를 만드는 단어 형태를 '복합어 단어'compound라고 한다. 이러한 복합어 구조는 강세 형태가 다르게 나타나며, 대부분 복합어 구성 단어 중 첫 번째 단어에 강세가 주어진다.

    blackboard /ˈblæk.bɔːrd/, toothpaste /ˈtuːθ.peist/, greenhouse /ˈgriːn.haʊs/

다음 예시는 강세와 관련하여 복합어 단어와 동일 단어로 구성된 명사구를 대조해서 강세 형태를 살펴본 내용이다.

복합어 명사	명사구 구조
a hótdog(핫도그)	a hot dó
a rédcoat(영국군인)	a hot dó
a gréenhouse(온실)	a green hóuse(녹색 집)
a bláckboard(칠판)	a black bóard(검은 판자)
a híghchair(아기용 높은 의자)	a high cháir(높이가 높은 의자)
a dáncing girl(직업 무희 여성)	a dancing gírl(춤추는 소녀)

앞에서 제시한 예를 보면, 복합어 그리고 명사구의 강세 현상의 차이를 확실히 볼 수 있다. 복합어는 두 단어의 구성으로 분석될 수 있는 독립 단어로서 비록 두 단어 구성체이지만, 하나의 단어 특성을 보여준다. 예를 들면, 'green house' 명사구 의미를 영어로 해석하면, 'the house which is green'이지만, 복합어 'greenhouse' 의미는 '온실'을 가리킨다. 복합어 의미를 해석할 때는 내부 단어들 의미에만 의존하지 말고, 복합어 전체 구조를 토대로 의미를 파악해야 한다. 복합어 의미는 포함된 단어들 요소로부터 의미 확인이 불가능하고, 복합어에만 국한된 특별한 의미로 해석될 수 있다. 복합어 표기 방식은 다음처럼 3가지 표기 방법을 고려할 수 있다.

- ice cream: 내부 단어들을 띄어서 표기
- ice-cream: 내부 단어들을 하이픈으로 표기
- icecream: 내부 단어들을 붙여서 표기

> **알아두기**
> 영어 문법에서 '동사 + 전치사' 구조를 복합어로 보기도 한다. 그러나 이러한 동사구의 경우는 복합어가 아니라서 복합어 강세 규칙이 적용되지 않고, 강세 위치는 마지막에 전치사에 나타난다.
> (예) look áfter, log ín, put ón, pick úp

단어 2개 이상으로 구성된 구조를 복합어인지 명사구인지 판별하게 해 주는 기준은 다음 3가지로 정리할 수 있다.

a. 복합어 의미의 특화 여부: 부분들의 의미들 합이 전체의 의미임을 확인
b. 복합어 특화 강세 규칙 기초의 강세 패턴 확인
c. 복합어 구조에 포함된 단어들의 품사와 결합 구조 확인

3.4.2. 억양

억양이란 소리의 '높낮이'pitch 변모의 발성 현상을 가리킨다. 즉 문장의 특정 부분의 소리가 올라가고 내려감으로써 발음이 나타난다. 영어 발음에서 억양의 중요한 역할은 의미 변화를 일으킨다는 사실이다. 강세 형태는 음절에 한정해서 적용되지만, 억양의 영향 범위는 문장 전체에 적용된다. 다음은 영어 억양의 주요 패턴 3가지를 정리한 내용이다.

① 하강 억양 ↘
용도: 평서문, 명령문, 의문사(wh-questions)
특징: 문장의 끝부분에서 음이 하강

(예)　She **went home**.
　　　Finish the **homework**!
　　　What's your **name**?

예외 경우: 감정을 담아 되물을 때, 의문사 문장에서도 상승 억양이 가능
(예)　What are you **doing**? (놀람, 당황 → 상승)

② 상승 억양 ↗
용도: 일반적인 Yes/No 의문문, 확인, 감정 표현
특징: 문장의 끝에서 음이 올라감

(예)　Do you like **coffee**?
　　　You want to join **us**.

예외 경우: 아주 친숙한 질문 또는 **수사적 질문**에서는 하강 억양 사용 가능
　　　Do you ever listen? (비판적 → 하강)
　　　Do I care? (냉소적 → 하강)

③ 상승-하강 억양 ⌒
용도: 선택 강조, 강한 감정(놀람, 냉소, 실망), 강조된 부정
특징: 앞에서 억양이 올라갔다가 하강

(예)　Do you want **tea** ↗ or **coffee** ↘?
　　　Well, I **suppose** so.
　　　You did **what**?

열거 리스트의 항목 중 앞은 상승으로 그리고 마지막 항목은 하강

 (예) I bought **apples, bananas,** and **grapes.**

     apples ↗, bananas ↗, grapes ↘

④ **나열 형식 억양**

영어에서 숫자, 요일, 월, 알파벳 등을 열거할 때 '평탄 억양'flat intonation이 사용된다.

용도: 단순 정보 열거, 기계적 암기, 숫자 세기 등

특징: 정보를 감정이나 강조 없이 중립적 억양으로 신속하게 전달

 (예) 숫자 세기: 각 단어의 억양이 거의 동일
    One, two, three, four, five.

    요일 나열: 억양 변화가 크지 않음(flat), 일관된 높이
    Monday, Tuesday, Wednesday, Thursday, Friday.

    알파벳 나열: 암송하는 리듬감으로 높이가 반복되면서 기본적으로 평탄 유지
    A, B, C, D, E, F, G.......

⑤ **부가 의문문 질문**

용도: 의문 사항의 확인 또는 확신 전달

특징: 화자 의도에 따라서 상승 또는 하강

 (예) 의문 사항 질문이면 상승: You're coming, **aren't you**? ↗
    의문 사항 확인이면 하강: You're coming, **aren't you**? ↘

제3장

형태론

단어는 의미를 전달하는 핵심적인 단위로서 가장 작은 단위인 '형태소'morpheme로 구성된다. 이렇게 단어를 형성하는 형태소들이 결합해서 완성 구조를 결정하는 과정은 규칙을 통해서 확인할 수 있으며, 이러한 규칙은 '형태 규칙'morphological rules이라고 한다.

이와 같이 하나의 단어가 생성 규칙을 통해서 구성되는 방법을 연구하는 분야가 '형태론'morphology이다. 예를 들면 영어 단어 'discover'를 자세하게 살펴보면, 단어 의미를 결정하기 위해서 내부적으로 하위 최소 의미 형태로서 'dis'와 'cover'를 포함하고 있음을 발견할 수 있다. 따라서 단어를 형성하는 하부 요소들이 바로 최소의 의미 단위가 되면서 최종 'discover' 의미를 결정한다. 그러나 'cover'를 더 작게 분해하려고 'co'와 'ver'로 분리하면, 두 요소가 특정 의미를 전달하지 못하기 때문에 'cover'는 독립적인 별개 형태소로 보아야 한다. 다음 내용에서 앞에서 언급한 형태소를 자세하게 살펴볼 것이다.

1 형태소와 그 종류

■ 1.1. 형태소 이해

형태소를 '의미적 최소 단위'minimal meaningful unit라고 정의한다. 그렇지만 실제로 형태소의 정의를 명확하게 설정하기에 문제점이 없는 것은 아니다. 다음은 기존의 형태소 정의와 관련된 문제이다.

① 형태소를 정해진 형태를 가지면서 고유의 의미를 단위로 정의하면, '-er'이라는 형태를 포함하는 영어 단어들 'teacher'와 'taller'가 서로 다른 기능의 '-er'을 포함하고 있다는 사실을 파악할 수 없다. 또한 영어 명사 복수 형태를 보여주는 'girls'와 'women'의 차이를 정확하게 밝히기 어려워진다. 만약 이러한 점을 감안하고 제시된 단어들의 형태소를 분석을 다음처럼 진행할 수 있을 것이다.

• -er 분석: 주어진 형태소 '-er' 철자가 같다고 해서 동일한 형태소로 단정할 수 없다.
 1st er 형태: 동사에 붙어서 행동 주체를 가리키는 명사 파생접미사
 2nd er 형태: 형용사에 붙여 비교급을 나타내는 굴절접미사

• -s 분석: 명사의 복수 의미를 가리키며, 명사에 따라서 복수형이 다르게 나타난다.
 girls → [girl]명사 + [복수 '-s']의 결합체
 women → [woman]명사 + [복수의미 plural]

> **알아두기**
> sheep → [sheep]명사 + [plural-영파생 복수 형태소]
> 여기서 '영파생 형태소'(zero morpheme)는 형태가 없는 빈 형태소{∅}를 가리킨다.

② 단어의 분석 방식으로서 어원 중심 분석 방법을 토대로 단어 내부 구조를 판단하려는 시도가 단어 형성 규칙으로 결정되기 어려운 경우들이 적지 않다. 예를 들면 영어 단어 중 'Hamburger'의 단어 형성은 어원에 기초해서 분석하는

과정에서 형태소 구조 상태를 다음처럼 2가지 분석으로 볼 수 있다.

- [Hamburg] + [er]
- [Ham] + [burger] (예: [Cheese]+[burger], [Chicken]+[burger])

그리고 음소, 음절, 형태소 개념은 정확하게 이해할 필요가 있다. 이러한 개념들을 명확하게 분류하기 위해서 'maps' 표현을 활용하면, 상호 차이를 확실하게 보여줄 수 있다. 예를 들어서 영어 단어 'maps'를 보면, 가장 먼저 음소는 /m/, /a/, /p/, /s/ 4개로 분리된다. 이 단어의 음절은 모든 음소들을 하나로 포함하는 음절 1개로 보아야 한다. 그러나 형태소 분석에서는 [map] + [s] 2개 구조를 분리해야 한다. 이유는 /s/ 음소로서 소리 단위이지만, 의미 기능으로서 복수형에 사용되는 별개의 형태소이기 때문이다. 이처럼 음소, 음절, 형태소가 언어 분석에서 서로 다른 단위로서 기능을 보인다는 사실을 알아야 한다.

- 음소: 독립적 소리 단위로서 단어들 사이에서 의미 차이의 기준이 된다.
- 음절: 음소로 구성되어 있고, 특별하게 의미를 전달하지 않는 단위이다.
- 형태소: 형태소는 독립적 의미 최소 단위로서 단어를 구성한다.

■ 1.2. 이형태 알아보기

음소 설명에서 소리 환경에 따라서 변모하는 '이음' 현상처럼 형태소 역시 하나의 형태가 배열 환경에 따라서 다른 모습으로 변모한 '이형태'allomorph 현상이 발생한다. 여기서 말하는 환경 요건에는 소리 영향력을 가리키는 '음운적 환경' 그리고 형태소 자체의 '형태적 환경' 모두를 포함한다. 이러한 환경 조건으로 인해서 형태소는 이형태로서 다수의 변이형을 보여준다. 그래서 이러한 이형태 '음운적인 환경에 따른 이형태'와 '형태적 조건에 따른 이형태'로 구분된다.

1.2.1. 음운적인 환경에 따른 이형태

소리 조건을 의미하는 음운적인 환경을 기준으로 형성되는 이형태는 변화가 발생하기 이전의 출발 형태의 상태로서 공통 기저 형태소를 설정한다. 이러한 출발 기저 모양이 소리 환경에 따라서 2개 이상의 형태소 형상으로 변모한 형태로 나타난다.

① 명사의 복수형 어미 이형태 현상 예

> 복수형 형태소 '-s' 기저형 음소 구조 기저 형태: /s/
> 무성음 다음 위치에서 무성음 /s/ 소리: [map] [-s]복수어미 → [ma**p**] /s/
> 유성음 다음 위치에서 유성음 /z/ 소리: [dog] [-s]복수어미 → [do**g**] /z/
> 복수형 어미 동일 음소 다음 위치에서 /iz/ 소리: [bus] [-s]복수어미 → [bu**s**] /iz/

알아두기

소유격 표현 어미 [-'s] 어미의 이형태
Ral**ph**'s mother → [Ralph] ['s] → [Ral**ph**] + /s/
Ste**ve**'s mother → [Steve] ['s] → [Steve] + /z/

② 동사의 과거형 어미 이형태 현상 예

과거형 형태소 '-d' 기저형 음소 구조 기저 형태: /d/
무성음 다음 위치에서 무성음 /t/ 소리: [stop] [-d]과거어미 → [stop] /t/
유성음 다음 위치에서 유성음 /d/ 소리: [cover] [-d]과거어미 → [cover] /d/
과거형 어미 동일 음소 다음 위치에서 /id/ 소리: [weed] [-d]과거어미 → [weed] /id/

③ 부정 의미 '-in' 접두사 접두사 기저 형태: /in/

접두사 다음 소리가 동일 조음위치 소리: [in] + [tolerable] → in-tolerable
접두사 다음 소리가 모음 소리: [in] + [attentive] → in-attentive
접두사 다음 소리 조음위치 입술 위치: [in] + [possible] → im-possible
접두사 다음 소리 조음위치 연구개 위치: [in] + [complete] → in-complete

1.2.2. 형태적 또는 어휘적인 이형태

영어의 명사 복수형은 '-s', '-z', '-is'이지만, 이러한 복수 형태를 따르지 않는 경우들이 있다. 언어학에서는 이러한 예들을 통칭해서 '불규칙 복수 명사'라고 부르며, 여기에 속하는 대표적 영어 예들로서 'man-men, tooth-teeth, mouse-mice, child-children' 등을 확인할 수 있다.

이 단어들의 복수 형태들은 외형적 차이가 분명하게 나타난다. 그리고 과거형 규칙동사의 과거형에서 보았던 이형태 결과들이 '-d', '-t', '-id'이지만, 이러한 형태 변모를 보이지 않는 동사들의 과거형 변화를 '불규칙 과거형'이라고 부르며, 여기에 속하는 대표적인 영어 예들은 'go-went, buy-brought, put=put, read-read' 등을 확인할 수 있다. 이러한 불규칙 복수형, 불규칙 과거형의 경우를 단어의 형태적 혹은 어휘적 조건에 따른 이형태라고 부른다.

① 불규칙 복수형 이형태
a. 모음 변화 이형태
　　mice(mouse), geese(goose), teeth(tooth)
b. 단어에 '-en' 첨가 이형태
　　[명사] + [-(r)en]: children(child), oxen(ox)
c. 단어에 복수형 첨가 없는 이형태
　　[명사] + [-zero]: fish(fish), sheep(sheep), deer(deer)
d. 외래어 복수형 이형태
　　[-a]로 마치는 명사: data(datum), phenomena(phenomen)
　　[-i]로 마치는 명사: stimuli(stimulus), alumni(alumnus)

② 불규칙 과거형
a. 완전 불규칙 이형태: went(go), brought(bring)
b. 모음 변화 불규칙 이형태: sang(sing), drive(drove)
c. 시제형 첨가 없는 이형태: hit(hit), let(let), put(put)

③ 불규칙 비교급
완전 불규칙 이형태: better(good), worse(bad), more(many), less(little)

> **알아두기**
>
> 단어의 이형태 발생 형태가 예측하기 어려운 상황으로 전개되면, '불규칙 단어 형성'(suppletion)으로 부른다. 예를 들면 영어 명사의 복수형, 동사의 과거형, 형용사의 비교형 등을 구성하는 규칙이 제대로 적용되지 않는 예들이 있다. 이런 예들은 불규칙 단어 형성으로 볼 수 있다.

④ 부정관사

a. /a/ : 자음으로 시작하는 단어의 앞

    a map, a pot, a tiger

b. /an/ : 모음으로 시작하는 단어의 앞

    an apple, an egg, an orange

1.3. 형태소 분류

형태소는 언어의 의미를 지닌 가장 작은 단위를 의미하며, 형태소를 분류하는 기준은 다음과 같이 정리할 수 있다.

a. 자립 속성 유무 분류:
   자립형태소(free morpheme), 의존형태소(bound morpheme)

b. 의미와 문법 역할 분류:
   어휘형태소(lexical morpheme), 문법형태소(grammatical morpheme)

c. 기능 중심 분류:

　파생형태소(derivational morpheme), 굴절형태소(inflectional morpheme)

d. 단어 구성 핵심 여부 기준 분류:

　어근형태소(root morpheme), 접사형태소(affix morpheme)

앞에서 제시한 4가지 형태소 기준을 기반으로 제시된 형태소들의 분류 상황을 도식으로 정리하면, 다음과 같은 구조로 나타낼 수 있다.

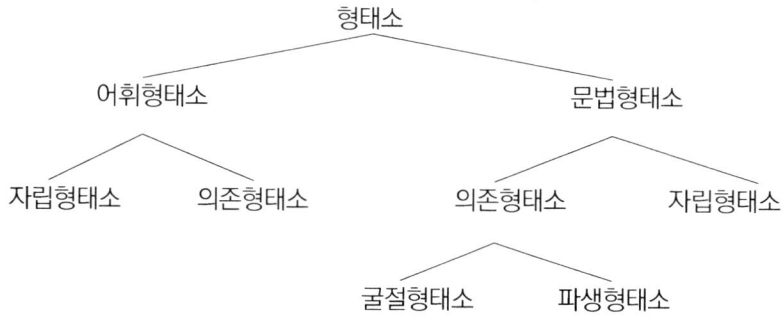

알아두기

형태소의 활용 측면에서 어근으로 역할을 수행하지만, 여전히 의존적 기능을 보이는 형태소가 있는데 그것을 '의존 어근'(bound root) 혹은 '유일형태소'(unique morpheme)라고 한다. 예를 들면 'cranberry', 'huckleberry', 'lukewarm' 등 영어 단어에서 밑줄 친 부분은 이러한 정의에 맞지 않는 문제가 나타난다. 단어 내분에서 'berry'와 'warm'는 독립 자립형태소이지만, 'cran-', 'huckle-', 'luke-'를 보면, 하나의 독립 형태소로서 별도의 의미를 보이지 못한다. 여기서 형태소 정의의 핵심 조건을 적용하려면, 반드시 독립적 의미가 있어야 하지만, 이미 밝혔듯이 독립적 의미를 갖고 있지 못하다면, 형태소로 인정받지 못하는 문제에 맞닥뜨리게 된다. 결국 'cran-', 'huckle-', 'luke-' 등 요소들은 'berry'와 'warm' 같은 특수한 형태소와 결합해야 하는 한정적 조건 때문에, 형태소로 분류할 수가 없다.

1.3.1. 자립형태소

자립형태소는 단어로서 자립할 수 있는 형태소를 가리킨다. 자립형태소 대부분은 '<u>어근</u>'root으로서 의미의 핵심 역할을 보인다.

— 어휘형태소
  명사, 동사, 형용사, 부사 의미 <u>내용어</u>
— 문법형태소
  전치사, 한정사, 접속사 문법 <u>기능어</u>

1.3.2. 의존형태소

의존형태소는 홀로 자립할 수 없는 형태소를 가리키며, 영어에서는 접미사로서 '-ish', '-ness', '-ly', 복수형 '-s', 과거형 '-ed', 비교급 '-er' <u>등이 포함된다.</u>

1.3.3. 어휘형태소

어휘형태소는 자체적으로 의미를 가진 형태소를 가리킨다. 어휘적 자립형태소에는 명사, 동사, 형용사, 부사와 같은 내용어가 포함된다.

— 개방어: 새로운 어휘가 생성되어서 수준 변화가 가능
— 폐쇄어: 문법적 자립형태소로서 문법적 기능어 수행

1.3.4. 문법형태소

문법적 기능을 맡고 있는 요소들로서 단어들 사이의 문법적 관계를 표현한다.

— 문법적 자립형태소
  전치사, 한정사, 접속사와 같은 기능어
— 문법적 의존형태소
  파생접사('-ish', '-ness', '-ly' 같은)
  굴절접사(복수형 '-s', 과거형 '-ed', 비교급 '-er')

1.3.5. 파생형태소

관련된 형태소는 접사로서 기능을 수행하며, 이러한 특성에 기초해서 관련된 형태소들을 '문법적 의존 형태소'로서 '접사'affix라고 부른다. 그리고 접사는 연관 기능에 따라서 2가지로 분류한다.

— 파생접사
— 굴절접사

접사는 대체로 어근 역할 어휘형태소에 첨부되고, 의미를 첨가한다. 접사를 포함하는 단어의 구성은 다음과 같다. 어근을 기본으로 설정하고, 접사의 위치에 따라서 다음처럼 2가지로 분류하고, 단어 구성을 형성한다.

> 단어 구성 ⇒ 접두사(prefix) + 어근 + 접미사(suffix)

> **알아두기**
>
> 단어 구성의 핵심인 어근은 접사들을 모두 제거하면 최종으로 남는 부분으로 간주한다. 예를 들면 단어 'cat'에 복수형 어미 '-s'를 첨부한 'cats'을 볼 때 'cat'은 어근으로 볼 수 있고, 복수형 어미가 첨가된 최종 'cats'를 단어 구성체로 보면 된다. 다른 예로서 'worker'에서 어근은 'work'이며, '-er'이 접미사이고, 의미상 동사 'work'를 '노동자'라는 의미로 전환한다. 또한 단어 구성체 'worker'에 복수형 어미 '-s'를 첨가하면, 어근은 여전히 'work'이지만, 복수형은 명사로 변환된 'worker'에 첨부되기 때문에 이럴 경우에는 'worker'를 복수형 어미 '-s'가 첨부되는 기본 형태로 분류해서 '어간'(stem)이라는 용어로서 다시 분류할 수 있다.

1.3.5.1. 파생형태소 접사

파생형태소는 접사에 속하며, 다른 형태소에 첨가되어 의미 변화를 발생하게 만든다. 많은 예에서 파생형태소는 기존 형태소에 첨부되면, 품사의 변화를 통해서 의미 변화를 일으키고, 의미 변화를 기준으로 새로운 단어를 생성하는 과정으로서 파생으로 명명한다. 예를 들면 동사 'employ'에서 접미사 '-ment'를 첨부하면 'employment'가 되어서 명사로 품사 변화가 발생한다. 다른 예로서 'teach'에 접미사 '-er'을 첨부하면, 'teacher'가 되면서 명사로 전환된다. 다음의 예들은 파생형태소 접사가 첨부된 영어 단어들을 제시한 것이다.

[employ]동사 + [ment]접미사 ⋯> [employment]명사
[teach]동사 + [er]접미사 ⋯> [teacher]명사

[read]동사 + [able]접미사 → [readable]형용사
[beautiful]형용사 + [ly]접미사 → [beartifully]부사
[en]접두사 + [large]형용사 → [enlarge]동사

> **알아두기**
>
> 파생형태소는 품사 변화를 일으키는 경우가 대부분이지만, 파생형태소 접사에도 품사 변화를 일으키지 않는 접사들이 있다. 이러한 접사들은 의미 변화에만 관여하는 경향을 보인다. 예를 들면 영어 접미사 '-hood', '-ship' 등이 여기에 속한다.
>
> [boyhood]명사 ― [boy]명사 + [hood]접미사
> [friendship]명사 ― [friend]명사 + [ship]접미사

1.3.5.2. 파생형태소 접사 종류

다음은 파생형태소 접사가 품사에서 변화를 일으키는 파생 경우들에 연관된 영어 예들이다.

① 품사 변화 결과를 따른 분류

a. 명사 파생형태소 접사

-er(teacher), -ee(employ), -ant(servant), -let(booklet),
-ary(secretary), -ese(chinese),
-ness(happiness), -hood(neighborhood), -ship(membership),
-al(arrival),
-ance(maintenance), -ency(frequency), -cy(accuracy),
-ity(reality), -ure(closure), -ry(jewelry)

b. 형용사 파생형태소 접사

-en(drunken), -ful(beautiful), -ish(childish), -less(careless), -ary(necessary), -ent(confident), -ate(accurate), -ive(active), -some(handsome)

c. 부사 파생형태소 접사

-ly(beautifully), -wards(forwards), -wise(broadwise), -s(sometimes, besides)

d. 동사 파생형태소 접사

-en(harden), -ify(purify), -ate(accentuate)

② 특정 품사 첨부 상황에 따른 분류

a. 명사에 붙는 파생접사

명사 + ate = 형용사 ; fortunate
명사 + esque = 형용사 ; picturesque
명사 + ful = 형용사 ; handful, delightful
명사 + ish = 형용사 ; childish, selfish
명사 + less = 형용사 ; careless, jobless
명사 + like = 형용사 ; animal-like, childlike
명사 + ly = 형용사 ; womanly, costly
명사 + y = 형용사 ; wordy, silky, bossy
명사 + fy = 동사 ; beautify, simplify, amplify
명사 + ize = 동사 ; symbolize, modernize, formalize

b. 동사에 붙는 파생접사

   동사 + age = 명사 ; coverage, wastage
   동사 + al = 명사 ; denial, arrival, refusal
   동사 + ant = 명사 ; inhabitant, contestant
   동사 + ee = 명사 ; employee, interviewee
   동사 + er/or = 명사 ; writer, thriller, adviser/advisor
   동사 + ing = 명사 ; betting, opening
   동사 + ment = 명사 ; arrangement, puzzlement
   동사 + (a)tion = 명사 ; fixation, starvation, foundation
   동사 + ful = 형용사 ; forgetful, resentful
   동사 + able = 형용사 ; acceptable, respectable, believable

c. 형용사에 붙는 파생접사

   형용사 + ness = 명사 ; happiness, usefulness
   형용사 + ity = 명사 ; diversity, sensitivity
   형용사 + en = 동사 ; soften, quicken, fasten
   형용사 + ish = 형용사 ; poorish, tallish
   형용사 + ly = 부사 ; certainly, truly, wisely, calmly

1.3.5.3. 파생형태소 접사의 특징

형태론 분석에서 파생형태소 접사는 굴절형태소 접사와 다른 특성을 보인다. 따라서 파생형태소와 굴절형태소를 서로 다른 범주라고 말할 수 있다. 파생형태소 접사의 성격을 다음과 같이 규명해 보면, 굴절형태소 접사와의 차이점을 확실하게 이해할 수 있다.

a. 품사 전환 여부

굴절형태소 접사가 어근의 품사 변화가 없지만, 파생형태소 접사는 품사 전환을 가져온다.

굴절: [book]명사 + [s]접미사 → [books]명사
파생: [write]동사 + [er]접미사 → [writer]명사

b. 적용의 순서 여부

단어 구성에서 굴절형태소 접사는 파생형태소 접사 다음에 위치하는 분포를 보여준다.

[friend]명사 + [ship]파생접미사 + [s]복수굴절접미사 → [friend-ship-s]명사
[spoon]명사 + [ful]파생접미사 + [s]복수굴절접미사 → [spoon-ful-s]명사

〈오류의 예〉
[weak]형용사 + [s]복수굴절접미사 + [ness]파생접미사 → [weak-s-ness]명사

c. 허용되는 접사의 수

굴절형태소 접사는 특정한 품사 어근 한 개에만 첨부되지만, 파생형태소 접사는 두 개 이상의 수로 첨부가 가능하다.

[un]파생접두사 + [happy]형용사 + [ness]파생접미사 → [un-happy-ness]명사
[grammar]명사 + [tical]파생접미사 + [ity]파생접미사 → [grammar-tical-ity]명사

d. 단어 구성에서 첨부 위치

굴절형태소 접사는 주로 접미사 형태를 취하지만, 파생형태소 접사는 접두사, 접미사 모두 분포가 가능하다.

[en]파생접두사 + [large]형용사 → [enlarge]동사
[soft]형용사 + [en]파생접미사 → [soften]동사

e. 형태소 적용 범위

굴절형태소 접사는 명사의 복수형 '-s'이나 동사의 시제형 '-ed'처럼 분포 상태가 규칙적이면서 적용에 제한을 적게 받지만, 반면에 파생형태소 접사는 어근의 품사 종류에 제한되는 상황이 보여주듯이 어근 어디에든 첨부되지 않는 불규칙적 분포를 보인다.

굴절 시제 접미사: [ed]굴절접미사 → 동사 전체에 적용 가능
파생 명사화 접미사: [ate]파생접미사 → 명사에 제한되어 적용

1.3.6. 굴절형태소

굴절형태소가 첨가되면, 대체로는 품사에는 변화가 없다. 대신에 접사를 포함한 단어들은 수, 시제 등 문법적인 정보에만 변화가 발생한다.

1.3.6.1. 굴절형태소 접사

단어의 형성 방식 중 굴절에 의한 방식을 위해서는 어근에 굴절형태소 접사가 첨가되어 단어를 형성한다. 굴절형태소 접사 과정은 품사가 변하지 않고, 단어의 문법적 기능으로서 '격'case, '수'number, '성'gender, '시제'tense, '상'aspect, '태'voice, '법'modality, '비교'comparison 등 문법적인 정보만 변한다. 즉 파생형태소 접사가 새로운 의미의 단어를 생성하는 것과 다르게 굴절형태소 접사는 구성한 단어의 문법적 기능만을 표시한다.

1.3.6.2. 굴절형태소 접사 종류

굴절형태소 접사는 크게 8가지로 분류하며, 영어의 경우 조동사들도 굴절형태소에 포함시킬 수 있다. 그리고 굴절형태소의 접사의 대표 기능으로는 시제 일치를 생각할 수 있다. 예를 들면 현재시제와 과거시제는 '현재 굴절형태소 접사'와 '과거 굴절형태소 접사'를 통해 표현하지만, 다음 문장의 예에서 조동사에 시제가 반영될 때는 현재시제와 과거시제가 조동사인 'does'와 'did'로 표현된다. 따라서 조동사들도 시제를 표현한다는 측면에서 굴절형태소 소속으로 포함된다고 볼 수 있을 것이다.

John [does]현재시제 n't go there,
John [did]과거시제 n't go there

다음은 굴절형태소 접사가 단어를 형성할 때 적용되는 경우에 기초해서 문법적 기능을 주축으로 분류한 내용이다.

굴절형태소	어근	단어 구성 예
{복수}	명사	teacher-s
{소유}	명사	teacher-'s
{비교}	형용사	tall-er
{최상급}	형용사	tall-est
{현재시제}	동사	want-s
{과거시제}	동사	want-ed
{과거분사}	동사	tak-en
{현재분사}	동사	tak-ing

2 단어 형성 규칙

■ 2.1. 파생과 굴절 기반 어형성

2.1.1. 파생 규칙 단어 형성

단어 형성의 기초 단위로서 어근에 파생형태소 접사가 첨부되어서 단어를 만드는 방법을 파생 단어 형성이라고 한다. 이러한 방식을 통해서 구성된 단어의 내부구조를 확인할 수 있으며, 파생형태소 접사 기반 단어 형성 '파생 규칙'derivation rule이라고 한다. 만약 파생형태소 접사가 2개 이상 첨부되면, 각자 다른 파생 규칙을 갖게 되고, 파생 규칙들 사이에 적용 순서가 필요하다. 다음 도식을 기반으로 파생 규칙의 순서를 구조적으로 표현할 수 있다.

• nonsmoker 단어 형성 분석

접사의 조건: 접두사 'non-'은 명사와 형용사 첨부 가능, 접미사 '-er'는 동사 첨부 가능

[non]접두사 [smok]동사 [er]접미사 → 【[non] 【[smok] + [er] 】명사 】명사

앞의 분석을 형태소 단어 형성 도식으로 나타내면 다음과 같다.

① 단어구조 분석이 적합하다.　　② 단어구조 분석이 적합하지 못하다.

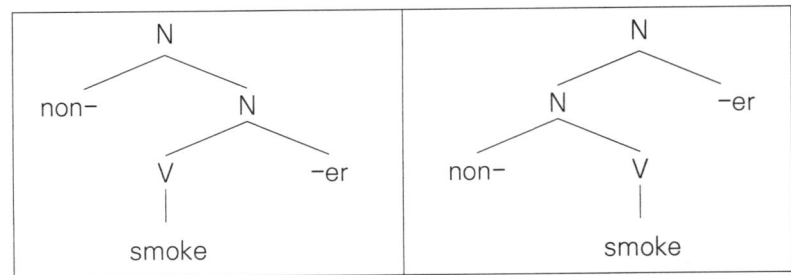

- unlockable 단어 형성 분석

단어 형성 방식을 분석하면, 제시된 단어가 2가지 의미의 중의성 단어임을 알 수 있다.

① 의미 해석: 잠글 수 없는, 잠기지 않는(not able to be locked)
접사의 조건: 접두사 'un-'은 <u>형용사</u>와 동사 첨부 가능, 접미사 '-able' 동사 첨부 가능

　　[un]접두사 [lock]동사 [able]접미사 → 【 [un] 【 [lock] + [able] 】형용사 】형용사

② 의미 해석: 열 수 있는(able to be unlocked)
접사의 조건: 접두사 'un-'은 <u>동사</u>와 형용사 첨부 가능, 접미사 '-able' 동사 첨부 가능

　　[un]접두사 [lock]동사 [able]접미사 → 【 【 [un] + [lock] 】동사 [able] 】형용사

다음은 unlockable의 단어 형성 과정을 도식으로 정리한 것이다.

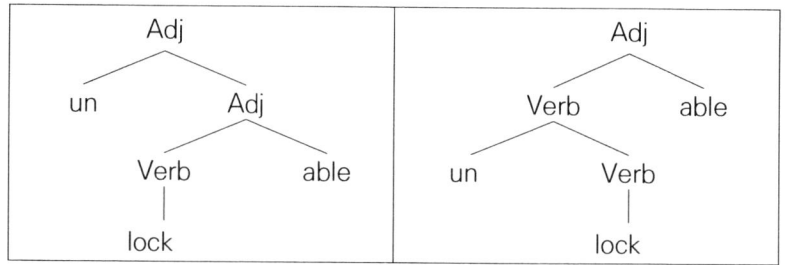

다음 예들은 'unlockable'과 마찬가지로 중의성 해석이 가능한 영어 단어 예이다.

    undoable: 할 수 없는 / 원상태로 돌릴 수 있는
    unbuttonable: 단추를 잠글 수 없는 / 단추를 풀 수 있는
    unzipperable: 지퍼를 잠글 수 없는 / 지퍼를 열 수 있는

알아두기

[un] + [어근]동사 단어 구성에서 접두사 'un-'의 의미는 '동사의 동작 중지 기능'을 가리킨다.

undo: 원상태로 되돌리다
unstaple: 스테이플을 심을 뽑다
unearth: (땅에서) 파내다, (숨겨진 사실을) 밝혀내다
unhook: 걸쇠·갈고리 풀다
undress: 옷을 벗다, ~의 옷을 벗기다
untie: 매듭, 끈, 신발 끈 풀다
unpack: 짐, 상자, 가방 풀다, 짐 풀다
uncover: 덮개 벗기다, (덮인 것) 드러내다, 밝히다

2.1.2. 굴절 규칙 단어 형성

단어의 형성 방식 중에는 '굴절 규칙'Inflection 방식이 있다. 어근에 굴절 형태소 접사가 첨가되어 단어를 형성한다. 일단 굴절 규칙이 적용되면, 문법적 기능에 변화가 발생하고, 파생 규칙과 다르게 최종 단어에 품사 변화가 발생하지 않는다.

문법적 수 기능: [book]명사 [s]복수접미사 → [[book]명사 + [s]]명사
문법적 소유격 기능: [John]명사 ['s]소유격접미사 → [[John]명사 + ['s]]명사
문법적 시제 기능: [walk]동사 [ed]과거시제접미사 → [[walk]동사 + [ed]]동사

파생 규칙이 새로운 의미 단어를 만들어 내지만, 앞의 예를 통해 확인하듯 문법적인 정보만 변하면서 단어의 문법적 기능을 표시한다. 굴절 규칙은 굴절형태소 접미사 항목 종류에 기초해서 크게 8가지로 분류할 수 있다. 이에 관련된 내용은 앞에서 자세하게 설명하였다.

■ 2.2. 합성어 기반 단어 형성

영어 단어 구조는 규칙 형식에 기초하여 분석할 수 있으며, 파생 규칙과 굴절 규칙 이외에 단어 형성 방식으로서 '단어 합성 규칙'compounding도 비중이 아주 높다. 합성 규칙의 핵심은 독립적 단어들을 2개 이상 결합하여 구성하는 단어 형성 방식이다. 이렇게 생성된 단어를 '합성어'라고 부르고, 합성어 단어들은 몇 가지 측면에서 특징을 보여준다.

a. 복합 구조 합성어에서 강세 현상

단어들이 합성될 때 단어들의 강세 형태는 복합 구조에서 앞쪽 단어 모

음에 표시한다.

> bláckboard — 칠판
> blúeberry — 블루베리
> fóotball — 축구
> gréenhouse — 온실
> háircut — 머리 깎기
> nótebook — 공책
> ráincoat — 비옷
> snówman — 눈사람
> súnflower — 해바라기
> tóothbrush — 칫솔

합성어 단어는 내용 구성 단어 중 첫 번째 단어에 강세가 주어진다. 그렇지만 합성어로서가 아니라 명사구noun phrase로 구성되면 강세 위치가 두 번째 단어로 변한다.

합성어	명사구
a hótdog (핫도그)	a hot dóg (체온이 높은 강아지)
a rédcoat (영국군인)	a red cóat (빨간 코트)
a gréenhouse (온실)	a green hóuse (녹색 집)
a bláckboard (칠판)	a black bóard (검은 판자)
a híghchair (어린이 식사용 의자)	a high cháir (높이가 높은 의자)
a dáncing girl (직업 춤추는 여자)	a dancing gírl (춤추는 소녀)

b. 합성어의 의미가 내부 단어 의미에서 추측 불가능한 별도 의미를 보인다.

blackboard	검은색 판 → 학교나 강의실의 '칠판'	
greenhouse	초록색 집 → 식물 재배를 위한 '온실'	
raincoat	'비'와 '외투' → 비를 막는 용도의 특수한 '우비'	
sunflower	'태양'과 '꽃' → 식물 종류로서 '해바라기'	
toothbrush	'이'에 쓰는 '솔' → '칫솔'이라는 특정 도구	

c. 합성어의 표기 방식은 여러 가지 방법이 가능하다.

- 단어들 사이 띄어쓰기 방식

    ice cream

- 단어들 사이 하이픈 연결 표기 방식

    ice-cream

- 단어를 붙여서 표기 방식

    icecream

알아두기

영어 동사 중 2개 이상 단어 구성 '구동사'(phrasal verb)는 '동사 + 불변화사 (particle)' 합체 형태를 보여서 합성어로 평가하며, 구동사에서 강세는 거의 뒤쪽 구성 표현에 표시된다.

pick úp
Could you pick ÚP the phone, not just stare at it?
(전화기를 집어 들어 달라는 의미로서 'up'에 강세)

put ón
Don't just hold the jacket — put ÓN the jacket!
('입히시오'는 의미로서 'on'에 강세)

> put óff
> Don't do it now; put **ÓFF** the meeting until tomorrow.
> ('미루시오'라는 의미로서 'off'에 강세)

d. 우측 핵심 규칙 현상을 보여준다.

　대체로 합성어의 품사는 합성어의 핵으로 평가를 받는 내부 단어 중 가장 오른쪽에 위치한 어근 품사로 결정된다. 즉 중심축을 오른쪽에 두고 있어서 오른쪽 단어가 전체 단어의 품사와 의미 방향을 설정한다. 이처럼 오른쪽 구성 표현을 중심으로 두는 상태를 '우측 핵심 규칙'righthand head rule이라고 부른다.

　　[air]명사 + [plane]명사 → [air - plane]명사
　　oilwell, lipstick

　　[green]형용사 + [house]명사 → [green - house]명사
　　blackbird, darkroom

　　[baby]명사 + [sit]동사 → [baby - sit]동사
　　skydive, head-hunt

　　[dry]형용사 + [clean]동사 → [dry - clean]동사
　　fine-tune, whitewash

　　[duty]명사 + [free]형용사 → [duty - free]형용사
　　headstrong, nationwide

[red]형용사 + [hot]형용사 → [red - hot]형용사
bittersweet, old-fashioned

e. 분리 불허용 원칙

합성어는 두 개 이상의 단어들로 구성된 또 하나의 독립 단어이기 때문에 내부 구성 단어들 사이에 다른 단어를 삽입할 수 없다. 그러나 동일 내부 구성 단어들의 결과가 '명사구' 기능을 갖게 되면, 내부 단어 사이에 다른 단어 삽입을 허용한다.

<u>합성어</u>
[[sweet]형용사 [heart]명사] → [sweet - heart]명사
불허용: [sweet] [er]비교급접미사 [heart]명사 → [sweet-er heart]명사
비문: She has a **[[sweet] [er] [heart]]**명사 than her sister.

<u>명사구</u>
[a]관사 [sweet]형용사 [heart]명사 → [a sweet heart]명사구
허용: [a]관사 [sweet] [er]비교급접미사 [heart]명사 → [a sweet-er heart]명사구
정문: She has 【 [a] [sweet] [er] [heart] 】명사구 than her sister.

■ 2.3. 두문자어 기반 단어 구성

두문자어acronyms는 연속하는 단어에서 첫째 글자들을 별개로 독립해서 또 다른 단어를 형성하는 과정을 가리킨다. 두문자어는 구성된 단어들의 발음 방식에 따라서 2가지로 분류할 수 있다.

a. 구성 단어들로부터 선별한 첫째 글자로 구축한 단어를 발음할 때 전체를 마치 하나의 단어로서 발음하는 경우이다.

    APEC → Asia-Pacific Economic Cooperation
    NASA → National Aeronautics and Space Administration
    NATO → North Atlantic Treaty Organization
    Radar[reidəːr] → radio detecting and ranging
    SARS → Severe acute respiratory syndrome
    scuba → self-contained underwater breathing apparatus
    UNICEF, UNESCO, AIDS, NASA, RAM, TOEFL 등

b. 첫째 글자로 구성한 단어들의 글자들을 독립적으로 별개 철자로서 발음하는 경우이다.

    a.m. [eiem] → ante meridiem (오전)
    p.m. [piːem] → post meridiem (오후)
    ATM → Automated Teller Machine
    BBC → British Broadcasting Corporation
    FBI → Federal Bureau of Investigation
    KFC → Kentucky Fried Chicken
    MIT → Massachusetts Institute of Technology
    NYU → New York University
    VIP → Very Important Person
    UCLA, NFL, MRI, PDA, U.S.A, U.F.O 등

2.4. 축약 기반 단어 구성

단어의 외적 형태에서 일부분을 생략하여 짧게 단축한 형태로 단어를 구성한 방법을 '축약'clipping이라고 한다. 대체로 단어의 끝부분이나 시작 부분을 삭제하면서 의미와 품사는 동일하게 유지한다.

advertisement	광고	ad
bicycle	자전거	bike
caravan	이동식 주택, 캐러밴	van
examination	시험	exam
facsimile	복사, 전송(문서)	fax
gasoline	휘발유	gas
gymnasium	체육관	gym
hamburge	햄버거	burger
influenza	독감	flu
laboratory	실험실	lab
mathematics	수학	math
omnibus	대형 버스	bus
pianoforte	피아노	piano
professor	교수	prof
telephone	전화기	phone
zoological	동물원	zoo

2.5. 혼성어 기반 단어 구성

기존의 두 개의 단어의 일부분을 결합하여 새로운 단어를 만드는 방법을 '혼성'blending이라고 한다. 합성과 단축 단어 형성 방법들의 혼합 방식으로서 2개의 단어 혹은 독립적 자유형태소가 결합한 이후에 첫째 단어에서는 앞부분을 별개로 분리하고, 뒤쪽 단어에서는 뒷부분을 별개로 분리해서 서로 결합하고, 다른 단어 형태를 만든다. 이 과정에서 기존 단어들의 철자가 부분적으로만 남아 있으며, 합쳐진 결과물이 원래 단어들의 의미를 모두 담거나 새로운 의미를 만들어 내기도 한다. 다음은 혼성 단어 구성 방식의 특징을 정리한 내용이다.

- 두 단어의 일부분만 결합해서 전체가 아니라 일부만 남음
- 새로운 뜻을 가진 하나의 단어로 사용됨
- 본 합체 단어들의 발음과 철자가 모두 혼합됨

다음 영어 예들은 영어 혼성어 단어 구성으로 생성된 예들과 내부 구조 설명을 정리하여 보여주고 있다.

brunch
breakfast(아침 식사) + lunch(점심 식사)
bre + unch → brunch
의미: 아침과 점심을 겸한 식사

smog
smoke(연기) + fog(안개)
sm + og → smog
의미: 연기와 안개가 섞인 현상(스모그)

motel
motor(자동차) + hotel(호텔)

mo + tel → motel
의미: 자동차 여행객을 위한 호텔

camcorder
camera(카메라) + recorder(녹음기, 녹화기)
cam + corder → camcorder
의미: 비디오 카메라(촬영과 녹화가 동시에 되는 장치)

infomercial
information(정보) + commercial(광고)
info + mercial → infomercial
의미: 정보 전달을 겸하는 광고

혼성 단어 구성 방식과 합성어 단어 구성 방식을 비교하면 다음처럼 정리할 수 있다.

• 혼성어: 두 단어를 부분적으로 합친다.
• 합성어: 두 단어를 완전한 형태로 연결한다.

2.6. 전환 기반 단어 형성

단어의 형태는 그대로 두고 품사만 변화시키는 방법이다. 별도의 접사 첨부 방식과 다르게 형태 변화가 없으며, 명사를 동사로 또는 동사를 명사로 품사 전환이 발생한다. 영어에서는 매우 흔하게 나타나는 현상으로서 하나의 단어가 여러 품사에 사용되는 것을 여러 예에서 확인할 수 있다.

buy: ⓥ사다, ⓝ구매
chair: ⓥ의자에 앉다, ⓝ의자
drink: ⓥ마시다, ⓝ음료
email: ⓥ이메일 보내다, ⓝ이메일
empty: ⓐ빈, ⓥ비우다
nail: ⓝ못, ⓥ못을 박다
order: ⓥ주문하다, ⓝ주문
water: ⓥ물을 주다, ⓝ물

품사 전환의 예 중에는 중요한 사항으로서 품사가 바뀌면서 강세 위치 변환 경우들이 있다는 점을 잊지 말아야 한다. 다음은 이에 연관된 대표적 영어 예들을 정리한 것이다.

address
áddress (명사): 주소, 연설
addréss (동사): (편지·소포 등을) 보내다, (문제·청중 등에게) 말을 걸다, 연설하다, 다루다

conduct
cónduct (명사): 행동, 품행, 수행
condúct (동사): (업무 등을) 수행하다, (악단을) 지휘하다, (열·전기 등을) 전도하다

contest
cóntest (명사): 대회, 시합, 경쟁
contést (동사): (경쟁에서) 겨루다, (판정·결정에) 이의를 제기하다, 다투다

decrease
décrease (명사): 감소, 하락
decréase (동사): 감소하다, 줄다

export
éxport(명사): 수출(품)
expórt(동사): 수출하다

■ 2.7. 역성법 기반 단어 형성

원래부터 파생어(파생접사가 붙은 단어)가 아니었지만, 후에 단어 일부분이 파생형태소 접사와 외형적으로 동일하다는 이유에서 단어 일부분을 파생형태소 접미사로서 제거하고, 남은 부분을 단어로 사용하는 방법을 가리킨다. 즉 단어의 형태 분석을 잘못 추측하여 새로운 단어를 만든 것이라고 볼 수 있다.

예를 들면 'editor'의 예에서 '-er(-or)' 부분을 동사에 첨가하여 영어의 행동 주체를 나타내는 명사를 생성한 경우로 잘못 판단해서 'edit'을 독립 단어로 제시하는 경우이다. 단어 'editor'가 '[edit] +[or]'의 결합으로 생각하여, 해당 부분을 제거한 후에 만들어진 단어가 'edit'이며, 바로 이 'edit'가 역성법이 적용된 예이다.

action에서 act
action은 '행동, 동작', act는 '행동하다, 연기하다'

babysitter에서 babysit
babysitter는 '아이 돌보는 사람', babysit은 '아이를 돌보다'

connotation에서 connote
connotation은 '함축, 내포', connote는 '함축하다, 내포하다'

editor에서 edit
editor는 '편집자', edit은 '편집하다'

emotion에서 emote
emotion은 '감정', emote는 '감정을 과장되게 표현하다(연기하다)'

enthusiasm에서 enthuse
enthusiasm은 '열정', enthuse는 '열광하게 하다, 열정을 보이다'

exemption에서 exempt
exemption은 '면제', exempt는 '면제하다'

hawker에서 hawk
hawker는 '도시의 거리에서 상품을 파는 상인', hawk는 '거리에서 물건을 팔다'

intuition에서 intuit
intuition은 '직관', intuit는 '직관으로 알다'

pease에서 pea
pease는 원래 '완두콩(복수형처럼 보이는 단어)'이었고, pea는 '완두콩 한 알'

peddler에서 peddle
peddler는 '행상인', peddle은 '행상하다, 물건을 팔고 다니다'

reminiscence에서 reminisce

reminiscence는 '회상, 추억', reminisce는 '회상하다, 추억하다'

resurrection에서 resurrect

resurrection은 '부활', resurrect는 '부활시키다, 되살리다'

revision에서 revise

revision은 '수정, 개정', revise는 '수정하다, 개정하다'

stoker에서 stoke

stoker는 '난로 등에 연료를 넣는 사람', stoke는 '불을 때다, 연료를 더하다'

swindler에서 swindle

swindler는 '사기꾼', swindle은 '사기 치다'

transcription에서 transcript

transcription은 '필기, 복사, 필사', transcript는 '사본, 필사본'

typewriter에서 typewrite

typewriter는 '타자기', typewrite는 '타자기로 치다'

■ 2.8. 의성어 기반 단어 형성

실제 소리나 행동, 또는 사물의 소리를 흉내 내어 만든 단어로서 '의성어'onomatopoeia라고 한다. 동물의 울음소리, 기계음, 자연 소리 등 묘사에 사용된다.

bang
쾅, 쾅 하는 소리, 쾅 하고 치다
총소리, 문을 쾅 닫는 소리, 무언가 부딪힐 때의 큰 소리 등을 표현할 때 사용

boogie-woogie
부기우기(음악 장르 및 춤), 부기우기를 추다
빠르고 경쾌한 리듬의 재즈 음악(특히 피아노), 혹은 그에 맞춘 춤을 부를 때 사용

bowwow
멍멍(개 짖는 소리)
개가 짖을 때 내는 소리 흉내로 사용

buzz
윙윙(벌레 등의 소리), 윙윙거리다
벌이나 기계가 내는 윙윙거리는 소리, 전화 벨 소리 등을 묘사할 때 사용

cuckoo
뻐꾹(뻐꾸기 소리), 뻐꾸기
뻐꾸기(새)의 울음소리, 뻐꾸기 시계 소리 묘사

sizzle
지글지글, 지글지글하다
기름에 음식이 튀길 때 나는 소리, 뜨거운 표면에 액체가 닿을 때 나는 소리 표현

tinkle
딸랑딸랑, 짤랑짤랑, 딸랑거리다
작은 방울, 종, 잔 등이 울릴 때 나는 맑은 소리 묘사

moan

신음, 신음하다, 신음 소리

고통, 슬픔, 괴로움 등을 표현하는 신음 소리, 바람이 윙윙대는 소리를 묘사할 때 사용

■ 2.9. 명칭의 시조 기반 단어 형성

어떤 사물, 장소, 개념, 시대, 브랜드, 질병 등에 자신의 이름이 붙은 사람 또는 그것의 이름의 근원이 된 인물·사물을 뜻한다. 또는 특정한 이름이 다른 사물, 개념, 장소의 이름의 유래가 되는 것을 말한다. 정리하면, 어떤 사람, 혹은 사물, 신화적 존재 등의 이름이 명칭의 근원이 되어 다른 것에 붙여질 때에 그 이름의 주인공 또는 이름을 따온 것을 가리켜 '명칭의 시조'eponym라고 부른다.

인물 중심 명칭의 시조 예

sandwich(샌드위치)
샌드위치 백작(John Montagu, 4th Earl of Sandwich)에서 유래

alzheimer's disease(알츠하이머병)
이 병을 처음 발견한 알로이스 알츠하이머(Alois Alzheimer)에서 유래

wellington boots(웰링턴 부츠)
웰링턴 공작(Arthur Wellesley, Duke of Wellington)에서 유래

상품명 중심 명칭 시조 예

Burberry
영국의 유명 패션 브랜드. 창립자 토머스 버버리(Thomas Burberry)의 이름

에서 유래

Kleenex
크림피(크림)이 들어간 일회용 티슈의 상표명. 회사명 Kleen + 접미사 ex 합성 브랜드 명칭

Kodak
미국의 사진기·필름 브랜드. 조지 이스트먼(George Eastman)이 인조어로 창안

Nylon
듀폰(DuPont)사가 만든 최초의 합성 섬유 명칭으로서 발음 쉬운 상품명 창안

Vaseline
피부에 바르는 연고(석유 젤리) 상품명. 화학자 체즈브로(Robert Chesebrough)가 독일어 Wasser(물)와 그리스어 elaion(기름)을 조합해 만든 브랜드 명칭

Xerox
복사기 및 복사 기술로 유명한 미국 회사. '건조한(dry)'을 뜻하는 그리스어 xeros에서 유래

작가 인조어 중심 명칭 시조 예

jumbo
19세기 미국에서 유명했던 대형 아프리카 코끼리 '점보(Jumbo)'의 이름에서 유래. 이후 '거대한, 대형의'라는 뜻으로 일반화됨

robot
체코어 단어 'robota'(노동, 강제노동)에서 유래
카렐 차페크(Karel Čapek)의 희곡 『R.U.R.(Rossum's Universal Robots)』(1920)에서 처음 사용되어 현대의 '로봇' 개념이 시작됨

제4장

통사론

언어에서 최대 단위로서 문장을 분석할 때 내부 구성 성분과 구조적 특성에 연관된 연구를 수행하는 분야를 '통사론'syntax이라고 한다. 그리고 문장 구성 성분들이 문장 구조를 형성하는 과정과 기능도 연구 대상이다. 문장 분석에서 중요한 사항은 문장 구조가 단어들을 임의적으로 구성한 집합체가 아니라 규칙을 반드시 따르고 있다는 점이다. 즉 문장을 달리 말하면, 단어들이 순서 규칙을 반드시 준수하면서 구조를 생성하는 '단어 연결체'라는 사실을 명심해야 한다. 여러 언어 중 영어는 어순을 반드시 지켜야 문장 의미를 제대로 이해하고, 정확하게 전달할 수 있다. 이러한 특징 때문에 문장 성분인 단어들의 배열이 문법적 판단으로서 '정문'grammatical 또는 '비문'ungrammatical 결정에 절대적 기준이 된다.

단어들이 문장을 구성할 때 지켜야 하는 원칙을 정리하면, 크게 3가지로 분류해서 생각할 수 있다. 첫째 원칙은 단어의 앞뒤 분포를 통해 의미 설정에 영향을 끼치므로 단어들이 핵심인 문장 성분들의 앞뒤 순서는 상태는 매우 중요하며, 이와 같은 문장 성분들의 순서를 선형적 구조라고 부르고, '어순'으로 명명한다. 둘째 원칙은 문장 내부 단어들이 평면적으로 앞뒤 어순을 지키는 '선형적 연속' 외에도 상하 입체적인 형식의 내부구조로서 상하 '계층구조'hierarchy를 따른다는 사안이다. 셋째 원칙은 문장의 구조적 단위가 문장 구조 형성을 주도하는 문장 성분들의 문법 범주에 기초하며, 이 점을 성분들의 단어들의 '범주성'categoriality이라고 한다. 이러한 문장의 3가지 원칙에 근거해서 문장 구성을 도식적으로 나타낸다면, 바로 '수형도'tree diagram 형식으로 보여줄 수 있다.

통사론에 연관된 내용은 가장 먼저 문장 구성 성분들의 '선형성', '계층성', '범주성'에 연계하여 '문장 성분과 구성'에 대해 언급하려고 한다. 그리고 이후에 문장의 변형transformation에 연관된 내용을 정리해서 제시하려고 한다.

1 문장 성분 이해

문장은 단어들이 배열된 결과 구조로서 단어는 결국 문장 성분으로 정의할 수 있고, 문장 성분을 달리 말한다면 문장을 구성하는 기본 단위로 이해해야 한다. 그리고 문장 성분은 하나의 단어로서 구성되기도 하고, 여러 단어가 합해져서 '단어군' 또는 '단어 결합체'로 볼 수도 있다. 문장 성분에 연관된 정의와 성분의 역할을 파악한다면, 문장 성분들의 결합으로 구축된 문장 구성도 명확하게 이해할 수 있다.

■ 1.1. 문장 성분 정의

문장을 이루고 있는 기본 단위를 언어학 용어로 '문장 성분'constituent이라고 하며, 하나의 독립 단어 또는 여러 단어 구성의 '단어군'을 의미한다. 다음에 제시한 문장을 예로 문장 성분을 확인할 수 있다.

This white dog found the black cat in the garden.
(이 하얀 개가 정원에서 까만 고양이를 발견하였다.)

위의 문장을 크게 두 부분으로 나누면, 'This white dog'와 나머지 'found the black cat in the garden'으로 볼 수 있다. 즉 문법 구조적으로 '주부'subject와 '술부'predicate로 분리된다.

[This white dog]주부 [found the black cat in the garden]술부

그리고 술부인 'found the black cat in the garden'을 다시 분리하면, 'in the garden'이 별도 단위로 나뉜다.

⟦ [found the black cat] [in the garden] ⟧

이후 'found the black cat'은 다시 동사 'found'와 'the black cat'으로 나뉜다.

⟦ [found] [the black cat] ⟧

앞 구조의 술부 부분에서 먼저 분리한 'in the garden'은 또 다른 하위 구조로 나뉠 수 있다. 즉 'in'과 'the garden'으로 나뉘고, 'the garden'은 다시 'the'와 'garden'으로 나뉜다.

⟦ [in] 【 [the] [garden] 】 ⟧

이처럼 문장을 구성하는 최소의 단위인 개별 단어로 쪼갤 수 있고, 분리된 단위는 모두 문장의 구성 성분으로 볼 수 있다. 이와 같이 문장을 문장 성분으로 분해할 수 있고, 결과적으로 문장에 포함된 단어들이 모두 문장 성분이 될 수 있다. 다음에서 그 상황을 정확하게 확인할 수 있다.

This white dog found the black cat in the garden.
⬇
[This white dog] [found the black cat in the garden]
⬇
[This white dog] [[found] [the black cat] [in the garden]]
⬇

[[This]　[white dog]]　[[found]　[[the] [black cat]]　[[in] [[the] [garden]]]]

⬇

[[This] [[white] [dog]]] [[found] [[[the] [[black] [cat]]] [[in] [[the] [garden]]]]

■ 1.2. 문장 성분의 문법 범주

문장의 구성단위인 단어들은 서로 다른 특성을 보이는 문법 범주로 분류된다. 문법에서는 문법 범주를 '품사'라고 부르고, '어휘 범주'lexical category와 '구 범주'phrasal category로 구분한다.

1.2.1. 어휘 범주

어휘 범주로는 '명사', '동사', '형용사', '전치사', '부사', '조동사', '한정사' 등이 있다.

<u>Bill</u> <u>frequently</u> <u>got</u> <u>his</u> <u>yellow</u> <u>buckets</u> <u>from</u> <u>the</u> <u>store</u> <u>for</u> <u>a</u> <u>dollar</u>.
명　　부　　　　동　한　형　　명　　　전　한　명　전　한　명

다음은 주요 품사(문법 범주)의 정의와 특성이다.

① **명사(Noun)**
a. 명사는 실제적, 상상적, 추상적인 사물 및 물질을 지칭한다.
b. 명사가 셀 수 있는 사물을 지칭하면 일반적으로 '-s'를 추가하여 복수를 표현한다.

c. 명사는 관사('a', 'the') 및 지시사('this', 'that') 등 한정사와 함께 사용된다.
d. 명사는 묘사 기능 단어(형용사, 한정사)에 의해 수식된다.

② 동사(Verb)

a. 동사는 상태와 사건을 나타낸다.
b. 동사는 시간을 표현하며, 특정 시점에 대응하는 별도의 형태를 갖는다. 'walk' 동사는 규칙적 변화 동사로서 과거형 시제 어미 '-ed'를 추가하여 과거를 나타내고, 불규칙 동사 'be'의 경우는 'was', 동사 'take'는 'took' 등과 같은 특수한 형태로 과거를 표현한다.
c. 동사는 사건의 방식을 나타내는 다른 형태를 취하기도 한다. 예를 들어 '-ing' 어미를 추가하여 현재 진행 중인 행위를 나타내고(I am walking), '-en'이나 '-ed'를 추가하여 완료된 행위를 나타낸다(I have written, I have walked). 일부 동사는 불규칙 동사로서 완료된 행위를 나타낼 때 특별한 형태로 나타나기도 한다(I have sung).

③ 형용사(Adjective)

a. 형용사는 명사가 가리키는 사물을 묘사할 수 있다.
b. 형용사는 문장 내에서 동사 'be'와 함께 사용될 수 있다.
c. 형용사 자체도 'very'와 'too' 등의 부사 수식을 받을 수 있다.
d. 형용사는 비교급('-er' 또는 'more')과 최상급('-est' 또는 'most') 형태를 가진다.

④ 부사(Adverb)

a. 부사는 방식, 화자의 태도나 판단, 빈도 등 기타 여러 관계를 나타낸다.

(예) quickly, unfortunately, often
b. 형용사처럼 일부 부사는 'very'와 'too'에 의해 수식될 수 있다.

⑤ 전치사(Preposition)
전치사는 '도구'(with), '소유자'(of), 여러 공간 및 시간 관계(in, on, under 등)를 포함하여 다양한 역할을 표현한다.

⑥ 한정사(Determiner)
한정사는 정관사(the), 부정관사(a, an), 수량(every, some) 등을 표현한다.

1.2.2. 구 범주

구 범주는 단어들의 결합체로서 영어 문장 'Bill frequently got his white cap from the store for a dollar'에서, 'form the store'와 'for a dollar'는 전치사가 '중심핵'head인 '전치사구'prepositional phrase: PP이다.

Bill frequently got his white cap from the store for a dollar.
⬇
Bill frequently got his white cap [**from** the store]전치사구 [**for** a dollar]전치사구.

나머지 다른 문장 성분은 각자 다른 문법 범주 기능을 보여준다. 즉 예문에서 'frequently got his white cap from the store for a dollar'는 동사가 핵이 되는 '동사구'verb phrase: VP가 된다.

Bill frequently got his white cap from the store for a dollar.
⬇
Bill [frequently got his white cap from the store for a dollar]동사구.

또 다른 성분인 'his white cap'은 명사가 핵이 되는 '명사구'noun phrase : NP이고, 주어인 'Bill'도 독립적 문장 성분으로서 명사구를 이룬다.

Bill frequently got his white cap from the store for a dollar.
⬇
[Bill]명사구 frequently got [his white cap]명사구 from the store for a dollar.

'문장'(sentence : S) 자체도 구 범주라고 말할 수 있다.

Bill frequently got his white cap from the store for a dollar.
⬇
[Bill frequently got his white cap from the store for a dollar]문장.

다음은 문장 성분으로 역할이 가능한 구 범주들을 정리해서 제시한 내용이다.

문장 (Senteence) → 명사구 + 동사구
동사구 (Verb Phrase) → 동사 + 명사구 + 전치사구
명사구 (Noun Phrase) → 한정사 + 형용사구 + 명사 + 전치사구
형용사구 (Adjective Phrase) → 부사구 + 형용사
전치사구 (Prepositional Phrase) → 전치사 + 명사구

2 구 구조 규칙과 문장 성분 구조

■ 2.1. 구 구조 규칙 이해

어휘 범주를 포함한 문장 성분을 토대로 구성된 단위가 바로 명사구, 동사구 구 단위이며, 이러한 구 단위들을 단계적으로 생성하는 과정을 '구 구조 규칙'phrase structure rules: PS rules이라고 한다. 그리고 '구 구조 규칙'의 기본적 기능은 바로 문장의 기본 골격을 구축하는 방식을 가리킨다.

이러한 규칙의 역할은 문장 내부에서 어휘 범주들의 앞뒤 배열을 지칭하는 선형적인 전후 순서 상황 외에도 문장 성분 구조 중에서 필수적 요소와 선택적 요소를 보여줄 수 있다. 즉 규칙을 기반으로 특정 구의 어휘 범주 기능 또는 어휘 범주들의 결합이 허용되는지를 확인할 수 있다. 또한 문장이나 구 내부에서 어휘 범주나 구 범주가 중심핵으로 역할을 보이는지 아니면 보완 부분으로서 기능을 담당하는지를 확인할 수 있다. 다음 예를 통해서 문장 성분들의 구성과 기능을 이해할 수 있다.

John met the good boy in the village.
(John이 마을에서 훌륭한 소년을 만났다.)

John
[John]명사 → [John]명사 → [John]명사구
【명사 'John' 중심핵 역할 확인】

the good boy

[the]한정사 [good]형용사 [boy]명사 → [the] [good] [boy]명사 → [the good boy]명사구

【명사 'boy' 중심핵 역할 확인】

in the village

[in]전치사 [the]한정사 [village]명사 → [in]전치사 [the] [village] → [in the village]전치사구

【전치사 'in' 중심핵 역할 확인】

met the good boy in the village.

[met]동사 [the good boy]명사구 [in the village]전치사구

→ [met]동사 [the good boy] [in the village] → [met the good boy in the village]동사구

【동사 'met' 중심핵 역할 확인】

John met the good boy in the village.

[John]명사구 [met the good boy in the village]동사구

→ [John met the good boy in the village]문장

【문장 ⇒ '명사구 + 동사구' 구성】

■ 2.2. 문장 성분 구조 이해

2.2.1. 문장 성분들 관계 분석

앞에서 서술한 문장 내부 문장 성분들의 '어휘 범주', '구 범주'를 기반으로 '구 구조 규칙'을 적용해서 문장 구조를 형성한 이후 분석된 문장 내부

구성들 구조를 도형 방식으로 제시한 방법을 문장 구조 '수형도'tree diagram라고 한다. 수형도는 문장 성분들 사이의 구조적 관계를 나타낸 그림 방식으로 나타내며, 수형도를 중심으로 문장 성분들 사이의 관계는 크게 다음처럼 분류할 수 있다. 그리고 수형도가 나타내는 문장 성분 사이의 구조적 관계를 정확히 파악하기 위해서는 제시된 관계 설정 용어에 익숙해져야 한다.

- 지배(dominate)
  상위 노드가 하위 노드를 지배한다고 분석할 때 사용

- 직접 지배(immediate dominate)
  한 노드가 바로 아래의 노드를 중간 간섭 요소 없이 지배할 때 사용

- 어머니 노드(mother node)
  두 노드 사이 상하 배열에서 바로 위쪽 대상을 가리킬 때 사용

- 자식 노드(daughter node)
  두 노드 사이 상하 배열 구조에서 바로 아래 대상을 가리킬 때 사용

- 자매 노드(sister relation)
  두 노드가 동일한 어머니 노드를 공유하고, 전후 관계를 가리킬 때 사용

- 선행 관계(precedence)
  수형도 구조에서 하나의 노드가 다른 노드를 앞서 위치한 관계를 가리킬 때 사용

- 말단 노드(final node)
  말단 노드 또는 잎 노드(leaf node)라고 하고, 하위 노드가 없을 때 사용

다음 도형은 수형도 내부 관계를 설명하는 도형이다.

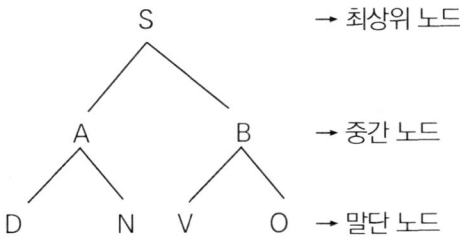

a. 노드의 명칭

노드들의 연결 관계를 나타낸 수형도를 '구 표지'phrase-marker라고 하고, 문장 성분과 문장 성분을 이어 주는 분기선을 '가지'branch라고 하며, 이 가지들이 만나는 분기점을 가리킨다. 그림 도식에서는 S, A, B 지점 문장 성분들을 노드라고 볼 수 있다.

b. 지배

지배 관계는 수형도에서 노드들의 상하 관계를 확인할 때 필요하다. 도형을 보면 지배 관계를 명확하게 이해할 수 있다.

　　S 지배 노드: A, B, D, N, V, O
　　A 지배 노드: D, N
　　B 지배 노드: V, O를 관할한다.

그러나 위에 놓여 있다고 해서 지배가 허용되지 않기 때문에 A가 V, O를 관할하지 못하며, B는 D, N을 지배하지 못한다.

c. 직접 지배

도형에서 S가 B를 직접 지배하는 사안은 S가 B를 관할하고 S와 B 사이에 다른 성분이 없음을 가리키는 의미이다. 그림에서 S가 A, B를 직접 지배하지만, S는 D, N, V, O를 직접 지배하지 않는다. 그리고 A는 D, N을 직접 지배하고, B는 V, O를 직접 지배한다.

d. 어머니 노드

도형에서 S가 B를 직접 지배할 때 S는 B의 어머니 노드이다. S는 O의 어머니 노드가 되지 못한다.

e. 자식 노드

도형에서 B가 S의 직접 지배를 받으면, B는 S의 자식 노드이다. 대신 O는 S의 자식 노드라고 볼 수 없다.

f. 자매 노드

도형 구조에서 A와 B의 어머니 노드가 동일하면, A와 B는 자매 노드 관계이다. A과 B는 S의 직접 지배를 받는 자매 노드이고, D와 N도 자매 노드 관계이다. 그러나 N과 V는 자매 노드 관계가 아니다.

g. 선행 관계

도형에서 A가 B를 앞서는 상황에서 A가 B의 왼쪽에 있고, A와 B는 서로 지배 관계에 있지 않으며, A를 지배하는 노드 모두가 B의 왼쪽에 있을 때 A가 B를 선행한다고 한다. 그림에서 볼 때 A는 B를 선행하고, D는 N, V, O를 선행한다. A는 V, O를 선행하고 D와 N은 B를 선행한다. 그러나 지배 관계에 있는 S, A, D 노드는 선행관계를 따질 수 없다.

2.2.2. 문장 성분 도형 표식

다음 영어 예문을 '구 구조 규칙' 그리고 '수형도' 도형으로 표시하면 다음과 같다.

[[John]명사구 [[met]동사 [Mary]명사구 [[in]전치사 [the]한정사 [office]명사]전치사구] 동사구]문장

문장 구성 분석

    문장 S: 전체 문장
    명사구 NP: John
    동사구 VP: met Mary in the office
    동사 V: met
    전치사구 PP: in the office
    한정사 Det: the
    명사 N: office

구 구조 규칙

    S → NP VP
    문장은 명사구(NP)와 동사구(VP)로 구성된다.

    NP → N
    명사구(NP)는 명사(N) 하나로 구성될 수 있다.
    John, Mary 등 고유명사.

    NP → Det N
    명사구(NP)는 한정사(Det)와 명사(N)로 구성될 수 있다.

the office

VP → V NP PP

동사구(VP)는 동사(V), 목적어(NP), 그리고 전치사구(PP)로 구성될 수 있다.

met Mary in the office.

PP → P NP

전치사구(PP)는 전치사(P)와 명사구(NP)로 구성된다.

in the office

어휘 규칙

N → John | Mary | office

V → met

P → in

Det → the

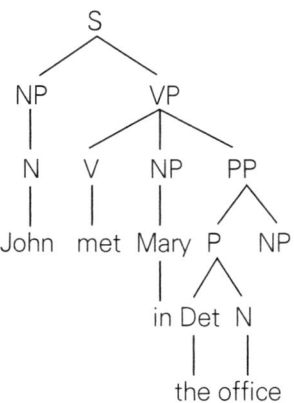

문장 내부 노드 사이 관계

a. 지배

　　S가 NP(John), VP, N(John), V(met), NP(Mary), PP(in the office), P(in), NP(the office), Det(the), N(office)를 지배한다.
　　VP는 V(met), NP(Mary), PP(in the office), P(in), NP(the office), Det(the), N(office)를 지배한다.
　　PP는 P(in), NP(the office), Det(the), N(office)를 지배한다.
　　NP(the office)는 Det(the), N(office)를 지배한다.

b. 직접 지배

　　S는 NP(John)와 VP를 직접 지배한다.
　　NP(John)는 N(John)을 직접 지배한다.
　　VP는 V(met), NP(Mary), PP(in the office)를 직접 지배한다.
　　NP(Mary)는 바로 명사 Mary를 직접 지배한다.
　　PP는 P(in)와 NP(the office)를 직접 지배한다.
　　NP(the office)는 Det(the)와 N(office)을 직접 지배한다.

c. 어머니 노드

　　NP(John)와 VP의 어머니 노드는 S이다.
　　N(John)의 어머니 노드는 NP(John)이다.
　　V(met), NP(Mary), PP(in the office)의 어머니 노드는 VP이다.
　　Mary의 어머니 노드는 NP(Mary)이다.
　　P(in)와 NP(the office)의 어머니 노드는 PP이다.
　　Det(the)와 N(office)의 어머니 노드는 NP(the office)이다.

d. 자식 노드

　S의 자식 노드는 NP(John), VP이다.
　NP(John)의 자식 노드는 N(John)이다.
　VP의 자식 노드는 V(met), NP(Mary), PP(in the office)이다.
　NP(Mary)의 자식 노드는 Mary이다.
　PP의 자식 노드는 P(in)과 NP(the office)이다.
　NP(the office)의 자식 노드는 Det(the)와 N(office)이다.

e. 자매 노드

　NP(John)와 VP는 자매 노드이다.(어머니 노드가 S)
　V(met), NP(Mary), PP(in the office)는 모두 상호 자매 노드이다.(어머니 노드가 VP)
　P(in)와 NP(the office)는 자매 노드이다.(어머니 노드가 PP)
　Det(the)와 N(office)은 자매 노드이다.(어머니 노드가 NP(the office))

f. 선행 관계

　NP(John)는 VP를 선행한다.
　N(John)은 V(met)를 선행한다.
　V(met)는 NP(Mary)와 PP(in the office)를 선행한다.
　NP(Mary)는 PP(in the office)를 선행한다.
　P(in)는 NP(the office)를 선행한다.
　Det(the)는 N(office)을 선행한다.

g. 말단 노드

John, met, Mary, in, the, office 모두 말단 노드이다.

3 변형생성이론 중심 문장 구조 이해

1950년 후반 미국 노옴 촘스키가 제안한 언어 이론이 '변형생성이론'이다. 영어로는 'transformational-generative grammar'이라고 명명하고, 인간이 언어를 이해하고 생성하는 내재적 규칙 체계 설명에 초점을 맞추고 있다.

핵심 개념으로서 언어는 무한한 문장을 생성할 수 있는 규칙적 체계로 가정하고, 문장은 '구 구조 규칙' 그리고 '변형 규칙'을 기반으로 생성된다고 보고 있다. 그리고 언어의 내재적 속성을 설명하기 위해서 '언어 능력'competence과 '언어 수행'performance을 구분하고 있다. 이론을 요약하면, 문장의 심층구조에서 문장의 표면구조로 변형되는 과정과 결과를 규칙적으로 설명하며, 이를 통해 인간이 언어를 무한하게 생성할 수 있는 내재적 규칙 체계를 제시한다.

■ 3.1. 이론의 모델 구조

변형생성이론에 대한 이해를 위해서는 촘스키가 제안하였던 모델 구조를 이해해야 한다. 특히 생성문법generative grammar 부분은 제한된 수의 규칙을 기반으로 무한 수의 문장을 생성할 수 있는 문법 체계를 암시하고 있다. 인간의 언어 능력은 이러한 규칙의 체계적 지식을 바탕으로 한다고 본다. 다음은 변형생성이론의 기본 구조를 모델로 제시한 사항이다.

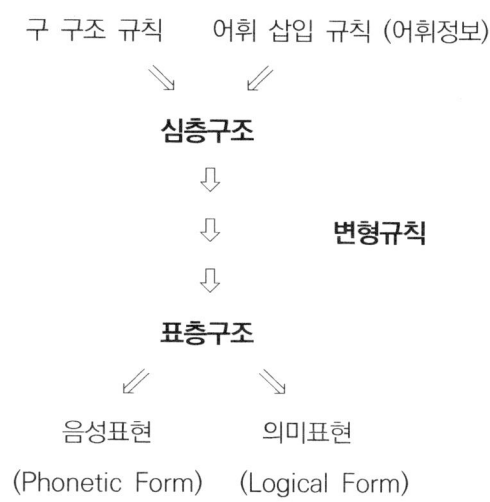

a. 심층구조

문장 형식으로 구성되고, '구 구조 규칙'에 의해 생성된 구조에 어휘삽입 규칙을 기반으로 단어들이 삽입되어 조성된 구조로서 변형생성이론 모델에서는 이 구조를 '심층구조' deep structure라고 한다. 변형 규칙이 적용되기 이전의 구조로서 어휘 정보를 토대로 형성된 구조를 가리킨다.

b. 표층구조

변형 규칙이 적용된 이후 구성된 구조를 가리키며, 실제로 사용하는 문장 구조로서 발화되거나 기록이 가능한 문장 형태를 의미한다.

c. 변형 규칙

심층구조를 기본으로 해서 표면 구조로 변환하는 과정에서 적용되는 문법적 변환 규칙을 의미한다. 예를 들면, 평서문 형식 문장을 의문문으로 변환하거나 수동문을 구성하는 과정이 해당된다.

(예) 평서문: John saw Mary.

의문문: "Did John see Mary?"

평서문에서 의문문을 구성하려면, 조동사를 도입하고 어순을 바꾸는 변형이 필요하다.

3.2. 변형 규칙의 유형

3.2.1. 의문문 변형 규칙

변형 규칙 설정의 필요성 평서문 형식 문장과 의문문 중 의문사(what, who(m)) 의문문의 현상 차이를 대조해서 설명하기 위해 심층구조와 표층구조 그리고 두 구조를 연결하는 변형 규칙 과정 설명을 위해서이다.

평서문: John will buy a book.
의문문: What will John buy?

두 문장들의 다른 문장 구조는 우선 평서문의 문장 성분 구성의 차이점을 확인해야 한다. 다음 분석은 평서문, 의문문의 심층구조를 제시한 내용이다. 두 문장 구조를 문장 성분 중심으로 분석하면, '명사구-동사-명사구' 구조로서 결정적 차이가 나타나지 않는다.

[John]명사구 [[will buy]동사 [a book]명사구]동사구
[John]명사구 [[will buy]동사 [what]명사구]동사구

그러나 의문문 내부 'what'이 문장 앞으로 이동하면, 문장 구조 측면에서 어순에 차이가 나타난다.

[what] [John]명사구 [[will buy]동사 [   ]명사구]
⇒ what will John buy?

결과적으로 의문사 'what' 그리고 조동사 'will' 두 문장 성분이 문장 앞으로 이동하는 과정이 있어야만 비로소 기대한 의문문 문장 형식을 마주할 수 있다.

이처럼 의문문 형식으로 표출된 문장 형식을 두고 표층구조라고 하며, 이동이 일어나기 이전 심층구조와 연결하기 위한 방식이 바로 변형 규칙이다. 즉 평서문 구조와 의문문 구조를 의미 측면에서 하나의 묶음으로 소속되도록 근거를 제시하는 방식이 바로 '변형'transformation이다. 다른 말로 표현하면 진술문을 의문문의 심층구조로 간주하고 이 진술문(심층구조)에서 변형이 일어나서 표층구조인 의문문이 탄생된 것이다.

심층구조

[John]명사구 [[will buy]동사 [what]명사구]동사구

변형규칙

① 의문사 문장 제일 앞으로 이동
② 조동사 문장 앞쪽으로 이동

표층구조

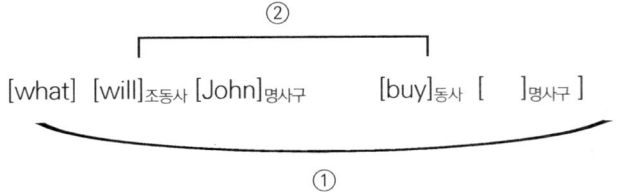

3.2.2. 수동화 변형 규칙

이 규칙은 문장의 초점을 변화시킬 때 사용되며, 영어에서는 수동화 규칙의 현상이 다음 3가지 주요 형태 변화로 구성된다.

- 문장의 목적어 역할의 명사구를 같은 문장에서 주어 명사구 위치로 이동
- 원래 주어인 명사를 전치사 'by'와 함께 부사구로 전환하여 문장의 마지막으로 이동
- 동사는 'be + 과거분사' 형태로 바꾸어서 제시한다.

심층 구조

능동문(SVO) → 주어 + 동사 + 목적어
             [The students]주어 [use]동사 [the pen]목적어

수동화 변형 규칙

- 목적어를 주어 자리로 이동: The pen(목적어) → The pen(주어)
- 동사를 'be + 과거분사' 형태로 바꿈: use → is used
- 주어를 'by + 명사구' 형태로 문장 끝 위치로 이동: the students → by the students

표층 구조

⇒ [The pen] [is used] [by the students].

3.2.3. 화제화 변형

영어에서 문장의 목적어, 부사구 등 비주어 성분을 문장의 선두(문두)로 이동시키는 규칙을 '화제화 변형'topicalization이다. 이것은 특정 성분을 '화제'topic로 강조하거나, 청자가 이미 알고 있는 정보임을 드러내기 위한 목적으로 사용된다.

심층 구조

[John]주부명사구 [read [this book]명사구목적어 yesterday]술부동사구.

화제화 변형 규칙

목적어 [this book]이 문장 제일 앞으로 이동

⇒ [this book]명사구목적어 , [John] [read [　] yesterday].

표층구조

⇒ This book, John read yesterday.

구조적 특징
- 화제화 변형 대상 문장 성분은 '쉼표'로 구분해서 문두에 둔다.
- 이동한 자리는 비워지지 않고, 빈 채로 남긴다.

의미적 효과
- 화제화된 문두로 이동한 문장 성분은 강조되거나, 맥락에서 알려진 정보임을 의미한다.
- 문법적으로는 비표준적일 수 있지만, 구어체나 문학적 표현에서 사용된다.

3.2.4. 불변화사 이동 변형 규칙

영어 동사 구조로서 '구동사'phrasal verb의 특징 중 하나가 불변화사의 이동 현상이다. 목적어가 일반 명사이면 이동 변형 규칙이 선택적으로 적용된다. 다음 예를 통해서 불변화사 이동 상황을 확인할 수 있다.

- 목적어가 일반 명사인 경우

심층구조

John [picked]동사 [up]불변화사 [the book]목적명사구.

변형규칙

([the book]목적어명사구 이동 없음)

표층구조

John [picked up]동사 [the book].

- 목적어가 대명사일 때

'불변화사'particle에 해당하는 전치사를 의무적으로 이동해야 하며, 다음 예를 통해서 불변화사 이동 상태를 이해할 수 있다.

심층 구조

    John [[[picked] [up]불변화사]동사 [it]대명사목적어]동사구.

불변화사 이동 변형 규칙

    'up'이 대명사 'it' 뒤쪽 위치로부터 동사 다음 위치로 이동

    John [[picked]동사 [it]대명사 [up]불변화사 [ ]]동사구

표층 구조

    ⇒ John [picked it up]동사구

제5장

의미론

언어에서 주어진 단어, 구, 문장 요소들의 속성을 기반으로 전체 내용을 파악할 수 있는 방법을 검토하고 연구하는 분야를 '의미론'semantics이라고 한다. 이 분야에서는 언어 화자가 의미를 포함하고 있는 표현을 발화 방식으로 표현하고, 상대방 청자가 발화 대상이 되는 단어, 구, 문장의 의미를 이해하는 언어적 지식을 이론으로 제시한다. 의미론의 연구 대상은 다음의 소속 하위 분야들을 고려해야 하며, 이후에 이어질 설명은 다음 2가지의 기본적 하위 분야에 기초해서 진행될 것이다.

- 어휘의 의미론 (lexical semantics)
- 문장의 의미론 (sentential semantics)

　언어 대화에서 화자와 청자가 문장을 이해하려면, 우선 문장을 구성하는 단어들의 의미를 정확하게 인지하고 있어야 하고, 이처럼 '단어의 의미'의 토대인 '지시', '의미 속성', '단어 간의 의미관계' 등 주제에 연관된 연구를 '어휘의 의미론' 부문에서 시행할 것이다. 그리고 단어들이 구, 문장 구조로 조합되는 과정에서 의미가 구성되는 방식의 연구와 구, 문장들 사이의 의미 관계를 분석하는 연구를 '문장의 의미론'에서 검토할 것이다.

> **알아두기**
>
> 언어학자들의 관점에 따라서 의미론의 하위분야로서 '화용론'을 포함하는 분류 방식도 있다. 화용론의 핵심은 실제 환경에서 언어의 사용 관련 '맥락'을 의미 결정에 중요한 요인으로 언어 활용의 '맥락'을 지적하고 있다. 즉 맥락이 의미 설정에 중요하게 영향을 미치는 상황을 연구의 초점으로 보기 때문에 유사한 언어 표현이라도 문맥에 따라 다르게 해석되는 가능성을 제안하고 있다. 바로 문맥 안에서의 의미 관련 연구 분야라고 할 수 있다. 따라서 화용론도 의미를 대상으로 연구하기 때문에 의미론의 하위분야로 보기도 한다.

1 어휘의 의미론

■ 1.1. 지시 이해하기

의미를 언어적 표현 지칭하는 '대상'으로 파악하려는 관점을 가리킨다. 이러한 관점에서 파악되고 이해되는 의미를 '지시 의미'reference, extension, denotation라고 한다. 그러나 정작 직접 지시할 수 있는 대상으로서 '지시물' 또는 '대응물'을 통해서 무엇인가 어떤 것을 표현하기도 하지만, 상황에 따라서는 언어가 포함하는 내포적 의미인 '의의'sense로 어떠한 것에 해당하는 '언어적 표현'을 의미하기도 한다. 다음 예문은 앞에 언급한 상황에 연관된 내용이다.

    a. They like <u>Mary.</u>
    b. They like <u>John's wife</u>.
    c. They like <u>the principal of Sejong High School</u>.

앞에 제시된 a, b, c 표현들은 모두 동일한 내용으로 본다면, 'Mary', 'John's wife', 'the principle of Play school' 표현들이 결국 동일 사람을 의미한다고 말할 수 있다.

    a. They like <u>Mary.</u>
    b. They like <u>John's wife</u>. ⇒ Mary (They like Mary)
    c. They like <u>the principal of Sejong High School</u>. ⇒ Mary (They like Mary)

앞의 예문에서 b의 John's wife와 c의 the principal of Sejong High School은 실제 지시물인 Mary를 지시한다고 볼 수 있다. 다만 'John's wife' 그리고 'the principal of Sejong High School'이 두 표현은 '지시' 의미로서 같은 사람을 가리키고 있어서 동일하지만, 정작 표현들이 전하는 내용 자체는 '의의'sense 또는 '개념'concept의 관점에서 본다면 다른 의미의 문장으로 보아야 한다.

즉 상황에 따라서 동일 사람이라도 이름을 직접 언급한다거나 아니면 관련자의 역할이나 지위를 제시함으로써 '의의' 측면에서 상호 차별점을 확실하게 제시할 수 있다. 만약 'Mary'를 'John's wife'로 소개한다면, John의 아내로서 가족 구성원의 역할 '의의' 또는 '개념'이 중시된다. 그리고 'the principal of Sejong High School'로서의 소개는 바로 사회적 지위 측면에서 교장이라는 기능으로서 '의의' 또는 '개념'이 중시된다.

1.2. 지시표현의 유형들

1.2.1. 한정 지시

의미론에서 화자가 발화에서 특정한 하나의 대상을 명확히 가리키는 경우를 의미한다. 즉 화자와 청자가 모두 그 대상을 인지하고 있거나 문맥상 유일하게 특정될 수 있는 대상을 지칭할 때를 가리킨다. 그래서 명사구가 오직 하나의, 또는 문맥상 유일하게 정해지는 대상을 지시하며, 표현 형태는 보통 '고유 명사', '정관사', ' 지시사'(this, that, these, those) 등이 주된 방식에 해당한다.

a. 고유명사

Shakespeare wrote Hamlet.

(Shakespeare, Hamlet은 '고유명사'로서 한정 지시)

b. 한정적 명사구

The sun rises in the east.

(the sun은 '우주에 유일한 태양'을 한정해서 지시)

My friend called me yesterday.

(my friend는 '화자에게 특정된 친구'를 한정해서 지시)

c. 지시대명사

This book on the table is mine.

(the book on the table은 '테이블 위에 있는 특정한 책'을 한정)

That man is my teacher.

(that man은 '화자와 청자가 누구인지 아는 특정한 남자'를 지칭)

1.2.2. 비한정 지시

화자가 특정하지 않은 또는 특정될 필요가 없는 대상을 지시하는 경우를 의미한다. 즉 어떤 하나 또는 여러 대상이 존재하는 상태를 말하지만, 그것이 정작 '누구' 또는 '무엇'인지는 화자와 청자 모두 알지 못하거나 알아야 할 필요가 없는 경우에 사용한다. 따라서 명사구가 특정한 하나의 대상을 가리키지 않고, 불특정한 의미로서 '아무거나', '어떤' 대상을 지시하는 의미를 갖는다. 표현 형태로는 '부정관사' 또는 'some, any, someone, something, one' 등으로 표현될 수 있다.

A student is waiting outside.
(a student는 '어떤 한 명의 학생'을 의미하고, 그 학생이 누구인지 화자와 청자가 불인지)

I saw a cat in the garden.
(a cat은 '어떤 고양이 한 마리'라는 뜻으로, 구체적 특정 없음)

Someone is calling you.
(someone은 '누군가'라는 뜻으로서 정체가 특정되지 않은 사람을 지시)

Any book will do.
(any book은 '어떤 책이든 상관없음'을 의미)

1.2.3. 특정 지시

대화자 중 화자가 어떤 대상을 염두에 두고 그 대상을 가리키면서 언급하는 상황을 말한다. 즉 화자가 마음속에 떠올린(구체적으로 지칭하는) 하나의 대상을 지시하는 경우이다. 문법적으로 '부정관사' 또는 'some' 등과 함께 쓰일 수 있지만, 반드시 '어떤 특정한'(known or intended) 대상을 화자가 염두에 두고 있다는 점이 중요한 사안이다. 특정 지시는 듣는 청자도 그 대상을 알 수도 있고, 모를 수도 있지만, 화자는 대상을 구체적으로 염두에 두고 말을 표현한다.

I met a student who won the prize.
(나는 그 상을 받은 한 학생을 만났다.)

(a student는 화자가 이미 알고 있거나, 특정한 학생 한 명을 염두에 두고 언급)

There is a man waiting for you outside.
(밖에 너를 기다리는 어떤 남자가 있어.)
(a man이 특정한 사람으로서 화자가 이미 정체를 알고 있거나, 구체적으로 떠올릴 수 있는 사람을 가리키는 경우)

A friend of mine called me last night.
(내 친구 중 한 명이 어젯밤에 나에게 전화했다.)
(a friend of mine에서 '친구 중 한 명'이지만, 화자는 그 친구가 누구인지 알고 있으며, 특정한 한 명을 지시)

1.2.4. 비특정 지시

비특정지시는 대화자들의 발화 시점에서 화자가 실제로 구체적인 대상이 존재하는지 알지 못하거나, 특정하지 않으려는 경우에 사용한다. 즉, '무엇이 있을 수도 있지만, 그것이 '누구' 또는 '무엇'인지 그리고 실제로 있는지조차 알 수 없다'는 느낌을 전한다.

명사구가 특정한 대상을 지칭하지 않고, 존재 자체가 불확실하거나 화자에게 전혀 특정되어 있지 않은 상태에서 사용된다. 표현 형태는 주로 'a, any, some, someone, something' 등 비한정 표현이 사용되지만, 문맥상 '특정하지 않음'이 드러날 때에도 사용된다.

> **알아두기**
>
> I need to see <u>the manager</u>.
> 특정지시: 화자가 지칭하는 대상이 구체적으로 정해져 있음.
>
> I need to see <u>a manager</u>.
> 비특정지시: 화자가 구체적으로 누구인지/무엇인지 모르거나 정해져 있지 않음

1.2.5. 총칭 지시

특정한 개인이나 사물을 지칭이 아니라 전체 범주 또는 일반적인 속성을 가리킬 때 사용된다. 보통은 일반 진술에 반영되어 나타난다. 문장의 표현 형태는 다음과 같다.

'단수 명사' (the + 단수 명사)
The lion is a dangerous animal.
(사자 전체 종을 의미)

관사 없는 복수명사
Lions live in Africa.
(관사 없는 복수형으로 사자라는 종 전체를 의미)

불가산 명사 등으로 나타날 수 있음.
A dog is a loyal animal.
('a dog'는 '개'라는 종 전체를 대표하는 총칭 표현)

1.2.6. 특칭 지시

발화 시점에서 화자가 특정한 대상을 염두에 두고, 그것을 지칭할 때 화자와 청자가 연관된 대상이 '누구' 또는 '무엇' 상황을 알고 있거나 특정 가능한 대상을 가리킨다. 표현 형태로는 보통 '정관사', '지시사' (this, that), '고유명사' 등과 함께 나타남.

The lion escaped from the zoo.
(특정한 한 마리 사자를 지칭, 청자도 어떤 사자인지 인지)

John saw a dog in my yard this morning.
(강아지가 하나의 구체적인 개체)

This student needs help.
(구체적인 한 사람의 학생을 지칭)

1.2.7. 집합적 지시

여러 사람 또는 사물의 집합 전체를 하나의 단위(전체)로 묶어서 지칭하는 방식이다. 구성원 각자를 가리키지 않으며, 전체를 하나로 보아 전체에 대해 어떤 속성이나 행위가 적용된다.

The committee decided to postpone the meeting.
(위원회가 회의 연기를 결정하였다.)
(the committee는 '위원 전체'를 하나의 집합(단일 주체)으로 보고 '결정하다'라는 행위)

The students lifted the piano.
(학생들이 피아노를 들어올렸다.)
(학생들 전체가 힘을 합쳐(집합적으로) 피아노를 들어 올린 상황이다.)

1.2.8. 배분적 지시

명사로 지칭된 집단의 각자 구성원에게 각각 따로 속성이나 행위가 적용되는 경우이다. 즉 집합 전체가 아니라, 그 구성원 개개인에게 의미가 분배된다.

The students carried a bag.
(학생들은 가방을 들었다.)
(이 문장은 '학생 각자가 가방을 들었다'는 의미로 해석될 수 있다.
(배분적 해석))

The children ate an apple.
(아이들이 사과를 먹었다.)
(아이가 각각 사과 하나씩을 먹었다는 의미로 해석될 수 있다.)

> **알아두기**
> 다음 의미는 중의적 의미 해석이 가능하다.
>
> These pens cost 5 dollars.
> 집학적 의미: these pens를 집합적 해석
>
> These pens cost 5 dollars.
> 배분적 의미: pens 각각이 5달러씩이라는 배분적 해석

1.3. 의미자질에 대하여

어휘의 의미를 '의미자질' 또는 '의미자질 값'으로 파악하려는 관점도 있다. 단어는 의미자질의 집합체이고, 하나의 의미자질을 공유하는 단어들은 하나의 '그룹'natural class을 구성한다. 의미자질을 기반으로 단어의 의미를 분석하는 접근법은 동의어나 반의어의 규정을 훨씬 조리 있게 논리적으로 설명할 수 있고, 문법에서 '일치', '모순', '변칙' 등을 명확하게 보여줄 수 있다.

a. 일치

표현들이 동일 의미자질을 공유하거나, 한 표현이 다른 표현의 의미자질을 내포해서 서로 모순 없이 자연스럽게 조합되는 현상을 가리킨다.

All dogs are animals.
My dog is an animal.
('dog'의 의미자질이 [+동물]임을 명시)

John is a bachelor.
John is unmarried.
('bachelor'의 의미자질이 [+남성, +미혼]이므로 일치)

grandfather 의미 자질 표기 ⇒ [+old, +human, +male]
grandmother 의미 자질 표기 ⇒ [+old, +human, -male]
(할아버지, 할머니 의미가 밑줄 친 [± male]에서 남성, 여성 자질과 일치)

b. 모순

두 표현의 의미자질이 서로 충돌하거나 정반대가 되어서 동시에 '참'일 수 없는 경우이다. 즉 한 문장의 의미자질이 다른 문장의 의미자질을 부정하게 된다.

My cat is a dog.
('cat'과 'dog'의 의미자질 [+고양이]와 [+강아지]로 서로 배타적)

This bachelor is married.
('bachelor'의 의미자질이 [+미혼], 'married'는 [+기혼]이므로 모순)

The rooster laid an egg.
(lay an egg는 암컷이어야 해서 rooster 수탉과 맞지 않음)

c. 변칙

문법적으로는 올바르지만, 의미자질의 조합이 자연 언어에서 허용되지 않거나 현실적으로 불가능한 조합일 때를 가리킨다. 즉 단어의 의미자질이 서로 어울리지 않아 비정상적인 의미를 만들어 낼 수 있다.

The idea ate the sandwich.
('idea'는 생물도 아니고 먹을 수 없어서 동사 'ate'과 결합할 의미자질 부재)

Colorless green ideas sleep furiously.
('colorless'와 'green'은 서로 결합이 불가능하고, 'ideas'와 'sleep'도 의미자질이 다름)

■ 1.4. 단어들 사이의 의미관계

1.4.1. 동의어

1.4.1.1. 동의어 정의

단어 의미에서 동의적 관계란 2개 이상의 단어가 매우 유사하거나 거의 동일한 의미를 가지는 관계를 '동의어 관계'synonym라고 말한다. 즉 한 단어를 다른 단어로 대체해도 문장의 의미가 거의 변하지 않는 경우이다. 동의어 특징 정리는 다음과 같다.

- 동일 또는 유사 의미자질을 공유
- 여전히 미묘한 의미 차이, 사용 맥락, 뉘앙스가 존재
- 문맥적, 사회적, 감정적 차이에 따라 변함

여기서 제시한 예들은 영어에서 대표적으로 비슷한 의미를 가리키는 단어들을 정리한 것이다.

a. big - large
   He lives in a big house.
   He lives in a large house.

b. begin - start
   Let's begin the meeting.
   Let's start the meeting.

c. buy - purchase
   I want to buy a new car.
   I want to purchase a new car.

d. child - kid

　　The child is playing in the park.

　　The kid is playing in the park.

1.4.1.2. 문맥 의존적인 동의어 관계

　　동의어 관계는 단어들 사이의 '의미적 유사성'을 근거로 하며, 의미자질 차원에서 거의 일치하는 단어들끼리 맺는 관계이다. 음운적으로 다른 두 어휘가 동일하거나 거의 비슷한 의미(동일한 의미자질들의 집합)를 갖고 있으면, 해당 단어들을 동의어라 한다. 여러 문맥에 넣어 교체해 봄으로써 동의어 관계를 확인할 수 있고, 이러한 동의어 관계는 문맥 의존적이라서 특정 문맥에서만 적용되어야 합당하다. 예를 들어서 다음 문장을 보면,

　　I love father/dad/daddy.

　　father/dad/daddy는 동의어이지만, 완벽히 동일한 관계로 보기는 어렵다. 화자가 아버지와 맺는 관계 혹은 화자의 연령에 따라 쓰이는 환경이 다름을 확인할 수 있다. 따라서 동의어 관계는 문맥 의존적이고, 동의어 중에는 지역적 차이에서 나타나는 것들이 있다. 그리고 postman과 mailman은 동의어이지만, 전자는 영국에서 후자는 미국에서 주로 쓰인다.

　　다음에 제시하는 영어 단어 예들도 유사 의미의 동의어이지만, 실제로 문장에서 사용되는 경우 동의어라고 하여도 사용이 가능하거나 불가능한 경우를 잘 보여주고 있다.

a. pale-light 동의어 관계로서 pale와 light는 모두 '색깔'에 관한 의미자질을 가질 때 '연하다, 옅다'는 의미로 쓸 수 있다.

　　The shirt is ⟨pale / light⟩ in color.

- light ⇒ '밝은, 옅은'(색)이라는 의미자질, '가벼운'(무게)라는 의미자질 가능

  The shirt is pale in color.
  (pale은 [+color] 의미자질로서 shirt의 '색깔'을 수식 가능)

  The shirt is light in color.
  (light [+color] 의미자질로서 shirt의 '색깔'을 수식 가능)

- pale ⇒ '옅은, 창백한'(색)에만 의미자질이 제한되어 있음

  The book is ⟨light/pale⟩ in weight.

- light ⇒ 의미에서 무게와 연관되어서 [+weight]로 의미자질 표기 가능

  The book is pale in weight.
  (의미에서 해석이 불가능)

- pale ⇒ 의미에서 무게와 관련이 없어서 [-weight]로 표기 의미자질 불일치

  The book is light in weight.
  (의미에서 해석이 가능)

b. peel-skin 모두 '덮고 있는 것'이라는 공통 의미자질이 있다.

  The ⟨peel/skin⟩ of the orange is thick.

- peel ⇒ 주로 '과일/채소의 껍질'에 사용

  The peel of the orange is thick. (자연스러운 문장)

(peel의 [+fruit], [+vegetable] 의미자질과 과일로서 orange 일치

- skin ⇒ '동물/사람' 피부에 적용

    The skin of the orange is thick.
    (skin의 기본 의미자질이 동물, 사람의 [+animal], [+human]이라서 어색함)

    The girl's skin is sunburned.
    (skin의 [+animal], [+human] 의미자질과 'girl'의 의미자질과 일치)

c. profound-deep 모두 '깊은'이라는 의미를 보여준다.
- profound ⇒ [+abstract]처럼 추상적으로 생각, 감정 등 비물리적 상황에 적합

    profound thought
    [+abstract] 자질과 'thought'의 [+abstract] 자질이 일치해서 자연스러움

    deep thought: 물리적, 추상적 모두 가능해서 의미가 자연스러움

- deep ⇒ [+physical], [+abstract]처럼 물리적, 추상에 사용 가능
    deep water: [+physical] 자질과 'water'의 [+physical] 자질이 일치해서 자연스러움

    profound water: 자질이 [+abstract]이므로, [+physical]인 'water'와 결합 불가

1.4.1.3. 미국영어와 영구영에서 단어들의 의미와 용도 차이 확인하기

a. 동일개념이지만 다른 어휘로 표현

의미	미국영어	영국영어	의미	미국영어	영국영어
마침표	period	full stop	인도	sidewalk	pavement
유모차	stroller	pram	휴게소	rest area	lay-by
1층	first floor	ground floor	지하철	subway	underground
약국	drugstore	chemist's	자동차	automobile	motorcar
핫도그	hotdog	frank	영화	movie	cinema
승강기	elevator	lift	월급날	pay day	wage day
감자튀김	french fries	chips	여판매원	sales-girl	shop-girl
가을	fall	autumn	우편배달부	mailman	postman
가솔린	gas	petrol	매표소	ticket office	booking office
사탕	candy	sweets	고속도로	highway	motorway
출구	Exit	Way out	직업	job	employment

b. 동일한 어휘지만 다른 개념을 표현

의미	미국영어	영국영어	의미	미국영어	영국영어
alley	좁은 골목	뒷 골목	tax	세금	회비
billion	조	10억	continent	구라파 대륙	미대륙
block	덩어리	한 구획	timber	재목	재능, 재산
rock	바위	돌	shop	소매점	공작소
frontier	국경	신 개발지			

2. 반의어

　의미상 서로 반대되는 관계에 있는 단어들 관계를 가리킨다. 한 단어의 의미가 다른 단어의 의미와 '대조'되거나, 서로가 의미적으로 상반되는 특성을 가지면, 두 단어는 '반의어 관계'antonym라고 한다. 그래서 반의어는 대개 하나의 의미자질 또는 여러 의미자질에서 서로 대립하거나 반대 상황을 보여준다. 반의어 관계는 일상 언어와 의미론에서 단어의 의미 범위를 명확히 하고, 비교나 대조, 구분 등에 사용된다.

　반의어에서 '반대된다'는 개념은 의미자질 또는 의미성분에 따라 규정되며, 두 단어가 여러 의미자질을 공유하지만, 만약 하나의 자질만 대립할 때에도 반의어가 될 수 있다. 예를 들면 'grandfather - grandmother'라는 단어들은 둘 모두 '사람' [+human]과 '늙음' [+old] 의미자질을 공유하지만, 성별 의미자질 [±male]의 대립만으로도 반의어 관계가 성립된다. 이처럼 한 가지 의미자질만으로도 단어들이 대립 관계를 이룰 수 있다.

　　hot - cold　　　　　(뜨거운 - 차가운)
　　old - young　　　　(늙은 - 젊은)
　　alive - dead　　　　(살아 있는 - 죽은)
　　large - small　　　 (큰 - 작은)
　　happy - sad　　　　(행복한 - 슬픈)
　　accept - reject　　　(받아들이다 - 거부하다)
　　arrive - depart　　　(도착하다 - 떠나다)

반의어는 의미적 성질에 따라 여러 유형으로 나눌 수 있다. 다음은 의미가 어떤 관점에서 반대가 되는지에 따라 반의어를 4가지로 분류한 것이다.

a. 이원적 반의어(complementary antonym, binary antonyms)
- 반의어의 의미들이 상호배타적, 이원적인 관계를 이루는 경우
- alive/dead와 같이 동시에 참이 될 수 없는 경우 'negation' 확인 가능
- 접두사 'un-', 'in-' 같은 표현 사용

    (예) dead ↔ alive, married ↔ single, present ↔ absent, true ↔ false, legal ↔ illegal, asleep ↔ awake, pass ↔ fail

b. 등급성 반의어(gradable antonyms)
- 상대적이며 중간 등급이 존재한다. hot과 cold 사이에는 warm, tepid, cool 같은 등급이 존재한다. 따라서 [-COLD]가 반드시 [+HOT]은 아니다. 온도가 차갑다는 의미에 '미지근하다'도 가능할 수 있다.
- 비교급, 최상급, very를 붙여보는 test가 등급성 반의어를 확인하는 test이다. 예를 들면 [+HOT] 의미의 'hot'은 '뜨겁다'는 단계를 결정하는 방법으로 정도부사를 첨가한 'very hot'이 가능하고, 또는 비교급 형태로서 'hotter'로 표현할 수 있다.
- 맥락에 따라 (또는 비교 대상에 따라) 등급형용사가 짝을 이루며 쓰이는 형식이 달라질 수 있다. 즉 형용사가 수식하는 명사의 의미에 따라서 사용 가능성이 결정된다.

    생물의 경우 → young/old   young boy, old tiger
    무생물 경우 → new/old   new book, old house

맥주의 경우 → bitter/sweet

과일의 경우 → sour/sweet을 쓴다.

(예) 수준 의미로서 표현이 가능한 단어
 hot ↔ cold, young ↔ old, tall ↔ short, rich ↔ poor, large ↔ small
 high ↔ low, good ↔ bad, many ↔ few

알아두기

등급성 반의어에서 고려할 사안은 유표성과 무표성 개념이다. 유표성은 등급성 반의어의 특징이다. 반의어의 쌍 중에서 하나는 '무표적'(unmarked)이고 하나는 '유표적'(marked)이다.

무표적: 대체로 대표적이고, 일반적이고, 흔하고, 자연스러운 대상
(예) How old is the teacher?
표현에서 'old'의 경우 선생님이 어른이라는 전제에 근거해서 '무표적' 측면에서 일반적으로 수용되기 때문에 자연스러운 의미로서 나이를 묻는 의미로 해석된다.

유표적: 특별한 상황을 토대로 의미가 달라지는 경우
(예) How young is the teacher?
표현에서 'young' 의미는 '유표적' 측면에서 단어 'young'의 경우 선생님이 젊다는 의미를 강조하거나 전제하고 얼마나 젊은지를 물어보는 해석이 가능하다.

---

c. 상대적 관계의 반의어(relative antonyms, relational opposites)

 '상대적 반의어' 또는 '상대적 반의 관계'라고 하며, 두 단어가 서로 다른 관점이나 역할에서 동일한 관계를 나타내는 경우를 말한다. 즉 이러한 관계의 두 단어는 한 쪽에서는 A, 다른 쪽에서는 B가 되는 상호 연결된 개념

이다.

    이 관계의 핵심은 한 단어가 어떤 관계를 한 쪽에서 서술할 때, 다른 단어는 그 관계를 반대쪽에서 서술한다는 사실이다. 단순한 '반대' 대치로서 'hot-cold, big-small' 예들과 달리 관계의 방향이나 역할이 전환된다는 특징을 보여준다. 두 단어가 같은 사건이나 관계를 상호 반대의 입장에서 나타낸다고 보아야 한다. 결과적으로 하나의 관계가 있으면, 그에 맞는 '상대' 개념이 반드시 함께 존재하며, 한 단어가 타동사로 쓰일 때는 그에 대한 목적어가 주어가 되면서 동사가 상대적 반의어로 바뀌기도 한다.

    간단하게 정리하면 상대적 반의어 관계는 두 항목이 하나의 관계를 두 입장에서 반대로 표현할 때 성립한다. 이런 관계는 항상 한 쌍으로 존재하며, 한 쪽 방향이 성립하면 반드시 다른 쪽도 성립되는 상태를 보여준다.

- 두 단어는 서로 공통된 의미성분이 있으면서도 의미의 대립을 보인다. 대응, 대칭관계에 의한 반의어라고 볼 수 있다.

- 두 문장은 서로 '함의 관계'를 가지는 것으로 부정을 가리키는 'not'의 관계가 아니다. 예를 들면 'John is Terry's son.'이란 문장은 'Terry is John's father.'라는 문장으로 역전시켜 말할 수 있고, 두 문장은 내부 명사들이 '가족'이라는 함의 관계를 보여준다.

- 다음 예들은 상대적 관계의 반의어에 연관된 단어들을 제시한 내용이다.

    buy - sell
    If A buys something from B, then B sells something to A.
    (A가 B에게 어떤 것을 사면, B는 A에게 그것을 판다.) ⇒ 사다 : 팔다

lend - borrow

If A lends money to B, then B borrows money from A.
(A가 B에게 돈을 빌려주면, B는 A로부터 돈을 빌린다.) ⇒ 빌리다 : 빌려주다

employer - employee

A is the employer of B ↔ B is the employee of A.
(A가 B의 고용주면, B는 A의 피고용자이다.) ⇒ 고용주 : 피고용자

parent - child

A is the parent of B ↔ B is the child of A.
(A가 B의 부모이면, B는 A의 자녀이다.) ⇒ 부모 : 자녀

give - receive

If A gives a gift to B, then B receives a gift from A.
(A가 B에게 선물을 주면, B는 A로부터 선물을 받는다.) ⇒ 주다 : 받다

husband - wife

A is the husband of B ↔ B is the wife of A.
(A가 B의 남편이면, B는 A의 아내이다.) ⇒ 아내 관점 (남편) : 남편 관점 (아내)

d. 역행적 관계의 반의어, 역접 반의어(contrary antonyms)

의미론에서 '반대'의 관계이지만, 양쪽 극단 위치 사이에 중간 단계로서 연속적인 값이나 등급이 존재하는 반의어를 가리킨다. 두 단어가 완전히 반대 의미라기보다 두 단어 사이에 다양한 단계별 '정도'gradation 또는 중간

상태가 가능한 경우가 해당한다.

두 항목은 하나의 문장 표현에서 동시에 '참'이 될 수 없지만, 둘 다 '거짓'이 될 수 있다. 예를 들면 'hot'와 'cold' 두 단어는 동시에 성립이 불가능하지만, 둘 다 해당하지 않는 상태로서 'warm', 'cool' 등이 존재하는 의미를 기반으로 양쪽 의미가 부정될 수도 있다. 다음 예는 역행적 관계의 반의어에 연관된 내용이다. 따라서 역행적 관계의 반의어는 두 단어 사이에 여러 중간값이 있을 수 있는 '연속적, 등급적 반의어'이며, 영어로는 'contrary antonyms' 또는 'gradable antonyms'라고 할 수 있다.

hot - cold
It is not hot, nor is it cold; it is warm.
(덥지도 춥지도 않은, '따뜻한' 상태가 <u>중간</u>에 있음.)

tall - short
He is neither tall nor short; he is of average height.
(키가 크지도 작지도 않은 <u>평균</u> 상태가 있음.)

old - young
She is not old, nor is she young; she is middle-aged.
(나이가 많지도 적지도 않은 <u>중간</u> 단계가 있음.)

big - small
The box is not big, nor is it small; it is medium-sized.
(크지고 않고, 적지도 않은 <u>중간</u> 크기가 있음.)

happy - sad

He is not happy, nor is he sad; he feels neutral.

(기쁘지도 슬프지도 않은 <u>중간</u> 감정 상태가 있음.)

e. 동음이의어

동음이의어 해당하는 예에 따라서 다음 2가지로 분류할 수 있으며, 영어 표기는 다음과 같다.

- homonym : 발음과 철자 모두 같은 경우를 가리킴
- homophones: 발음은 같지만, 철자가 다른 경우를 가리킴

i. 동철동음이의어

철자와 발음이 같지만, 의미가 전혀 다른 두 개 이상의 단어들을 동철동음이의어라고 한다. 발음과 철자에서 동일한 형태를 보이지만, 의미로서는 관계없다. 다음은 연관된 예들을 제시하고 있다.

bank

I went to the bank to deposit money.

(나는 돈을 입금하러 은행에 갔다.)

He sat on the river bank.

(그는 강둑에 앉았다.)

bat

A bat is flying in the cave.

(박쥐 한 마리가 동굴에서 날고 있다.)

He hit the ball with a bat.
(그는 방망이로 공을 쳤다.)

left
She turned left at the corner.
(그녀는 모퉁이에서 왼쪽으로 돌았다.)

He left the room.
(그는 방을 떠났다.)

spring
The flowers bloom in spring.
(꽃은 봄에 핀다.)

There is a spring under the ground.
(땅 밑에 샘이 있다.)

The mattress is full of springs.
(매트리스 안에는 스프링이 가득하다.)

ii. 이철동음이의어

철자는 다르고 발음이 동일한 단어들은 영어에서 매우 흔하며, 이러한 단어들을 이철동음이의어라고 부른다.

two - to - too   /tuː/로 발음됨
two (숫자 2)
to (전치사, ~로)

too (너무, 또한)

flower - flour　　　/ˈflaʊ.ər/로 발음됨
flower (꽃)
flour (밀가루)

night - knight　　　/naɪt/로 발음됨
night (밤)
knight (기사)

sea - see　　　/siː/로 발음됨
sea (바다)
see (보다)

right - write　　　/raɪt/로 발음됨
right (오른쪽, 옳은)
write (쓰다)

peace - piece　　　/piːs/로 발음됨
peace (평화)
piece (조각)

pair - pear　　　/per/로 발음됨
pair (한 쌍)
pear (배, 과일)

bare - bear　　　모두 /ber/로 발음됨

bear (곰)

bare (벌거벗은, 드러난)

Homonym과 Polysemy(다의어)의 구분

mouth(사람의 입/ 강의 어귀)와 같이 Polysemy는 하나의 핵심적 의미 혹은 기저 의미를 지니므로 여러 의미들 간에 서로 밀접한 의미관계가 있다고 간주되므로 어휘부에서 하나의 어휘항목으로 간주하는 반면, 'bark'(짖는 소리/나무껍질)와 같이 Homonym은 어휘부에서 별개의 항목으로 취급되는데 형태는 같지만 두 단어 간의 상관관계 거의 없고 우연히 같은 형태가 되었다고 간주하기도 한다.

---

f. 하의어

일반적인 단어에 포함되는 더 구체적이고 특수한 의미를 지닌 단어를 의미한다. 특정 범주에 속하는 하위 개념을 '하의어'hyponym라고 하며, 다음처럼 2가지로 분류할 수 있다.

- 하의어(hyponym): 좁은, 구체적인 의미 단어
- 상위어(hypernym): 넓고 포괄적인 의미 단어

예를 들어서 'dog'와 'animal'의 관계와 'rose'와 'flower' 관계는 '하의어'에 속한다. 그리고 반대로 'animal', 'flower' 단어들은 주어진 단어 관계에서 '상위어'로 볼 수 있다.

⇒ plant ⊃ flower ⊃ rose
flower는 plant의 하위어
rose는 flower의 하위어
flower는 rose의 상위어
plant는 flower의 상위어

다음은 관련된 영어 예들을 정리한 내용이다.

하의어 dog, cat, horse
상위어 animal

하의어 rose, tulip, lily
상위어 flower

하의어 apple, banana, orange
상위어 fruit

하의어 car, bicycle, bus
상위어 vehicle

3. 구와 문장의 의미론

■ 2.1. 문장의 의미 분석

2.1.1. 분석적 문장 의미

분석적 문장analytic sentence은 오직 문장의 구조와 단어의 의미만으로 진위 여부를 판단할 수 있다. 예로서 'All bachelors are unmarried.'의 의미를 확인할 때 문장 구성 요소와 관련된 단어에 의존해서 문장의 '참'과 '거짓'을 확인할 수 있다.

그리고 문장 의미 분석에서 내부 구성 요소를 중심으로 전체 의미를 파악하는 방법으로서 이에 연관된 대표적 사항으로 '동어 반복, 중복 어구'tautology를 생각할 수 있으며, 이 경우는 의미상 불필요하게 동일 어구를 반복하는 표현 방식을 가리킨다. 문장에서 동일 단어 등을 반복해서 사용하거나 유사한 의미의 단어, 구, 문장을 다시 반복하여 본질적으로는 새로운 정보를 추가하지 않는 구조를 의미한다. 구조적으로 '동어 반복, 중복 어구'인 'tautology'는 다음처럼 표현된다.

- A and A: 같은 의미의 단어 또는 구를 접속사 'and/or' 연결
  (예: free gift, advance warning)

- A is A: 정의적 또는 순환적인 설명
  (예: It is what it is.)

- 의미상 중복: 이미 포함된 내용을 다시 언급

  (예: repeat again — 'repeat'와 'again' 모두 반복을 의미)

영어 예문 및 해설 내용을 다음과 같다.

순환적 정의 예

A circle is a circle.

→ 논리적으로 아무런 정보를 추가하지 않음.

간단한 중복 어구 예

It is what it is.

→ '그것은 그것이다.' 구조는 새로운 정보를 제공하지 않는 대표적 문장

반복적 의미 강조 예

Either it will rain tomorrow, or it will not rain tomorrow.

→ 비가 오거나, 오지 않거나. 참이거나 거짓인 모든 경우를 포함하는 논리적 동어 반복

어휘적 중복 예

The reason is because........

→ 'reason'과 'because' 모두 이유를 의미하므로 의미상 중복.

Free gift

→ 'gift' 자체가 무료 'free'를 내포하므로 free와 gift가 의미상 중복.

논리적 tautology 예

All bachelors are unmarried men.

→ 'bachelor, unmarried man' 모두 '독신 남자'이고, 동의어 표현

2.1.2. 종합적 문장 의미

의미론에서 문장 의미의 진위 여부가 반드시 현실 세계의 사실에 의존하는 문장을 '종합적 문장'synthetic sentence이라고 한다. 해당 문장 내용이 '참'인지 '거짓'인지는 문장 자체의 구조나 의미만으로는 알 수 없으며, 실상에서 상황, 경험, 관찰 등을 통해야만 비로소 판단할 수 있다.

다시 정리하면, 외부 세상을 확인해야 의미 이해를 정확하게 할 수 있다. 따라서 진위는 '경험적'empirical 자료에 의존하고, 문장 자체만 봐서는 참인지 거짓인지 최종 판단이 불가능해서 사전, 사후에 실제 세계에서 관찰, 조사, 실험 등을 통해 확인해야 한다.

My next door neighbor, John and Mary, is married.
(이웃집 John과 Mary는 결혼한 부부이다.
→ 이웃의 두 사람의 가족 관계를 분명하게 확인해야 진위를 판단할 수 있다.

The cat is on the mat.
(고양이가 양탄자 위에 있다.)
→ 고양이가 있는지 그리고 어느 장소인지 실제 현장 확인 이후 판단할 수 있다.

The sky is blue.
(하늘이 파랗다.)
→ 현실 세계 관찰로만 알 수 있어서 만약 하늘이 흐리거나 밤이라면 거짓이 될 수 있다.

Water boils at 100 degrees Celsius.
(물은 100도에서 끓는다.)
→ 과학적 실험을 통해 진위를 확인할 수 있으며, 기압 등에 따라 달라질 수도 있다.

The capital of France is Paris.
(프랑스의 수도는 파리이다.)
→ 이 문장의 진위는 프랑스라는 국가의 현실적 사실에 의존한다.

John owns a red car.
(John은 빨간 자동차를 가지고 있다.)
→ John이 정말로 빨간 자동차가 있는지 조사해야 진위를 알 수 있다.

알아두기

다음 문장들의 의미관계와 진리 조건을 확인해 볼 수 있다.

a. The earth is round. (참)
b. The earth is oval. (참)
c. The earth is square. (거짓)

진리 조건을 도입하여 문장 사이의 의미관계를 파악할 수 있다. 즉 문장의 진리

> 조건이 'a, b'처럼 같은 경우는 상호 일치라고 하고, 진리 조건이 'a, c'처럼 상반된 경우는 상호 모순이라고 한다. 한 문장의 진리 조건이 다른 문장의 진리 조건을 'a. b'처럼 보충하는 경우를 의미관계에서 'a'의 'b'에 대한 '함의'(entailment)라고 할 수 있다. 만약 'a. b' 두 문장의 순서를 바꾸어서 'b. a.'로 보아도 여전히 'b'의 'a'에 대한 함의라고 할 수 있다.

2.2. 문장의 의미 관계

2.2.1. 동의 관계

의미론에서 '동의 관계'paraphrase는 두 문장이 서로 의미상 같은 의미를 지칭하는 경우를 가리킨다. 동의 관계의 문장을 두고 '동의문'paraphrastic sentence 또는 '동의적 문장'이라고 한다. 한 문장의 의미를 표현 방식 또는 문장 구조로 바꾸었을 때 상호 문장에서 의미가 달라지지 않는 현상을 보여준다.

동의 관계 문장들은 서로 바꾸어서 사용하는 '치환' 과정에서도 여전히 의미가 달라지지 않으며, 동의 관계 문장들이 서로 형태, 단어, 구조 등에서 다른 모습을 보일 수는 있어도 의미에서는 달라지지 않는다. 이러한 관계를 보이는 문장들은 서로 의미론적 동의 관계에 있다고 할 수 있다.

John sold a house to Bill. = Bill bought a house from John.
(John이 Bill에게 집을 판매하였다.) → John은 판매자, Bill은 구입자 관계 유지

John passed chemistry test = What John passed was chemistry test.
(John이 화학 시험을 통과했다.) → John은 통과자, 과목으로서 '화학 시험'은 유지

John gave a book to Mary. = Mary was given a book by John.
→ 두 문장은 수동태와 능동태의 형태 차이일 뿐 의미 유지

The boy kicked the ball. = The ball was kicked by the boy.
→ 공을 두고 행동 주체와 행동 대상이 그대로 유지

It is raining. = Rain is falling.
→ 표현 외형이 다르지만, 실제 의미는 그대로 유지

알아두기

문장 내부에 'every, some, any' 등 '양화사'(quantifier)가 있는 문장에서 능동문과 수동문의 진위 판단 조건이 항상 같지는 않다. 이러한 경우의 문장들은 동의 관계로 볼 수 없다. 다음 예에서 두 문장은 표면적으로는 같아 보이지만, 의미적 차이가 생길 수 있다.

Every person in this room speaks two languages.
(여기 모든 사람이 두 개 외국어를 한다.)
→ 사람들 각자가 두 언어를 말하는 사실만을 진술하며, 어떤 언어인지 밝히지 않음

Two languages are spoken by every person in this room.
(이 방에 있는 모든 사람이 두 개의 언어를 구사한다.)
→ 모든 사람이 같은 종류의 두 가지 언어를 말한다는 의미로 이해할 수 있음

2.2.2. 중의성 관계

하나의 표현에 둘 이상의 의미가 존재할 때 '중의성'ambiguity이라고 말한다. 하나의 문장이나 표현이 둘 이상의 의미로 해석될 수 있는 현상을 가리킨다. 즉 문장 또는 단어의 구조나 단어 선택 때문에 두 가지 이상으로 의미가 분명하게 갈리지 않고, 여러 해석이 가능한 경우이다. 언어적 중의성에는 3가지가 있다.

a. 어휘적 중의성
한 단어가 문맥에서 두 개 이상의 다수 의미를 허용한다.

- an old friend → old가 가진 의미로 인해서 두 의미가 가능하다.
  - 나이가 많은 친구를 의미
  - 오랫동안 사귄 친구를 의미

- a large bill → bill이 여러 가지 의미를 표현할 수 있다.
  - 액수가 높은 지폐 의미
  - 액수가 큰 계산서를 의미

- He lost his head. → 동사 'lose'가 여러 의미를 가리킨다.
  - 사람이 침착성을 잃었다는 은유적인 표현 의미
  - 글자 그대로 머리가 잘렸다는 실제적인 표현 의미

- He went to the bank. → bank가 여러 의미 표현을 한다.
  - 은행으로 갔다는 의미
  - 강둑으로 갔다는 의미

- John gave his hand to Mary → hand가 여러 의미 표현을 나타낸다.
    - 자신의 손을 직접 내준다는 의미
    - 자신이 도움을 준다는 의미

b. 통사 구조적 중의성

　문장의 구조가 2가지 이상으로 분석이 되어서 의미가 다수 생기는 경우이다. 같은 단어와 어순이지만, 구문 분석에 따라 해석이 달라지며, 보통 전치사구, 관계사절, 수식어구등이 어디에 붙느냐에 따라 달라진다. 영어 문장 분석, 번역, 언어 처리에서 매우 중요한 개념이다.

- John saw the man with the telescope.
    - 내가 망원경으로 남자를 봤다.
      (John이 직접 망원경을 통해서 보는 행위자)

    - 망원경을 가진 남자를 내가 봤다.
      (John이 특별하게 망원경을 갖고 있는 남자를 목격)

- Visiting relatives can be boring.
    - 친척을 방문하는 것이 지루할 수 있다.
      (〈누구라도〉 친척 방문이 쉽지 않음)

    - 방문하는 친척(들)이 지루할 수 있다.
      (현재 방문 중인 친척들이 재미없는 사람들)

- Old men and women were sitting in the park.
    - (나이 든 남자와 여자)들이 공원에 앉아 있었다.

— (나이 든 남자)와 (여자)들이 공원에 앉아 있었다.

c. 양화사적 중의성

　문장 내에 두 개 이상의 '양화사'quantifier, '부정어'negation, 또는 기타 논리적 연산자가 있을 때 이들의 적용 범위에 따라 문장의 의미가 달라질 수 있는 현상을 말한다. 어떤 논리적 표현이 다른 표현에 대해 어느 정도까지 영향을 미치는지가 불분명할 때 발생하며, 같은 문장이 서로 다른 논리적 구조에 의해서 다수의 의미 해석을 가질 수 있다.

> 양화사: every, some, all, a
> 부정어: not, no, never
> 기타 논리적 연산자: only, each

Every student read a book.
해석 1: 모든 학생이 같은 책 한 권을 읽었다.
(There is one specific book that every student read.)

해석 2: 모든 학생이 각자(다른) 책 한 권씩을 읽었다.
(For every student, there exists a (possibly different) book that the student read.)

All the students didn't pass the exam.
해석 1: 모든 학생이 시험에 불합격했다.
(None of the students passed.)

해석 2: 모든 학생이 합격한 것은 아니다. (즉, 일부는 합격했을 수도 있다.)
(Not all the students passed.)

A teacher supervises every test.
해석 1: 한 명의 선생님이 모든 시험을 감독한다.
해석 2: 각 시험마다 선생님 한 명씩이 감독한다. (시험마다 다른 선생님 일 수도 있음)

2.2.3. 함의 관계

한 문장이 참일 때, 다른 문장도 반드시 참이어야 하는 의미적 관계를 '함의 관계'entailment라고 말한다. 즉 문장 A가 참이면, 반드시 문장 B도 참이 되는 관계이다. 여기서 문장 A를 '전제'presupposition 또는 '전건' antecedent이라고 하고, 문장 B를 '함의문'entailment, consequent이라고 할 수 있다.

함의 관계는 하나의 단방향이어서 A, B 문장 관계에서 뒤에 따르는 B가 참이라고 해서 A가 반드시 참이 되는 것은 아니다. 함의 관계의 특징을 정리하면 다음과 같다.

- 의미론적 관계 중 하나로서 논리적으로 중요한 개념
- 보통 'A entails B' 또는 'A → B'로 표기
- 문맥에 따라 다르지만, 일반적으로 문장의 의미 구조에 근거

A: John killed the wolves.
B: The wolves are dead.

→ A가 참이면 B도 반드시 참이다. (늑대들이 죽었기 때문에 살아있지 못하다.)

A: Mary bought a car.
B: Mary spent money.
→ Mary가 차를 샀다면, 돈을 썼다는 사실도 참이다. (돈을 사용한 대상이 분명하다.)

A: All dogs are animals.
B: My dog is an animal.
→ 모든 개가 동물이므로, 나의 개도 동물이다. (내 개도 동물이어서 당연한 사실이다.)

반례 (함의 관계가 아닌 예)
A: Mary spent money.
B: Mary bought a car.
→ Mary가 돈을 썼다고 해서 반드시 차를 샀다는 뜻은 아니다. (B → A 관계 불가능)

2.2.4. 전제 관계

한 문장이 진리값(참 또는 거짓)에 상관없이 성립해야만 하는 전제 조건이나 배경적 사실을 '전제 관계'presupposition라고 한다. 어떤 문장이 진술되거나 질문될 때 그 문장이 참이든 거짓이든 상관없이 이미 사전에 전제된 혹은 암묵적으로 받아들여지는 정보가 존재한다는 상황을 가리킨다. 다음

음 전제 관계 특징을 정리한 내용이다.

- 전제 관계는 문장의 긍정문, 부정문, 의문문 등에서 공통적으로 유지
- 한 문장이 전제를 가지면, 그 문장을 부정하거나 의문문으로 바꿔도 전제는 유지

    John stopped smoking.
    〈전제〉 John used to smoke. (John은 과거에 담배를 피웠다.)
    → John의 금연 상태가 참, 거짓에 상관없이 예전에 담배를 피웠다는 사실은 이미 전제

    Mary's brother is tall.
    〈전제〉 Mary has a brother. (Mary에게 형제/오빠/남동생이 있다.)
    → 문장 구조를 바꾸어도 'Mary에게 형제가 있다'는 전제는 변하지 않는다.
    부정형 구조: Mary's brother is not tall.
    의문형 구조: Is Mary's brother tall?

    When did you stop coming to class?
    〈전제〉 You used to come to class. (당신은 예전에 수업에 왔었다.)
    → 질문이 참이든 거짓이든 과거에 수업에 왔었다는 사실은 전제된다.

제6장

화용론

언어의 '문맥'context 환경에서 언어 표현 활용을 연구하는 언어학의 분야이며, 언어에서 문자 그대로의 의미 방식으로서 문법적 그리고 의미론적 의미를 넘어서 화자가 실제로 의도하려는 의미와 청자가 실제로 이해하는 의미를 중점적으로 연구한다. 다시 정리하면, 화용론은 언어 사용의 맥락을 연구하는 학문 분야로서 발화 행위와 수행 발화 등이 중심적 개념들이다. 언어는 정보 전달에만 국한되지 않는다는 측면과 인간이 언어로 표현 가능성이 다양할 수 있다는 가능성에 관한 설명을 제시한다. 화용론 분야를 세분하면 다음과 같다.

- 언어의 실제 사용 (actual use)
- 맥락 (context)
- 담화 (discourse)
- 발화 의도 (speaker's intention)
- 청자 해석 (listener's interpretation)

1 화용론과 의미론의 차이

    화용론은 언어가 실제로 사용되는 맥락과 그에 따른 의미 해석을 다루며, 문법적 문장을 다루는 의미론과 구별해야 한다. 즉 화용론은 담화, 맥락, 화자 의도, 함의 등 실제 의사소통에서 중요한 역할을 맡는 분야들을 다룬다.

> 의미론: 문장 자체의 '사전적 의미'literal meaning 중심
> 화용론: 발화의 '상황적 의미'로서 맥락 중심 의미

Can you pass the salt?
- 의미론적 의미 → '소금을 건넬 수 있니?' 질문
- 화용론적 의미 → '소금 좀 건네줘'라는 요청

2. 발화 행위

 사람들이 말할 때 단순히 정보를 전달은 물론 '무엇인가'를 '행동 수행'이라는 개념을 가리킨다. 발화 자체가 사회적 환경에서 대화자들 사이 상호작용 기능으로서 '명령', '약속', '질문', '요청' 등에 연관되어 진행되는 상황에 주목한다. 발화 행위 개념은 언어적 발화를 통해서 구성되는 행동을 의미하며, 초기 오스틴J. L. Austin이 발화와 행동 연관성을 처음으로 소개하였고, 존 서얼John Searle이 개념 범위를 확장하였다.

오스틴 제시 발화적 행위 유형

a. 발화적 행위(locutionary Act)

문장 자체를 말하는 행위로서 표현에 제시된 문법적, 의미론적으로 발화

의미를 대변한다.

    It is raining.
    (단순히 비가 온다는 정보를 전달)
    → 특정한 의미 전달 방식으로서의 발화 행위

    It's cold here.
    (여기 춥구나.)
    → 특정 환경에서 낮은 온도 자체를 의미

b. 발화 의도적 행위(illocutionary Act)
  화자가 발화를 통해 수행하려는 의도를 반영하는 발화의 의도를 포함한 표현이다.

    Can you open the window?
    (창문 좀 열 수 있나요?)
    → 단순 질문이 아니라 '창문을 열어 달라'는 요청 의도

    It's cold here, isn't it?
    (여기 좀 춥지요, 그렇죠?)
    → 창문을 닫아 달라는 요청 의미

c. 발화 효과적 행위(perlocutionary act)
  발화가 청자에게 미치는 효과로서 실제로 행동을 일으키는 효과를 의미한다.

Can you open the window?
(창문 좀 열 수 있나요?)
→ 청자가 실제로 창문을 실열어주는 행위를 수행하거나 또는 거절함

서얼 제시 발화적 행위 유형

a. 진술행위(Representatives)

사실이나 의견을 진술하는 내용이다.

The earth is round.
→ 사실을 그대로 표현

b. 지시행위(directives)

청자에게 어떤 행동을 요구하는 방식을 의미한다.

Please sit down.
→ 행위의 요청

Close the door.
→ 행위에 관한 명령

c. 약속 행위(commissives)

화자가 어떤 행동을 하겠다고 약속하는 표현을 의미한다.

I will help you.
→ 자신의 이행 약속 표현

d. 감정 표현 행위(expressives)

화자의 감정이나 태도를 표현한다.

I'm sorry.
→ 사과

Congratulations!
→ 축하

e. 선언 행위(declarations)

발화 자체가 현실을 변화시키는 내용이다.

I now pronounce you husband and wife.
→ 결혼 선언

You are fired.
→ 해고 통보 선언

이후 내용에서는 오스틴이 분류한 발화 행위의 3가지 항목을 위주로 설명이 진행된다.

2.1. 발화적 행위

오스틴이 제시한 언어 행위 이론의 3단계 분류 중에서 '발화적 행위'locutionary act는 어떤 문장을 문법적으로, 의미적으로 주어진 상황에 맞도록 발화하는 행위를 가리킨다. 어떤 단어나 문장을 소리 내어 말하거나 글로 표현하는 행위 자체를 의미한다고 말할 수 있다. 이것은 화자가 의미를 포함하는 단어와 문장 구조를 사용해서 주어진 의미를 전달하는 것에 해당한다. 오스틴은 발화적 행위를 두고 '말하는 것 자체'로서 영어 표현으로 다음과 같이 설명 내용을 제시하였다.

> 'the act of saying something' → 무엇인가를 말하는 것의 행위

발화적 행위는 다시 다음처럼 3가지로 세분될 수 있다.

- 발음 행위(phonetic act)
- 조어 행위(phatic act)
- 의미 행위(rhetic act)

요약하면, 발화적 행위란 단순히 무언가를 말로 표현하는 행위 자체를 말하며, 이때 의미가 통하는 문장을 문법적으로 올바르게 전하는 사안이 핵심이다. 아래 문장에서 발화적 행위가 일어난 예를 볼 수 있다.

The sky is blue.
→ 이 문장을 말하거나 글로 썼을 때, 문장의 의미를 실제로 발화하는 행위 자체

Please open the window.
→ 이 문장을 발음해서 단어, 문장 의미가 전달되는 순간에 그 말 자체를 하는 행위

발화적 행위란 어떤 문장을 실제로 말하거나 쓸 때 일어나는 행위, 즉 '말하는 것 자체'이다.

2.2. 발화 의도적 행위

화자가 어떤 발화를 통해 특정한 '의도'intention나 목적을 가지고 수행하는 언어적 행위를 말한다. 단순히 문장을 표현하는 것이 아니라 직접 발화를 통해 '진술', '지시', '약속', '표현', '선언' 등을 나타내는 것이다. '사회적 행위' 또는 '의도적 의미'illocutionary force의 수행에 해당한다. Austin은 이것을 '행위의 힘'the force of an utterance이라고 표현하였고, 화자가 특정한 표현을 말로 실행할 때 '자신이 무엇을 하고자 하는가?'와 같은 의도적, 기능적 측면이 중심이 된다.

a. 진술(assertives)

   정보의 전달 또는 주위 세계를 묘사하는 발화

   The meeting starts at 3 p.m.
   (단순한 사실을 말하는 행위)

   The sky is blue.
   (하늘이 색깔이 파랑이라는 사실을 전달)

b. 지시(directives)

   청자의 반응 행동을 요청하는 발화로서 요청, 명령, 제안 등을 포함

   Pass me the salt!
   (소금을 건네주세요.) → 명령에 가까운 요구

Sit down.
(앉아라!) → 명령의 의도를 담은 행위

c. 약속(commissives)

화자가 미래의 행동을 약속하는 발화

I will help you with your homework.
(앞으로 당신을 돕겠습니다.) → 약속하는 행위

I will call you tomorrow.
(내일 전화할게요.) → 자신이 이행하려는 약속 행위

d. 표현(Expressives)

화자의 감정이나 태도를 표현하는 발화

I offer you my condolences.
(당신에게 애도를 표합니다.) → 마음의 감정 표현 행위

e. 선언(Declaration)

언급된 대상이나 상황의 상태를 변화시키는 발화 행위

I now pronounce you husband and wife.
(이 둘을 신랑, 신부로 선언합니다.) → 상황을 선언하는 행위

■ 2.3. 발화 효과적 행위

화자가 어떤 발화를 했을 때 그 발화가 청자에게 미치는 실제 효과나 반응을 의미한다. 단순히 말하는 것(발화 행위)이나 말을 통해 의도를 전달하는 것(일 행위)을 넘어서 말을 접하는 청자에게 특정한 '감정', '생각', '행동'을 유발하는 사안에 초점을 둔다. 예를 들면 청자가 어떤 말을 듣고 놀라거나, 화가 나거나, 설득되거나, 위로를 받는 반응 상태가 해당한다.

오스틴은 발화 효과적 행위를 '무엇을 말함으로써 발생하는 효과'the effect achieved by saying something라고 설명한다. 다시 말하면, 어떤 발화가 청자에게 실제로 미치는 심리적, 행동적 효과나 반응을 의미한다.

There's a spider on your shoulder!
(당신 어깨 위에 거미가 있어요!)
발화 효과 ⋯→ 청자가 놀라서 큰 소리를 낼 수 있음

You really did a great job!
(정말 놀라운 일을 해냈군요!)
발화 효과 ⋯→ 청자가 기뻐하거나 자부심을 느끼게 됨

If you don't finish your work, you'll be in trouble.
(이 일을 마치지 못하면, 어려움이 있을 거예요.)
발화 효과 ⋯→ 청자가 두려워하거나 서둘러 일을 끝낼 수 있음

It's cold in here.
(여기 춥네요.)
발화 효과 ⋯→ 청자가 창문을 닫거나 난방을 틀 수 있음

3 수행 발화

수행 발화는 발화 자체로 행동을 수행하는 발화이다. 오스틴은 수행 발화를 발화 의도적 행위의 특별한 유형으로 정의하였다. 이러한 발화는 특정 형식을 따르며, 효과를 발휘하려면 맥락 조건이 중요한 요건이다. 예를 들면 화자가 상대방에게 '사과합니다'라는 표현을 전함으로써 자신의 행동에 관해서 사과를 수행하는 행위를 보여준다. 그리고 '약속합니다'라는 발화는 그 자체로 약속을 수행하는 상황이다. '자! 이로써 선언합니다'라는 표현은 공식적인 맥락에서 특정 사안의 선언을 수행할 때 효력을 갖는다.

위에서 제시한 예들에서 볼 수 있듯이 수행 발화가 성공하기 위해서는 조건을 충족해야 한다. 여기에는 적절한 맥락, 화자의 권한, 인정된 관습 등이 포함되어야 한다. 만약 누군가 '당신들을 남편과 아내로 선포합니다'라는 결혼 성혼 선서는 결혼식에서 해당 선서를 집행할 수 있는 권한 소유자로서 '판사, 성직자' 등이 말할 때만 유효하게 될 것이다. 말하는 순간 그 자체가 실제로 어떤 행위를 수행하는 발화를 의미하며, 정보 전달을 하면서도 동시에 발화 자체가 행위 성격을 보여준다. 수행 발화의 특징은 다음처럼 정리할 수 있다.

- 일반적으로 1인칭 또는 현재형 동사를 사용한다.
- 명시적으로 수행을 가리키는 표현을 위해서 영어 'hereby' 부사를 포함한다.
- 수행의 성공을 위해서는 일정한 맥락 조건 충족이 필요하다.

발화 행위와 수행 발화는 언어가 단순한 정보 교환으로만 끝나는 것이 아니라 또 다른 기능을 가질 수 있다는 점을 확인시켜준다. 이것은 언어의 의사소통이 정보 흐름 이외에도 역동적이고 상호작용적인 본질을 보여준다고 말할 수 있다. 그리고 언어학, 커뮤니케이션 연구, 인공지능 등의 분야에서는 언어에 속한 단어의 외적 또는 내적 의미로서 화자, 청자의 의도를 통찰하는 방법을 제공하고 있다. 그리고 수행 발화는 표현 내용과 상황에 따라서 크게 2가지로 분류할 수 있다.

3.1. 수행 발화 분류

a. 명시적 수행 발화
수행 동사가 명확하게 표현되며, 여기에는 다음 표현이 관련된다.

   I promise, I apologize, I declare 등

b. 암시적 수행 발화
   수행 동사가 명확히 드러나지 않고 맥락으로 알 수 있다. 여기에는 다음 표현이 관련된다.

   I'll be there tomorrow.
   ⋯→ 약속의 의미가 암시

3.2. 수행 발화의 조건

a. 적절(felicity)성 조건
   수행 발화의 성공 수행을 위한 '적절성'(felicity)에는 충족해야 하는 조

건이 있다.

- 행위자가 적절한 권한을 가져야 함(authority)
- 적절한 맥락에서 이루어져야 함(contextual appropriateness)
- 진실성 또는 의도를 갖추어야 함(sincerity)

3.3. 수행 발화 연관 동사

수행 발화에 연관된 영어 동사들은 다음과 같다.

apologize (사과하다)
bet (내기하다)
declare (선언하다)
name (명명하다)
order (명령하다)
promise (약속하다)
pronounce (선고하다)
request (요청하다)
warn (경고하다)

그리고 수행 발화 표현 영어 동사들의 예시 문장들은 다음과 같다.

약속: I promise I'll visit you next week.
(나는 다음 주에 너를 방문할 것을 약속한다.)

사과: I sincerely apologize for being late.
(늦은 것에 대해 진심으로 사과합니다.)

선언: I hereby declare the Olympic Games open.
(이로써 올림픽 경기의 개회를 선언합니다.)

명령: I order you to leave immediately.
(즉시 떠날 것을 명령한다.)

경고: I warn you not to touch the fence.
(울타리를 만지지 말라고 경고한다.)

4 격률과 함축

화용론은 의사소통에서 맥락context이 의미에 미치는 영향을 연구하는 학문으로서 그라이스Grice의 격률格率은 화용론에서 핵심적인 개념이다. H. P. 그라이스는 화자 발화의 외형적인 형태 이상으로 의미를 전달하는 방식을 설명하는 방식으로서 격률의 의미를 정리해서 제시하였다. 그리고 대화에서 나타나는 함축은 화자 표현에서 관찰할 수 있으며, 대체로 그라이스가 제시한 격률 원칙 중 하나 이상을 의도적으로 어길 때 발생한다. 그렇지만 청자는 이러한 상황에서조차 여전히 화자의 의도적 의미를 추론할 수 있다.

예를 들어서 화자가 '파티가 어땠나요?'라고 물었을 때 '음식이 많았어요'라고 대답하면, 청자는 화자의 표현에서 파티 자체의 분위기 또는 즐거움 등에 대한 직접적인 언급이 빠진 상태를 토대로 파티에 대해서 부정적인 평가를 암시한다는 점을 나름대로 추론할 수 있다. 이처럼 격률 개념과 대화 함축은 대화자들이 의사소통 단계에 말로써 명시되지 않은 의미까지 해석하는 방법을 제공하고 있다. 이러한 방법 연관 지식은 언어학, 커뮤니케이션 연구, 인공지능과 같은 분야에서 인간 의사소통의 미묘한 특성을 분석하고 해석하는 중대한 필수 요건들이다.

4.1. 격률의 이해

여기서 말하는 격률 개념은 그라이스가 효과적인 의사소통이 협력 원리로서 영어로는 'cooperative Principle'에 의존한다고 주장에 기반하고 있다. 의사소통의 협력 원리는 대화 참여자들이 상호 협력 속에서 서로를 제대로 파악하려는 믿음에 기초하고 있다. 이러한 목표 달성을 위해서는 일반적으로 화자가 지켜야 하는 4가지 대화 격률들의 고려가 필요하다.

a. 양적 격률(Maxim of quantity)

대화의 성공적 수행을 위해서는 적절한 양의 정보를 제공이 주요한 조건이다. 즉 대화자들은 일단 필요한 수준의 정보를 확실하게 제공하고, 청자는 확실한 이해를 위해서 필요한 세부사항을 포함해서 대화에 참여한다. 따라서 화자는 불필요한 정보를 제공하지 말아야 하며, 때로는 과도한 정보가 오히려 청자를 혼돈에 빠뜨릴 수 있다.

예) 시간이 몇 시인지 물으면 '지금은 3시 15분입니다'처럼 정확한 시간 정보만 제공하는 것이 적절하다. 만약 대답으로 '지금은 8월 어느 수요일 오후 3시 15분 20초입니다'라고 답하게 될 때 불필요한 정보를 제공하고 청자를 혼란스럽게 만들 수 있다.

b. **질의 격률**(Maxim of quality)
대화자들의 이야기는 분명하고 진실에 기반을 두어야 한다. 거짓으로 판단되는 내용은 가능한 말로 옮기지 않아야 하고, 충분한 증거가 없는 사항들은 언급하지 않는다.

예) 최근에 대화자들이 서로 알고 있는 특정 사람을 만났는지 물을 때 화자는 자신이 알고 있는 정보에 기반해서 정직하게 대답해야 한다.

c. **관련성의 격률**(Maxim of relation)
대화의 주제와 관련된 내용을 말해야 하며, 대화 주제와 관련된 내용을 유지하면서 관련성이 없는 주제로 벗어나지 않는다.

예) 대화 중 날씨 관련 질문으로서 '비가 올 것 같아요'라는 표현은 주제에 관련성이 있지만, 반면에 화자가 날씨 주제가 아닌 자신의 저녁 식사 계획 등을 전하는 내용은 대화 주제로서 적절하지 않다.

d. **태도의 격률**(Maxim of manner)
대화 표현은 가능하다면 명확하고 질서 있게 구술되는 것이 맞다. 되도록 모호한 표현을 피하고, 이해하기 쉬운 언어적 표현을 사용한다. 대화가 애매해지지 않도록 정확하게 표현한다. 그리고 간결하게 말을 하고, 필요한 정보를 논리적 순서에 기초해서 제공한다.

예) 길을 안내할 때는 '다음 교차로에서 왼쪽으로 도세요, 그런 다음 첫 번째 오른쪽으로 도세요'라고 말하는 내용은 명확하고 질서 있는 표현이라고 볼 수 있다.

지금까지 살펴본 격률과 대화 함축의 개념은 의사소통에서 언어가 단순한 정보 전달을 넘어서는 방식과 언어의 맥락 의존적 특성 이해에 중요한 통찰 수단을 보여준다.

4.2. 대화 함축

대화 함축은 화자의 실제 발화 이외에 말을 구성하는 단어의 사전적 의미 이상으로 추가적인 의미를 암시하는 기능적 측면을 가리킨다. 이러한 암시에는 맥락을 기반으로 주어진 범주에서 공유된 지식을 통해서 이해될 수 있다.

예를 들어서 '시간이 늦었네요'라는 표현은 실제로 정해진 시간에 맞추지 못했다는 뜻 이외에도 화자와 청자가 같이 있지 못할 수 있다는 의미로서 '이제 떠날 때가 되었다'라는 암시를 가리킬 수도 있다. 이러한 의미의 전달은 결과적으로 대화자들의 환경이라는 대화 맥락을 통해서 판단할 수 있을 것이다.

'대화 함축'conversational implicature이란 말한 내용의 표면적 의미를 넘어, 화자의 진짜 의도가 대화의 맥락에서 암시적으로 전달되는 현상을 말한다. 대화 함축은 그라이스의 협력의 원칙과 관련된 대화의 네 가지 격률들을 토대로 발생하며, 이 중에서 '연관 격률'은 화자의 발화가 대화 진행 맥락과 관련되어야 하는 원칙이다. 이 원칙을 어겼을 때는 듣는 사람은 자연스럽게 대화 함축을 추론한다.

예문 1

    A: Are you going to Susan's party tonight?

    B: I have an exam tomorrow.

    ⇢ 영어 표현에서 표면적으로 B가 파티 참석 여부를 직접 밝히지 않았지만, A는 B의 답이 파티에 가지 않는다는 의미를 함축하고 있음을 추론할 수 있다. 혹은 B가 내일 시험이 있어서 파티에 가지 않을 것이라는 연관 의미가 함축된다고 볼 수도 있다.

예문 2

    A: Did you like my cooking?

    B: It's certainly different.

    ⇢ 표면적으로 B는 음식이 좋았는지 나빴는지 명확히 말하지 않았지만, A는 B의 말에서 음식을 선호하지 않는다는 의미가 함축되었다고 추론할 수 있다. 표현 중 '다르다'는 언급이 해당 맥락에서 부정적 평가 의미를 함축하고 있음을 알 수 있다.

이처럼 '연관 격률'을 지켜지지 않을 때는 청자는 자연스럽게 화자의 의도를 파악하기 위해 함축적 의미를 찾아 해석하려고 시도할 것이다.

5 지시어

5.1. 지시어 표현

언어학의 화용론에서 '지시어'deixis는 화자의 발화 맥락에 따라 그 의미가 결정되는 표현을 말한다. 발화가 이루어지는 '시간', '장소', '화자와 청자'에 따라 의미가 달라지는 언어적 요소를 말한다.

위에 언급된 지시어, 지시, 대명사로서의 참조는 화용론에서 맥락과 언어가 어떻게 연결되는지, 그리고 화자와 청자가 담화에서 대상을 어떻게 추적하는지를 다루는 기본적 개념이다. 그리고 이러한 지시어들은 화자의 위치, 시간, 상황에 따라 변동성을 가지며, 반드시 발화 맥락과 연결되어 해석된다. 지시어 내용은 크게 다음과 같은 유형들로 나뉜다.

a. 인칭 지시어

화자, 청자 그리고 그 외의 인물과 관련된 지시 표현
I (나), you (너), we (우리), he (그), she (그녀), they (그들)

I will see you tomorrow.
(당신을 내일 만날겁니다.) → 화자와 청자에 따라 의미가 달라짐

b. 장소 지시어

발화가 이루어지는 위치를 기준으로 한 지시 표현
here (여기), there (저기), this (이것), that (저것)

Please put the book here.
(여기에 책을 놓으세요.) → 화자가 있는 위치에 따라 'here' 지시 장소가 달라짐

c. 시간 지시어

발화가 이루어지는 시간을 기준으로 한 지시 표현
now (지금), then (그때), today (오늘), yesterday (어제), tomorrow (내일)

I'll meet you tomorrow.
(내일 당신을 만날겁니다.) → 발화 시점에 따라 'tomorrow'가 지시하는 날이 달라짐

d. 담화 지시어

담화 내에서 이전이나 이후에 등장하는 부분을 가리키는 표현
this (이것), that (저것), the former (전자), the latter (후자)

That was a brilliant suggestion.
(그것은 뛰어난 제안이었다.) → 이전에 제시된 의견을 지시함

e. 사회적 지시어

사회적 관계와 지위를 반영하여 사용되는 지시 표현
Sir (선생님), Madam (부인), Professor (교수님)

Could I ask Professor Smith a question?
(Smith 교수께 질문해도 될까요?) → 사회적 지위와 존칭을 나타내는

표현임

■ 5.2. 대명사 표현 참조

담화에서 이전에 언급된 대상을 다시 지칭하는 특정한 유형의 지시를 의미한다. 이것은 대화와 글 전개가 일관성을 유지하는 기초가 될 수 있다

a. 대명사로서 참조 대명사

여기에는 'he', 'she', 'it', 'they'와 같은 대명사가 참조 수단으로서 자주 등장한다. 참조 대명사에는 2가지 주요 유형을 생각할 수 있다.

<u>지시적 참조 대명사</u>

발화 순간과 발화 상황에서 직접 대상을 가리키는 대명사이며, 발화 맥락 없이는 그 의미가 불분명하다.

He is my brother.
→ 화자가 특정 인물을 직접 지시

They will arrive soon.
→ 화자와 청자 간에 지칭 대상이 명확한 사람들을 지칭

<u>대용적 참조 대명사</u>

이미 언급된 '선행어'antecedent를 다시 지칭하는 대명사이며, 선행 문맥 없이 의미가 불분명하다.

John arrived late. He was tired.

→ 표현에서 'He'가 'John'을 참조

John bought a new bike. It was expensive.
→ 대명사 it이 앞서 언급된 bike를 참조

Mary met her friend, and she was happy to see him.
→ 대명사 she가 Mary를 참조

b. 대명사로서 참조 표현

영어 표현 중 'the former' 또는 'the latter' 등의 표현을 생각할 수 있다. 이것은 이전에 언급된 대상이나 아이디어를 참조해서 의미로 나타낸다. 대명사로서 참조 상황의 이해는 맥락 속에서 의미를 해석하고 의사소통의 일관성을 유지하는 중요한 토대이다. 이러한 개념들은 언어와 맥락 사이의 역동적인 상호작용을 강조하며, 효과적이고 명확한 의사소통 수행에 필수적 요건들이다.

Tom and Jerry entered the room. The former looked nervous, but the latter seemed calm.
→ the former는 Tom, the latter는 Jerry를 가리킴)

<u>대명사적 참조 기능 표현</u>

the first, the second, the last, the previous, the next

There are three options: red, blue, and green. The last is my favorite.
→ the last는 green을 지칭

She tried two methods: talking and writing. The second proved more effective.

→ the second는 writing을 지칭

6 담화 분석과 텍스트 언어학

여기서 제시하는 명칭들은 언어학의 분야들로서 개별 문장이 주어진 단어들의 의미 이상으로 확장된 텍스트 및 대화에서 언어가 작동하는 방식을 관찰하고 분석한다. 다시 말하면 담화 분석과 텍스트 언어학은 언어가 어떻게 의미를 창출하고, 상호작용을 조직하며, 실제 맥락에서 정보를 전달하는지를 밝혀낸다.

이러한 사안을 이해한다면 의사소통을 효과적으로 분석하고 해석할 수 있는 능력이 향상될 수 있다. 이러한 관점은 언어학, 커뮤니케이션 연구, 인공지능 같은 분야를 이해할 때 필수적 요건이 될 수 있다.

■ 6.1. 담화 분석

화용론에서 '담화 분석'discourse analysis은 언어가 실제로 발화 또는 글 등의 담화에서 활용되는 상태를 연구하는 분야이다. 단일 문장의 기능이 주어진 의미 수준을 넘어 여러 문장이나 발화들이 어떤 방식으로 연결되어 의미를 구성하는지, 그리고 화자와 청자가 맥락 속에서 상호작용하며 의사소통하는 상황 등을 분석한다. 이러한 연구 범주에서는 구어, 문어는 물론 다중 양식의 의사소통을 다룬다. 담화 분석의 주요 연구 대상 내용은 다음과 같다.

a. 담화의 연결성(cohesion)

담화 범위에서 특정 사고 내용이 논리적으로 연결되는 방식을 의미한다. 구조 측면에서는 대명사, 접속사, 지시어 등을 갖춘 글로서의 일관성을 유지하며 논지를 발전시킨다. 연결의 일관성은 주제의 연속성과 논리적 전개를 통해서 이루어진다. 담화 내에서 문장과 문장이 어떻게 언어적 요소(접속사, 대명사, 반복, 대치 등)로 연결되는지 분석한다.

b. 응집성(coherence)

문장을 서로 연결하는 언어적 요소를 가리키며, 담화 전체가 하나의 주제나 의미로 논리적으로 연결되어 있는지 분석한다. 여기에는 '화자의 의도', '주제의 일관성', '전후 문맥의 관련성' 등을 고려한다. 응집성에 활용되는 장치에는 대명사 표현으로서 '대명사로서 참조', '접속사', '어휘적 연결' 등이 포함된다.

c. 담화구조와 조직(organization)

담화가 '도입', '전개', '결론' 등 어떤 구조로 이루어져 있는지, 정보가 어떤 순서로 전달되는지 분석한다.

d. 담화에서의 화행(speech acts in discourse)

언어를 통해 수행되는 행동으로서 '명령', '요청', '약속', '진술' 등을 포함한다. 담화 분석은 이러한 행위가 맥락에서 어떻게 실현되고 해석되는지를 살펴보고, 실제 담화 내에서 다양한 발화 행위 형태들을 분석한다.

e. 화자와 청자의 상호작용(interaction)

대화 중 화자와 청자가 어떻게 순서를 바꾸거나turn-taking, 화제를 전환하거나topic shift, 반응하는지 등을 분석하며, 특히 순서 바꿈에서는 화자의 일시적 멈춤, 억양, 몸짓 언어는 발화 순서 교대에 연관된 신호가 된다.

f. 맥락의 역할(context)

언어가 사용되는 물리적, 사회적, 문화적, 상황적 맥락이 담화의 의미 구성에 어떻게 작용하는지 분석

6.2. 텍스트 언어학

주로 기능에 초점을 맞추며, 여기서 텍스트는 문장 또는 발화의 일관된 연속체로서 정의된다. 텍스트 언어학Text Linguistics은 텍스트의 구조가 특정 의사소통 목적을 달성하기 위해 텍스트가 조직되는 방식을 연구한다. 개별 문장을 넘어서 여러 문장이 결합해서 하나의 '텍스트'text에서 의미를 갖춘 단위를 형성하는 방식을 연구하는 분야이다. 텍스트의 구조적 특성과 의미적 연결성, 담화적 기능이 이루어지는 과정과 방식을 분석한다. 텍스트 연구에 연관된 분야로서 다음과 같은 항목을 고려할 수 있다.

a. 텍스트 유형과 장르(text types and genres)

텍스트는 목적에 따라 다양한 유형으로서 서사문, 설명문, 논설문 등과 함께 각자 유형의 규범을 따르며, 이 장르들의 구조와 특징을 이해하기 위

한 연구를 가리킨다.

b. 담화 표지(discourse markers)

'그러나', '따라서', '게다가'와 같은 단어와 구는 표지 어휘들로써 독자나 청자가 텍스트의 논리적 흐름을 따라가도록 도움을 줄 수 있으며, 담화를 조직하는 역할을 보여준다.

c. 주제 전개(thematic progression)

텍스트에서 주제가 발전하고 변화하는 방식을 추적한다. 즉 주제의 도입, 발전, 결론 등을 포함한다. 예를 들면 과학 전문 텍스트인 논문은 일반적으로 도입, 방법, 결과, 논의의 구조를 갖추는 경향을 보인다.

d. 정보 구조(information structure)

특정 요소를 강조하기 위해 정보를 제시하는 방식으로서 여기에는 '초점', '주제-논평 구조', '주어진 정보와 새로운 정보'의 적용과 활용이 포함된다. 예를 들어서 'It is the red car that I like' 문장 표현은 결정적으로는 자동차 색깔에 초점을 맞추고 있으며, 결국 '빨강' 색이라는 특정 색깔에 초점을 맞추고 있다.

제7장

사회언어학

1 언어적 변이와 사회적 요인

언어는 사용하는 방향에 따라서 언어 사용 형태가 변모할 수 있다. 이처럼 언어적 변이가 발생하는 현상은 언어 사용자인 화자들 사이에 언어 사용에서 발견되는 차이를 의미한다. 이와 같은 변이는 화자들이 거주하는 '지역', '사회경제적 지위', '자신이 속한 민족', '성별 특성', '연령 상하', '사회적 상호 연결 현황', '언어 사용 환경적 요인' 등의 다양한 사회적 요인들에 의해 영향을 받는 결과이다.

언어적 변이 이해는 특정 언어가 사회에서 작동하는 방법과 상황을 파악하는 목적에 매우 핵심적 사안으로 볼 수 있다. 따라서 언어적 변이와 그것에 영향을 미치는 사회적 요인을 이해하면 언어와 사회의 관계 특성을 파악할 수 있다. 언어학자, 교육자, 정책 입안자들은 언어 사용의 다양성과 언어 변이 현상이 의사소통, 교육, 사회 통합에 영향을 미치는 상태를 가늠하는 방안을 제시해 준다. 그리고 언어적 변이를 분석하는 과정은 사회 그리고 사회 구성원들의 정체성, 권력, 사회적 계층화와 같은 문제 사안들을 밝혀 주고, 언어가 인간의 사회적 세계를 반영하고 형성하는 방식을 보여줄 수 있다.

■ 1.1. 지역적 변이

화자, 청자들이 거주하는 지역적 차이로부터 발생하는 언어적 변이는 방언으로 불리며 언어에 나타나는 변이의 가장 명백한 형태이다. 다른 지리적 지역에 따라서 독특한 언어 형태로 표현 방식을 확인할 수 있다. 예를 들면 미국의 동부지역과 서부지역에서는 어휘 차이를 발견할 수 있으며, 탄산음료를 가리키는 단어 표현으로 북동부에서는 'soda'라는 말을 사용하고, 중서부에서는 'pop'으로 남부에서는 'coke'를 사용한다. 동부 중심 도시 뉴욕 억양은 남부 텍사스 억양과 다른 형태로서 상호 언어적 변이를 확인할 수 있다.

1.2. 사회경제적 지위

대화자들의 '사회경제적 지위'는 언어 사용에 커다란 영향을 미칠 수 있다. 다른 사회경제적 배경을 가진 사람들은 자신들의 사회적 지위를 반영하는 방식으로 말하는 경향이 있다. 예를 들면 지위가 상위로 판단되는 사회경제적 배경 소유 화자가 표준어를 준수하는 언어 형태와 복잡한 문장 구조를 사용하는 모습을 보여준다.

그렇지만 사회경제적 배경이 노동계급에 속하는 사람들을 보면 지역 방언 중심으로 말하면서 구어체를 더 많이 사용하는 상태를 발견할 수 있다. 어휘 선택에서도 사회경제적 지위 차이가 나타나며, 이러한 상황은 구 표현 또는 문장 서술에 더 확연하게 반영되기도 한다.

1.3. 민족성

대화 참여자들의 민족적 배경이 언어적 변이 현상에 미치는 영향은 꽤 크게 나타난다. 이것은 민족에 따른 방언에서 자주 확인할 수 있다. 민족성에 따른 언어 차이는 '이중언어 사회'bilingual society 또는 '다민족 사회'multiethnic society에서 두드러진다. 그래서 한 사회 안에서 서로 다른 민족 집단은 민족 정체성을 표현하거나 소속감을 드러내기 위해서이거나 사회적 차이를 강조하는 차원에서 독특한 언어적 특징을 유지한다. 그리고 이런 차이는 발음, 억양, 어휘, 문법, 담화 전략 등 여러 영역에서 나타날 수 있다.

> (예) 미국 아프리카계 미국인(African American Vernacular English: AAVE)
> ⇢ 미국의 아프리카계 미국인 커뮤니티에서 널리 쓰이는 영어의 한 변종으로서 표준 미국영어로부터 발음, 문법, 어휘 등에서 차이를 보임.

■ 1.4. 성별

인간 여성과 남성은 말하는 방식에서 차이가 나타난다. 성별이 사람들이 이야기를 표현하는 방식에 영향을 미친다. 사회언어학 연구에 따르면 여성과 남성은 언어를 다르게 사용하는 경향이 있음을 보여주었다. 여성은 표준화된 언어 형태를 토대로 언어 표현을 사용하고, 더 공손한 표현을 사용하는 모습을 보인다.

그리고 '부가 의문문'tag question 형식처럼 일종의 꼬리 질문 방식(It's nice, isn't it?)을 통해서 문장을 구성하여 말을 좀 더 완화하여 발언하려는 특색을 보여준다. 또는 문장을 표출할 때도 한국어 경우 '일종의', '아마도' 등을 사용하며, 영어에서는 'kind of', 'maybe' 등처럼 말 내용을 부드럽게 만드는 표현을 자주 활용한다. 반면에 남성은 단호하고 표준어로부터 조금 거리가 있는 표현 형태를 사용함으로써 남성으로서의 위상, 권위를 내세우려는 사회적 기대를 말 표현 속에 반영하려는 경향이 있다.

■ 1.5. 연령

사람들의 표현을 보면, 나이의 높낮이에 따라서 표현 방법이 달라진다. 즉 언어 변이가 연령대에 따라 달라지는 모습을 보인다. 나이가 아래인 젊은 화자는 새로운 속어나 언어적 혁신을 말 표현에 수시로 포함하지만, 나이가 위인 장년, 노년 화자는 이런 측면에서 젊은 화자와의 대화를 어렵게 느낀다.

예를 들면 최근 SNS가 매우 활발하게 사용되면서 특정 웹사이트에서 젊은이들이 흔하게 사용하는 표현으로서 '라방'(라이브 방송)이라는 용어가 노년층에서 들을 때 쉽게 이해하지 못하는 모습을 보인다. 영어에서는 특정 주제를 쉽게 찾도록 도움을 주는 표식 방법으로서 '해시태그'hashtag 와 같은 용어는 주로 젊은 층에서 인기를 끌고 있다. 그렇지만 연장자 화자는 자신이 젊은 시절 인기 있었던 표현을 사용함으로써 현재 시점에서 잘 사용되지 않는 언어적 표현의 특색을 반영하기도 한다.

1.6. 사회적 네트워크

사회 내부 상호 연결 형태인 '네트워크의 구조와 특성'은 언어적 변이에 영향을 미칠 수 있다. 자신의 주변 인물들과 주로 교류하는 사람들은 가족, 친구, 동료 등과 대화를 주고받는 성향이 있으며, 이런 와중에 상호 말하기 특색으로서 '발화 패턴'을 개발한다.

이와 같은 말하기 표현 방식은 오랜 기간 제한된 교류 속에서 반복되는 과정에서 해당 집단의 언어적 특징으로 나타나고, 다른 집단과 구별하고 분리되는 일종의 기준이 된다. 그러나 다양한 사회적 네트워크를 수행하는 사람들은 제한된 언어 표현 대신에 다양한 인물들과의 교류 속에서 다양한 언어적 부류로서 일종의 주요 표현 항목인 레퍼토리를 구성할 수 있다. 이것은 다양한 언어 형태에 노출된 결과이며, 이처럼 교류 상황에 따라서 언어적 변이를 확인할 수 있다.

▄ 1.7. 언어 사용 환경적 격식

대화 형태를 관찰할 때 화자가 발화 맥락에 따라 언어 자체를 조정하면서 대화 상대와 서로 다른 스타일 또는 언어적 격식을 적용하는 모습을 확인할 수 있다. 예를 들면 취업 면접, 공식 연설 등처럼 공적인 상황에서 화자가 격식을 차린 언어를 사용하려고 노력하며, 가까운 친구들과의 편안한 대화에서는 자유롭고 평범한 표현 위주의 언어를 사용한다. 이러한 환경 변화가 결국 사회적 맥락에 변화를 일으켜서 언어 사용의 방향 결정에 영향을 미칠 수 있다.

2 방언에 대하여

사회언어학 분야에서 방언, 사회방언, 언어 사용 격식 부문은 핵심 개념으로서 언어와 지리적 위치, 언어와 사회적 계층, 언어의 상황적 맥락 활동 등에 의해 영향을 받는 언어적 변이에 관련해서 다양한 측면들을 살피는 분야이다. 일단 언어학자, 교육자, 의사소통 전문가 등이 방언, 사회방언, 언어 사용의 격식 등에 연관된 개념들을 이해하면, 언어의 풍부한 다양성을 이해하고 그 가치를 새삼 되짚어볼 수 있을 것이다.

이러한 개념들은 언어가 정체성, 연대감, 사회적 계층화를 나타내는 도구로 작용하고 영향력을 갖고 있음을 잘 보여준다. 특히 교육자들이 자신이 가르치는 학생들의 언어적 배경을 교육 과정에 반영하는 효과적인 교육 전략을 개발하는 관건이 될 수 있다. 전문적인 의사소통에서는 격식에 대한 분명한 인식이 명확성과 상대방에 대한 존중을 알맞은 수준으로 맞추어서 상호작용을 촉진하는 수단이 될 수 있다.

여기서 말하려는 중점 사안은 앞서 제시한 개념들이 언어는 단일하지 않으며, 다양한 사회적 요인에 의해 형성되는 역동적이고 다면적인 도구라는 사실이다. 이것은 언어가 사용자들의 정체성, 출신 배경, 사회에서의 역할을 반영하는 방식을 적절하게 보여주는 것이다.

2.1. 지역 방언

방언은 특정 지역이나 사회적 집단에서 사용되는 언어의 변이 형태로서 발음, 어휘, 문법 구조 등에서 차이가 나타난다. 방언은 특정 지리적 영역이나 특정 사회 집단 범주에서 발생하며, 발전하는 모습을 보인다. 예를 들어서 영국 영어, 미국 영어, 호주 영어의 경우 각각 방언들은 독특한 특징을 가진다. 영어 교육 부문에서도 이러한 방언들을 영어 훈련에 반영하기도 하고, TOEIC과 같은 공인 인증 영어 시험 문제 중 듣기 평가 부분에 지역과 연관된 영어 발음 또는 영어 어휘 등을 포함하고 있다.

미국 국내 상황을 보면, 북부 지역의 영어 표현 방식 그리고 남부 지역 영어의 표현 방식이 자주 언급되기도 한다. 예로서 'y'all' 표현은 남부 영어에서 나타나는 독특한 발음 방식으로 볼 수 있고, 뉴욕 지역에서는 'coffee'를 발음할 때 '[caw-fee]'로 발음하는 등 독특한 소리와 표현 특징을 볼 수 있다.

그렇지만 현대에 들어서는 미디어의 영향, 인구 이동, 대도시화 등으로 인해 지역 방언의 경계가 모호해지고 방언들의 특색이 상호 혼합되는 경향이 나타나고 있다. 특히 젊은 세대에서는 지역 방언의 특징이 약해지고 '일반 미국 영어'와 유사해지는 경향이 나타나고 있다. 아직은 여전히 지역의 고유한 언어적 특징은 남아 있으며, 이는 미국 문화의 다양성을 보여주는 중요한 부분이기도 하다. 다음은 미국 지역 방언의 주요 특징을 확인할 수 있는 기준들이고, 미국 영어 방언들은 지역별로 뚜렷한 차이점을 확인할 수 있다.

2.1.1. 미국 지역 방언의 주요 특징

• 발음
특정 모음이나 자음의 발음, 억양, 강세 형태가 지역마다 다르고, 특징이 분명하게 나타난다.

• 어휘
특정 지역에서만 사용되는 고유한 단어나 표현를 가리키며, 지역들의 일상생활 용어에서 두드러지게 발견된다.

• 문법
표준 영어와 비교했을 때 특정 문법 구조나 동사 형태의 사용에서 차이를 보일 수 있고, 다른 항목에 비해서 상대적으로 적게 발견된다.

2.1.2. 미국 지역 방언

a. 남부 방언
　미국 남동부 지역 중 텍사스, 조지아, 앨라배마, 미시시피, 루이지애나 등에서 사용되는 형태로서 가장 특징적인 미국 영어 억양 중 하나이다.

→ 모음을 길게 늘여서 발음하고, 때로는 이중모음화되는 경향이 있다.
(예) 'red'를 'ray-ehd'처럼 발음

　→ 'r' 소리의 비음화로서 일부 전통적인 남부 방언에서는 단어 끝이나 자음 앞의 'r' 소리가 생략되기도 한다.

b. 북부 방언

주로 시카고, 디트로이트, 버팔로 등 오대호 주변 지역에서 나타난다.

　→ 모음 발음이 연쇄적으로 이동하여 독특한 소리를 낸다.
(예) 'cat'의 'a'를 'ca-AT'처럼 길고 앞쪽에서 발음

　→ 'a' 발음이 더 넓고 평평하게 들리는 경향이 있다.
(예) 'bag', 'cash' 등

c. 뉴잉글랜드 방언

보스턴을 중심으로 미국 북동부 지역 매사추세츠, 로드아일랜드 등에서 사용되며, 영국 영어의 영향을 많이 받은 흔적이 남아 있다.

　→ R 비음화로서 단어 끝이나 자음 앞의 'r' 소리를 발음하지 않는 경향을 보인다.
(예) 'park'를 'pahk'로 그리고 'car'를 'cah'처럼 발음

d. 뉴욕시 방언

매우 독특하고 강한 억양으로 알려져 있다.

→ 'aww' 또는 'o-AH' 발음으로 나타난다.
(예) 'coffee'를 'caw-fee'처럼, 'talk'를 'tawk'처럼

→ R 비음화로서 뉴잉글랜드 방언처럼 단어 끝이나 자음 앞의 'r' 소리를 발음하지 않는다.

■ 2.2. 사회방언

특정 사회 계층이나 집단과 연관된 언어 변종을 가리켜서 '사회방언'sociolects이라고 부른다. 이와 같은 변이 현상은 화자의 사회적 배경, 교육 수준, 직업 종류, 사회경제적 지위 등이 반영되는 특징이 있다.

예를 들면 영국에서는 표준 발음을 'Received Pronunciation' 또는 줄여서 'RP'라고 명명하며, 이 발화 패턴은 전통적으로 상류층의 발화 형태를 반영하고 있고, 다른 지역에서는 노동계층 발화의 억양과 뚜렷이 다른 형태를 보인다. 뉴욕시의 경우는 특정 지역이나 커뮤니티에서 흔하게 사용되는 속어 표현이나 문법적 구조를 토대로 '사회방언'을 식별할 수 있다. 그리고 '아프리카계 미국 영어'(AAVE)는 독특한 음운적, 어휘적, 통사적 특징을 가지며 표준 미국 영어와 구별성을 보이는 대표적 예이다.

2.2.1. 사회 방언의 주요 특징

사회적 정체성 반영: 사회 방언은 해당 집단의 구성원들이 공유하는 정체성, 가치관, 생활 방식을 언어에 반영하며, 이것은 소속감을 강화하고 내부 구성원 사이 유대감 형성에 기여할 수 있다.

• 사회적 계층화

언어 사용은 사회 계층과 밀접하게 연관될 수 있으며, 특정 발음, 어휘, 문법 구조가 특정 사회 계층과 연관되어 사회적 지위를 나타내는 지표가 된다.

• 사회적 유동성

지역 방언에 비교해서 사회 방언은 개인의 사회적 이동으로서 직업 변화, 교육 수준 향상에 따라 변화할 수 있다.

• 다양한 요인

사회 방언은 단일한 요인으로만 설명되지 않고, 여러 사회적 요인들로서 나이, 성별, 직장 등 복합적 작용의 결과로 볼 수 있다.

2.2.2. 영어 사회 방언의 예시

영어권 국가로서 미국에서는 다양한 사회 방언이 존재하며, 이것은 사회언어학 연구의 중요한 대상이기도 하다.

a. 아프리카계 미국인 영어

아프리카계 미국인 공동체, 특히 노동계층에서 많이 사용되는 영어 변형이다. 역사적, 문화적 요인에 의해 발달했으며, 고유한 문법적, 음운론적 특징을 가진다.

음운적 특징: 'th' 발음의 변화로서 'think'를 'fink'로, 'this'를 'dis'로 발음
단어 끝 자음군 단순화: 'desk'를 'des'로 'hand'를 'han'으로 발음
문법적 특징: be 동사 생략으로서 'He is nice'를 'He nice'로 표현

이중 부정: 강조 표현으로 복수 부정어를 사용해서 'He don't know nothing.' 표현

b. 직업어

특정 직업이나 전문 분야에서 사용되는 고유한 어휘와 표현을 가리킨다.

의학 분야: 'STAT!' (라틴어 'statim'에서 유래이고, '즉시', '지금 당장' 응급 상황 사용
IT/기술 분야: 'Bug'는 소프트웨어 오류 표현이고, 'Bandwidth'는 네트워크 통신 용량

c. 청소년 방언

젊은 세대 사이에서 유행하는 언어로, 빠르게 변화하고 새로운 어휘나 표현이 자주 생성된다. 또래 집단 간의 유대감 형성 및 기성세대와의 차별화를 위해 사용되기도 한다.

(예)
'Cap': 거짓말, 허세 (No cap. - 진짜야, 농담 아냐.)
'Slay': 아주 멋지게 해내다, 최고다
'Glow up': 외모나 성격 등이 긍정적 변화
'Bet': 알았어, 좋아, 동의해 (확신이나 동의를 표현)

d. 성별 방언

남성과 여성이 사용하는 언어 방식에 미묘한 차이가 있음을 가리킨다.

(예)

여성은 남성보다 더 많은 'kind of', 'sort of', 'maybe' 등 '부드러운 표현'으로서 부가의문문 표현을 사용하는 경향이 있다는 연구 결과가 있다. 대화를 부드럽게 이끌고 동의를 구하는 데 초점을 맞춘다는 해석이 가능하다. 대신에 남성은 더 직설적이고, 질문보다는 사실을 진술하며, 경쟁적인 대화 양상을 보일 수 있다는 연구도 있다. 사회 방언은 언어가 단순히 지리적 경계에 갇힌 것이 아니라, 복잡한 사회적 구조 속에서 끊임없이 변화하고 적응하는 살아있는 유기체임을 보여준다.

2.2.3. 언어 사용의 격식

사회적 환경을 반영하면서 이야기를 서술하는 방식을 '언어 사용의 격식'registers이라고 하며, 이러한 용어가 가리키는 의미는 맥락, 목적, 청중에 따라 달라지는 언어 사용의 변화 양상을 가리킨다.

여기서 격식은 상황이 공식적 혹은 비공식적인지, 전문적 혹은 일상적인지 등에 따라 달라질 수 있다. 예를 들면 가까운 관계의 친구와 편안한 대화를 수행할 때 사용하는 언어 표현 방식을 보면, 직장에서 상사와 대화를 나눌 때 사용하는 언어 표현과 상당히 다른 형태를 보인다. 공식적인 격식을 보면 표현 방식에서 더욱 복잡한 문장 구조, 정확한 어휘, 공손한 어조를 포함하는 현상을 발견할 수 있다. 그리고 학술 강의에서는 기술 용어와 체계적인 논증을 포함하기 때문에 높은 수준의 공식적인 격식을 적용한다. 반면에 비공식적 격식에서는 단순한 문장 구조, 구어체 표현, 가벼운 느낌의 어조가 나타난다.

문자 메시지 내용을 보더라도 가족, 친구 사이에서는 약어와 속어 등이 많이 발견되고, 이처럼 격식을 벗어나는 형태를 흔하게 확인할 수 있다.

2.2.4. 코드 전환

표현 방식의 수월한 변경 방식은 일명 '코드 전환'code-switching이라고 부른다. 여기서 말하는 코드 전환이란 화자가 상황이나 대화 상대에 따라 다른 다양한 언어 변종을 번갈아 적용하고, 활용하는 상태를 의미한다.

이러한 형태는 언어적 유연성은 물론 표현 방식으로부터 사회적 인식 부분을 확인할 수 있다. 예를 들어서 2가지 이상의 언어를 모국어로 사용할 수 있는 이중언어를 사용자는 주제나 대화 상대에 따라 언어를 바꾸어 가면서 대화를 진행한다. 만약 영어, 스페인어 이중언어 사용자는 마주하는 사람, 자신이 처한 환경에 따라서 영어, 스페인어를 손쉽게 번갈아 사용할 수 있다. 그와 마찬가지로 사회방언 경우에서 화자가 친구와 이야기할 때 비공식적인 사회방언 변이형을 활용하다가 비즈니스 미팅처럼 공적인 상황에 들어서게 될 때 공식적인 격식 표현으로 전환하는 상황도 생각해볼 수 있다.

3 공손 표현 방안 이론

'공손 표현'이란 대화자들이 언어를 사용하여 사회적 조화를 유지하고 관계를 관리하는 방식을 탐구하려는 목적에서 제시된 개념이다. 이러한 이론은 페넬로페 브라운페넬로피 브라운Penelope Brown과 스티븐 레빈슨 Stephen Levinson에 의해 개발되었으며, 사회적 맥락에서 개인의 자아 이미지를 가리키는 '체면 face 개념을 중심으로 하고 있다. 따라서 공손 이론은 언어가 사회적 상호작용과 얼마나 복잡하게 얽혀 있는지를 보여줄 수 있으며, 이를 통해 사회적 조화를 유지하고 존중 표현을 위해 의사소통의 복잡성을 관리하는 방법을 이해할 수 있다.

공손 표현 방안 이론은 맥락, 관계 역학, 문화적 규범이 인간의 의사소통 선택에 얼마나 중요한 역할을 하는지를 잘 보여줄 수 있다.

3.1. 체면

체면은 두 가지 측면을 고려할 수 있다.

a. 긍정적 체면(positive face)
호의적이면서 존경받고, 인정받고 싶어 하는 욕구를 의미한다. 긍정적 체면은 승인 또는 포함에 연관된 사람들의 욕구를 반영한다.

b. 부정적 체면(negative face)
독립적이고, 자율적이면서 간섭을 배제하려는 욕구를 가리킨다. 부정적 체면의 핵심은 독립성과 비간섭에 대한 기본적 욕구를 반영한다.

3.2. 체면 위협 행위

발화 행위는 긍정적 체면 또는 부정적 체면을 위협할 수 있으며, 이러한 행위를 '체면 위협 행위'는 영어 표현으로 'Face-Threatening Acts' FTAs 라고 부른다. 예를 들면 요청 요건은 대상자의 자유를 제한하면서 부정적 체면을 위협할 수 있고, 비판은 승인 거부를 암시하면서 긍정적 체면에 위협을 가할 수 있다.

3.3. 공손 전략

대화 환경에서 화자는 체면 위협 행위를 완화하는 수단으로 공손 전략을 적용한다. 이에 관하여 '브라운과 레빈슨'은 4가지 주요 전략들을 제시하였다.

a. 직접적 발화(bald on-record)

체면 위협을 최소화하는 대신에 직접 의사소통하는 수행하는 방식이다. 이러한 선택의 효율성이 공손 방식보다 우선할 수 있다는 판단이 설 때 적용한다. 보통은 친한 친구 사이, 긴급한 상황 등에서 사용하는 경향이 있다.

(예) 요구 상황에서 나타나는 표현 ➜ 문 닫아!

b. 긍정적 공손(positive politeness)

청자의 긍정적 체면 욕구 충족의 전략으로서 호의적이고 소중히 여겨진다는 느낌을 전해준다. 여기에는 칭찬, 친근함, 낙관적 표현 등이 포함된다.

(예) 너 정말 잘하잖아. 이 일을 도와줄 수 있어?

c. 부정적 공손(negative politeness)

청자의 부정적 체면 욕구를 존중하려는 전략이며, 화자와 청자들이 자유롭게 행동할 권리를 인정하는 방식이다. 사과, 간접적인 언어, 완화 표현 등을 포함하고 있다.

(예) 귀찮게 해서 죄송한데, 문 좀 닫아주시겠어요?

d. 암시적 발화(off-record)

의도를 직접 방법으로 표현하는 대신 상대방에게 해석의 여지를 남기는 간접적 전략을 가리킨다. 이때 화자는 청자가 의미를 추론하도록 여지를 둔다.

(예) 다른 사람이 문을 닫아야 한다는 것을 암시 ➡ 여기 좀 춥네요.

■ 3.4. 공손 전략에 영향을 미치는 요인

공손 전략 선택에 영향을 미치는 다양한 요인이 고려될 수 있다.

a. 사회적 거리(scial distance)

화자와 청자 사이의 관계로서 사회적 거리가 클수록 높은 수준의 공손함이 필요하다.

b. 권력 역학(power dynamics)

상대적 지위 관계에서 상사와 대화에서 동료와 대화보다 높은 공손 방식이 필요하다.

c. 부담의 정도(rank of imposition)

요청이나 발언 등이 부담으로 인식되는 정도이며, 부담이 클수록 더 많은 공손함이 필요하다.

3.5. 문화적 차이

문화 환경에 따라서 공손 전략이 달라져야 한다. 하나의 특정 문화에서 공손하다고 여겨지는 상황 또는 표현 등이 다른 문화에서는 그렇지 않을 수 있다. 예를 들면 동아시아 문화에서는 간접적 표현과 겸손이 중요하게 여겨지지만, 서양 문화에서는 대체로 직설적 표현과 정직함이 더 가치 방법으로 받아들일 수 있다.

3.6. 실용적 응용

공손 이론은 다양한 분야에서 실용적으로 적용될 수 있다.

a. 의사소통: 대인 관계 기술을 향상시키면서 오해를 감소시킨다.
b. 비즈니스: 고객 관계와 전문적인 상호작용을 개선할 수 있다.
c. 교육: 교사가 학생들과 효과적으로 소통하는 방식으로서 효과가 증대된다.
d. 문화 사이 상호작용: 다양한 문화 커뮤니티 사이에서 이해와 존중을 촉진한다.

4. 언어 접촉과 다중언어 사용

언어 접촉과 다중언어 사용은 사회언어학 관점으로 볼 때 중요한 연구 영역들로서 화자들이 서로 다른 언어를 사용할 때 언어가 상호작용하는 측면들을 탐구한다.

일단 언어 접촉과 다중언어 사용을 이해하면 언어의 역동성과 함께 언어가 사회적 정체성과 결속에 미치는 역할을 확인할 수 있다. 이와 같은 개념에 대한 검토와 확인 결과들은 상호 연결이 점점 늘고 있는 세계 범주에서 언어적 다양성의 중요성과 다중언어 능력이 중요한 요소임을 입증하며, 이에 대한 지원과 육성에 특별한 관심이 필요하다.

■ 4.1. 언어 접촉

다른 언어를 사용하는 화자들이 서로 정기적으로 접촉하면서 상호적 역할이 나타나면 '언어 접촉'language contact 상황이 발생한다. 무역 행위, 지역 이주, 식민지화 과정, 사회적 통합 등이 여기에 해당하고, 다양한 언어적 결과를 초래할 수 있으며, 이에 연관된 결과들은 다음과 같다.

a. 차용(borrowing)

특정 언어가 다른 언어의 어휘, 구절 그리고 문장 표현의 구조를 수용하는 현상이다. 영어 역사를 살펴보면 약 5세기부터 현재까지 라틴어, 프랑스어, 독일어 등에서 광범위하게 어휘들을 차용한 상황을 확인할 수 있다. 예로서 고전무용을 가리키는 'ballet'는 원래 프랑스어 어'휘'이며, 유치원을 의미하는 어휘 'kindergarten'는 독일어 어'원'이다.

b. 코드 전환(code-switching)

대화나 문장에서 두 개 이상의 언어를 번갈아 사용하는 상태를 가리킨다. 다중언어를 사용하는 사회공동체에서 흔하게 볼 수 있다. 예를 들면 스페인어와 영어를 사용하는 화자들이 하나의 문장 내부에 영어, 스페인어 표현을 동시에 포함하는 경우로서 'I will call you después' (나중에 제가 연락드리죠) 표현에서 이해할 수 있다.

c. 피진 그리고 크리올(pidgins and creoles)

피진은 다른 모국어를 사용하는 화자들 사이에서 의사소통 수단으로 발전한 대화 목적의 효율성을 위해 고안된 '단순화 언어 표현 방식'를 의미한다. 여기서 피진 형식을 신생아가 모국어로서 습득하면서 특정 공동체의 모국어로 자리 잡으며 문법이 복잡해지고, 어휘가 다양해지는 상황이 발생한다. 이처럼 언어 발전이 발생하면, 해당 언어를 가리켜서 크리올이라고 한다. 예로서 프랑스를 기반으로 발전한 '아이티 크리올'Haitian Creole을 생각해 볼 수 있다.

d. 언어 전환(language shift)

하나의 공동체가 사회적 또는 경제적 압력으로 말미암아서 자체 모국어를 점차 저버리고 다른 언어로 전환하는 현상을 가리킨다. 이것은 언어 소멸 또는 멸종으로 이어질 수 있다.

e. 다중언어 사용(multilingualism)

다중언어란 두 개 이상의 언어를 능숙하게 사용하는 능력을 가리킨다. 개인적 또는 사회적 차원에서 나타날 수 있으며, 국경이 가깝게 맞닿아 있는 유럽에서 두 개 이상의 언어를 모국어로 사용하는 다중언어 사용자들을 흔하게 발견할 수 있다.

f. 개인적 다중언어 사용(individual multilingualism)

가정, 학교, 지역 사회에서 여러 언어에 노출되면서 해당 언어들을 수월하게 사용하게 된다. 이러한 상황에서는 인지적 유연성, 문제 해결 능력, 문화적 인식을 강화를 기대할 수 있다.

g. 사회적 다중언어 사용(societal multilingualism)
하나의 공동체나 국가 내부에서 여러 언어를 사용하는 상황을 가리킨다. 예로서 스위스를 보면 독일어, 프랑스어, 이탈리아어, 로만슈어의 네 가지 언어를 공식적으로 인정한다. 이러한 맥락에서 포용성 및 의사소통 촉진을 위해서는 적합한 언어 정책과 효과적인 교육 시스템이 다중언어 사용을 지원할 수 있다.

4.2. 다중언어 사용의 장점

a. 인지적 장점
다중언어 사용자는 행동 수행 제어, 기억력, 멀티태스킹 작업 능력에서 탁월성을 확인할 수 있다. 여러 관련 연구에 의하면 다중언어 사용은 인지적 퇴화를 지연시킬 수 있어서 두뇌 노화 '치매' 등 인지 능력 훼손 방어에 효율적일 수도 있다.

b. 문화적 인식
다중언어 사용을 통해서 다양한 문화를 광범위하게 이해하고 존중하는 태도를 지향할 수 있다. 이러한 성향은 여러 언어 활용을 바탕으로 상호 공감을 촉진하고 특정 언어로 인한 민족 중심주의적 배타심을 감소시킬 수 있다.

c. 경제적 기회
일단 다수 언어에 능숙해지면 최근 글로벌시대의 노동 시장 지출이 편리해지고, 다른 언어를 사용하는 국가들 사이의 외교, 언어 사이의 번역, 국제 비즈니스 활동 등과 같은 분야들에서 경력을 축적하는 기회 확대를 기대할 수 있다.

■ 4.3. 다중언어 사용의 도전

a. 언어 유지(language maintenance)

여러 언어에 숙달하고 수준을 유지하려면 꾸준한 사용과 연습이 필수적이다. 이것은 단일언어 사회에서 소수 언어를 사용하는 사람들에게는 상당한 난관이 될 수 있다.

b. 교육 시스템(educational systems)

다양한 언어적 배경을 수용하려면 언어 자체에 연관된 맞춤형 커리큘럼과 적합한 교수 방법이 고려되어야 하며, 다중언어 지원 교육 시스템의 설계가 반드시 전제되어야 한다. 다만 앞서 말한 교육적 시스템 및 지원 방책들은 그 자체가 매우 복잡한 작업이라는 점을 명심해야 할 것이다.

5 언어 계획과 정책

여기서 다룰 핵심은 특정 공동체나 특정 국가 내에서 언어 사용과 발전에 영향을 미치기 위한 의도적인 노력이라고 볼 수 있다. 이와 같은 노력의 시도는 먼저 언어적 문제를 해결하고, 차후 언어적 다양성을 촉진하며, 결과적으로는 다중언어 사회에서 효과적인 의사소통의 지원을 목표로 하고 있다.

언어 계획과 정책을 제대로 이해하면 언어적 다양성을 관리하고 공정한 의사소통을 촉진하려는 노력을 인식할 수 있다. 이러한 상황에서 언어적 도전을 해결할 수 있으며, 아울러 다중언어 사회에서 통합적 환경을 육성하는 전략적 계획의 중요성을 분명하게 이해할 수 있다.

5.1. 언어 계획

언어에서 발생할 수 있는 문제를 해결하고 언어 발전을 촉진하기 위한 전략과 행동을 개발하는 시도를 포함하며, 관련된 주요 유형은 다음과 같다.

a. 지위 계획(status planning)

언어의 사회적 기능 그리고 규칙 변화에 중점을 둔다. 특정한 언어에 공식 지위를 부여하고, 정부, 교육, 공공 생활 등에서 사용하는 방안에 관한 결정 과정을 포함한다. 예를 들면 남아프리카 공화국에서는 흑인의 공적 자유를 제한하였던 '아파르트헤이트' 정책 이후 11개에 해당하는 공용어를 인정하였고, 국가 구성원들에 대한 포용성과 평등성을 촉진하는 정책을 입안하였다.

b. 언어 내용 계획(corpus planning)

언어 자체를 개발하고 개혁하는 방식을 다루며, 여기에는 철자법 표준화, 새로운 어휘 개발, 문해력 증진 방안들을 포함한다. 예를 들면 히브리어의 현대화는 현대 개념을 나타내는 새로운 단어를 창안하고, 부활시킨 구어로 자리 잡게 한 사례에 해당된다.

c. 습득 계획(acquisition planning)
 언어 교육과 학습에 중점을 두며, 언어 교육 정책 시행, 커리큘럼 개발, 이중언어 또는 다중언어 사용을 촉진하는 방식을 포함한다. 예를 들면 캐나다의 이중언어 교육 정책은 영어와 프랑스어 모두에 능숙하도록 보장하는 방안을 목표로 하고 있다.

5.2. 언어 정책

 언어 정책은 언어 사용을 규제하는 공식 규정과 관행을 말한다. 이러한 정책은 법적 문서나 공식 성명 등 명시적 형태로 나타나거나 사회적 규범과 관행에 반영된 암묵적 형태를 취하기도 한다. 효과적인 언어 정책은 언어적 다양성을 고려하며, 다양한 언어적 필요와 권리의 균형적 조율 목표에 기초하고 있다.

5.3. 계획과 정책의 목표

a. 소수 언어 보존
 소멸 위기에 처한 언어를 보호하고, 교육과 미디어에서 사용을 촉진하여 언어 멸종을 방지하기 위해 노력한다. 예로서 뉴질랜드에서는 교육과 미디어 방식을 토대로 지역 원주민 언어 '마오리어'의 부활을 지원한다.

b. 국가 정체성 촉진

언어를 사용하여 국가적 통합과 정체성을 강화하려는 시도이다. 예를 들면 인도네시아에서는 다양한 언어 집단들의 통합 방안으로서 국가 언어인 '바하사 인도네시아'bahasa indonesia 언어를 홍보하였다.

c. 의사소통 촉진

다중언어 사회에서는 효과적인 의사소통 지원 방책으로서 언어 정책을 보장한다. 예를 들면 인도에서는 영어를 링구아 프랑카로 홍보하여 다양한 언어 집단 사이의 의사소통을 촉진한다.

d. 사회적 평등 증진

언어와 관련된 불평등을 해결하고 모든 언어의 사용자들이 자원과 기회에 접근할 수 있는 권리를 보장한다. 예를 들면 핀란드의 언어 정책은 핀란드어와 스웨덴어로 서비스를 제공함으로써 이중언어 사용과 언어들 사이의 평등성을 지원한다.

■ 5.4. 언어 계획과 정책의 과제

a. 언어적 다양성과 통합의 균형

정책 입안자는 통합을 위해서 국가 수준의 언어 홍보와 소수 언어 보호 과정을 균형 있게 유지해야 한다. 이것은 방대한 언어적 다양성 지닌 다중언어 국가에서 특히 어려운 과제이다.

b. 효과적인 정책 시행

언어 정책을 실질적인 행동으로 전환하고 해당 정책을 준수하도록 만드는 과정은 쉽지 않은 과업이다. 특히 교육, 미디어, 정부 등 여러 부문들 사이의 조정이 전제되어야 한다.

c. 정치적 및 사회적 고려 사항

언어 정책은 정치적, 사회적 요인의 영향을 받을 수 있다. 이것은 정책 개발과 시행을 복잡하게 만들기도 한다. 예로서 벨기에 정부의 언어 정책을 보면 네덜란드어를 사용하는 플랑드르와 프랑스어를 사용하는 왈로니아 사이에 정말로 복잡한 언어적, 정치적 환경을 반영하고 있는 상태를 확인할 수 있다.

▰ 5.5. 언어 정책 시행 사례 연구로서 싱가포르의 언어 정책

다양한 언어 보유 국가로서 싱가포르의 언어 정책은 효과적인 언어 계획 및 정책 수행의 예를 잘 보여준다. 이 나라는 영어를 공용 언어인 링구아 프랑카로 설정하고, 다수민족들의 모국어인 중국어, 말레이어, 타밀어 등을 문화유산 보존의 목적으로 홍보하고 있으며, 이중언어 사용을 촉진하는 정책을 적용하고 있다. 이러한 정책은 다수 민족 사이에서 국가적 통합, 경제 발전, 문화적 다양성을 함께 지원하고 있다.

제8장

심리언어학

1 아동의 언어 습득

아동의 언어 습득은 출생 직후부터 시작되는 복잡하고 흥미로운 과정으로서 초기 유아기에 급속히 발전하는 양상을 보여준다. 아동의 언어 습득 방식을 이해하려면 습득 과정들을 거치게 될 단계들과 습득에 연관된 인지적 메커니즘을 알아야 하고, 더불어서 언어적 발달에 영향을 미치게 될 환경적 요인 등의 검토와 탐구가 필요하다. 위 내용을 다시 정리하면 아동의 언어 습득은 선천적 능력과 환경적 요인의 양쪽으로부터 영향을 받는 역동적이고 다면적인 과정이라고 말할 수 있다.

언어 습득 부분에서 발달 단계, 인지적 메커니즘, 사회적 상호작용의 역할을 이해한다면 아이가 의사소통을 배우는 방법과 함께 연관된 사안에 관해서 통찰하는 기회를 획득할 수 있다. 여기서 확보된 지식은 부모, 교육자, 아동 발달에 관여하는 모든 사람에게 중요한 단서가 되면서 아울러 아이 언어 습득에 지원과 풍요로운 언어 환경 조성에 핵심적인 요인으로서 역할을 기대할 수 있다

■ 1.1. 언어 습득 단계

a. 언어 접촉 이전 단계(0~12 개월)

아기가 언어를 접하기 시작하는 초기 언어 단계로서 아이가 12개월 이내 상황에 놓인 신생아는 태어날 때부터 언어와 연관된 소리에 민감한 반응을 나타낸다. 탄생 후 약 2개월쯤에 모음과 유사한 소리를 내기 시작하고, 입술을 오물거리면서 소리를 발생시키는 '옹알이'를 시작한다. 그 후 6개월

에 도달하면 자음과 모음을 결합하기 시작하면서 'bababa' 같은 소리를 발성한다. 이러한 단계는 발화를 위한 운동 기술을 개발이 가장 중요하다고 볼 수 있다.

b. 한 단어 단계(12~18개월)

생후 1년 정도 지난 시점에 아이는 일종의 '홀로프레이즈'holophrases라 불리는 단어 하나로써 전체 문장 표현을 시작한다. 예를 들면 '우유'라는 표현을 통해 '우유를 주세요' 또는 '여기에 우유가 있어요'를 의미하기도 한다. 이러한 단계는 어휘 습득의 시작을 알려주는 것으로 생각할 수 있다.

c. 두 단어 단계(18~24개월)

아이들이 비로소 단어를 합쳐서 의미를 전달하기 시작하는 단계로서 '과자 줘' 또는 '큰 집' 등처럼 두 가지 단어를 결합하여 간단한 문장을 형성하기 시작한다. 이와 같은 발화 형태는 기본적 통사적 규칙을 따르고 이를 통해 문법에 대한 초기 이해 모습을 보인다.

d. 전보문 형식의 발화 단계(24~30개월)

이 시기에 이른 아이는 더 복잡한 발화를 생성하며, '아빠 회사 가'와 같은 불필요한 단어들이 생략된 전보문 형식의 문장을 사용하기 시작한다. 이 단계에서 복수형 그리고 단순 동사 활용과 같은 문법 요소가 점차로 사용되기 시작한다.

e. 복잡한 문장 단계(30개월 이상)

시간이 지나면서 아이의 문장 구조가 점점 복잡하면서 문법적으로 정확한 모습을 가지기 시작한다. 그리고 접속사, 의문사 등과 함께 다양한 동사 시제 형태가 나타나고, 3세까지는 관계절과 고급 수준의 문장 구조가 포함된 표현을 형성한다.

■ 1.2. 언어 습득의 인지적 메커니즘

다음에 언어를 습득할 때 작동하는 언어 습득 도구에 대해서 간략하게 설명하려고 한다. 최근 언어학 이론에서는 인간이 언어 능력 발휘를 위한 기본으로 언어의 선천적 능력을 소유하고 있다고 전제하고 있다. 따라서 아이 탄생 이후 언어를 습득하는 과정에서 주어진 언어의 본능적 능력으로서 역할을 담당하는 요인들에 관해서 살펴보아야 할 것이다.

a. 선천적 언어 능력(innate language faculty)

이에 해당하는 개념 설정의 주역으로서 노엄 촘스키Noam Chomsky는 인간이 선천적으로 언어 규칙을 학습할 수 있는 '보편 문법' 요소를 갖고 태어난다는 이론을 제시하였다. 현대 언어학 이론의 주축으로서 이와 같은 관점은 아동이 언어라면 종류를 불문하고 해당 언어의 문법 규칙을 습득할 수 있다는 내재적 능력의 소유를 시사하고 있다고 볼 수 있다.

b. 결정적 시기 가설(critical period hypothesis)

여기서 말하는 요점은 언어 습득에 최적의 시기와 함께 정해진 시간을 고려해야 한다는 사안일 것이다. 이러한 시기는 대체로 아이가 출생한 이후부터 사춘기 나이 정도까지를 가리킨다. 주어진 기간 동안 아이는 성장기 중 어떤 시기보다 언어를 수월하게 그리고 완전하게 습득할 수 있다. 아이가 이 시기를 지난 이후에는 동일한 수준으로 언어를 습득하는 시도가 상당한 난관에 봉착할 수 있다.

c. 통계적 학습(statistical learning)

아이가 자신이 들었던 언어 안에서 특정 형태로서 언어적 패턴을 감지하려면 무의식적으로 통계적 학습을 활용하는 상태를 의미한다. 이것은 빈도수가 높게 자주 함께 출현하는 소리와 단어를 인식하면서 단어와 문법 구조를 파악하는 과정에 큰 도움이 될 수 있다.

d. 모방과 강화(imitation and reinforcement)

인간은 언어 측면에서 선천적 능력을 소유하고 있으나 주변에서 듣고 있는 말들을 모방하고, 자신을 돌보는 부모, 보모 등 양육자로부터 조정 단계 역할을 보이는 다수의 피드백을 받으면서 언어 기술 발전을 도모한다.

■ 1.3. 언어 습득에 영향을 미치는 환경적 요인

언어 학습에 선천적 능력이 결정적 역할을 보이는 것이 당연한 일이지만, 아이가 성장하면서 언어 발달은 주변 상황에 따라 상당한 영향을 받을 수 있다. 여기서는 앞서 언급한 환경 요인 중 영향력이 강한 요인들에 관해서 살펴보려고 한다.

a. 부모, 보모 등 양육자와의 상호작용

양육자와 빈번하고 의미 있는 상호작용은 언어 발달에 중요하다. 양육자는 높은 음조, 느린 발화 속도, 약간 과장된 억양 등을 활용해서 '아동 지향적 말투'를 자연스럽게 사용하고, 이러한 말투를 통해서 아동의 주의를 끌고 그들의 언어 학습을 돕는다.

b. 사회적 상호작용

아이 자신의 나이와 비슷한 또래 혹은 다른 성인과의 상호작용도 언어 습득에 중요한 역할을 할 수 있다. 여기서 말하는 상호작용은 다양한 언어적 입력 기회를 확대하고 대화 기술을 연습할 기회를 제공하기도 한다.

c. 언어 노출

언어 입력에서 발생하는 양적 측면과 질적 측면은 언어 습득에 큰 영향을 미친다. 풍부하고 다양한 언어 환경에 노출된 아동의 경우 더욱 강력한 언어 기술을 발달시키는 경향을 보여주는 결과를 확인할 수 있다.

d. 이중언어 사용

어린 시절 여러 언어에 노출된 아이는 두 가지 이상의 언어 모두에 능숙해질 수 있다. 이러한 아이는 언어적 실행에 대한 제어와 정신적 유연성 향상 모습을 보인다. 이러한 사항들은 바로 아이의 인지적 발달에 긍정적 영향을 미친다. 그리고 노출의 양과 언어들이 사용되는 맥락 등이 해당 언어들에 관련된 숙달 수준에 영향을 미칠 수 있다.

2   제2 언어 습득

언어 습득을 말할 때 제2 언어 관련된 내용은 모국어 이외에 또 다른 언어를 배우는 과정을 검토하고 연구하는 영역을 가리킨다. 여기서 학습자가 새로운 언어를 학습하는 능력을 확인하면서 주변적 영향 요인들을 명확하게 밝히는 과정이 중요하다. 그리고 영향에 관련된 다양한 요소에는 인지적, 사회적, 언어적 요인 등을 고려할 수 있다.

제2 언어 습득을 제대로 이해할 수 있으면, 교육자와 학습자가 언어 학습에 접근하는 방법들을 정확하게 이해할 수 있고, 더 나아가서 언어 학습 방안에 관해서 최적의 방안 확보를 기대할 수 있다. 그리고 제2 언어 습득의 요인과 도전 목표를 정확하게 인식하고 효과적인 전략을 적용한다면 학습자는 언어 능력을 효과적으로 향상할 수 있으며, 소기의 학습 목표를 달성할 수 있다. 이러한 과정은 언어 학습의 복잡성과 인간 의사소통의 본질을 명확하게 이해하는 과정을 정확하게 통찰하는 방향을 제공할 것이다.

■ 2.1. 제2 언어 습득의 단계

언어 학습을 통해 특정 수준까지 다다르는 과정은 몇 가지 단계로 분리해서 생각할 수 있다. 다음은 이에 연관되는 항목들을 제시하는 내용이다.

a. 준비 단계(pre-production, 침묵기)

학습자가 초기 새로운 언어를 마주할 때는 그 언어를 이해하는 목표로 인해서 정작 발화 시도를 거의 보이지 않을 수 있다. 우선 듣기 그리고 어휘, 문법 구조의 흡수에 집중하게 된다. 이러한 단계에서 때로는 제스처와 비언어적 의사소통 수단을 활용할 수도 있다.

b. 초기 생산 단계(early production)

학습자가 학습하는 언어 표현 중 단순한 단어와 구 표현을 생성하기 시작한다. 때로는 자신이 암기한 언어 표현을 사용하지만, 빈번하게 실수를 범하기도 한다.

예) I go school. (I go to the school ➜ 전치사 'to' 관사 'the' 누락)

c. 발화 출현 단계(speech emergence)

어휘 양적 확장이 일어나고, 단순한 문장을 구성하면서 기본적인 대화 수행이 가능하다. 좀 더 복잡한 표현을 이해하지만, 표현 발화에서 여전히 실수가 발견된다.

d. 중간 유창성 단계(intermediate fluency)

학습자는 복잡한 문장을 생산하고, 문법을 잘 다루게 된다. 긴 대화를 나눌 수 있고, 의견을 표현하며, 관용구 의미와 용도를 이해한다. 표현 내용 중 실수가 드물어지고, 의미 전달 내용이 훨씬 미묘한 수준을 보인다.

e. 고급 유창성 단계(advanced fluency)

원어민 수준 정도의 언어적 능숙도를 달성한 단계이다. 실수는 희소하고 사소한 정도에 그친다. 복잡한 언어 구조를 이해하며, 유사한 표현의 생산이 가능하다. 더 나아가서 상세한 내용을 토대로 토론 진행에 참여할 수 있다.

2.2. 제2 언어 습득에 미치는 영향 요인들

a. 연령(age)

나이가 적을수록 학습자는 발음에서 원어민과 유사한 능숙도를 쉽게 달성하는 경향이 있다. 이런 현상은 '결정적 시기 가설'과 관련되며, 언어 학습에는 최적의 시기가 존재한다고 사실을 제안한다고 볼 수 있다. 그렇지만 성인은 자신의 인지 능력 덕분으로 문법과 어휘 부분에서 뛰어난 성과를 낼 수 있다.

b. 동기(motivation)

외국어 습득에서는 학습자의 동기가 중요한 역할을 보일 수 있다. 학습자가 언어 사용 공동체에 통합되고 싶어 하는 욕구를 가리키는 '통합적 동기' 그리고 취업처럼 실질적 이익 도모에 연관된 '도구적 동기' 모두 언어 학습을 촉진한다. 학습에 대해서 동기가 높은 학습자는 언어 습득에 노력을 더 많이 기울이며, 어려움을 극복하려는 의지 때문에 학습을 완수할 가능성이 높다.

c. 노출(exposure)

언어 습득을 위해서는 배우려는 '목표 언어'에 정기적으로 노출되어야 한다. 이러한 환경을 가리키는 '몰입 환경'은 학습자가 언어 습득 향상을 기대할 수 있는 상황을 의미한다. 언어에 대한 접촉 부분은 교실 수업, 미디어 접촉, 사회적 상호작용 등이 언어 노출에 기여할 수 있다.

d. 학습 전략(learning strategies)

제2 언어 학습의 성공을 위해서는 적절한 전략을 모색해야 한다. 다음에 제시되는 내용은 전략에 관련된 부류를 제시하고 있다.

- 인지 전략(cognitive strategies)
  → 반복, 요약, 기억술 사용

- 메타인지 전략(metacognitive strategies)
  → 계획, 학습 과정 모니터링 및 평가

- 사회적 전략(social strategies)
  → 원어민과 상호작용하고 실제 상황에서 연습

■ 2.3. 제2 언어 습득의 도전 과제

외국어 언어 습득의 성공적 완성을 위해서는 몇 가지 어려운 문제를 풀어가는 노력이 필요하다. 다음 항목들의 언어 습득 완수를 위한 도전 과제들을 제시하고 있다.

a. 모국어 간섭(interference from the first language)
학습자는 종종 모국어의 규칙과 구조를 새로운 언어로 적용하는 과정에서 표현 실수를 유발한다. 이러한 실수로 말미암아 대화 수행에 어려움을 겪을 수 있다.

예) I have 20 years. → 스페인어 화자가 'I am 20 years old'를 직역하면서 범하는 오류

b. 고착화(fossilization)
학습자 중에 특정 언어 오류가 지속해서 노출되고, 비록 연습하여도 잘못된 표현이 굳어지는 고착 현상으로 인해서 오류들을 교정하기 어려운 상태에 놓일 수 있다.

c. 불안(anxiety)

언어 학습 과정에서 나타나는 정서적 불안감으로 실수를 두려워하거나 외국어 수행 자체를 피하려는 자의식을 가질 수 있다. 이것은 학습 진행을 북돋우는 학습 환경이 문제 상황 완화에 도움을 준다.

2.4. 제2 언어 습득 이론

모국어 이외 언어를 습득하는 과정을 검토하고 연구하는 과정에서 대표적인 이론들이 제시되었다. 다음은 해당하는 이론들을 선별하고 정리한 내용이다.

a. 행동주의 이론(behaviorist theory)

학습 방식으로서 모방, 연습, 강화에 중점을 두어야 한다고 보는 관점이다. 이 이론에서는 언어 학습을 올바른 언어 사용이 강화되는 습관 형성으로서 간주한다.

b. 생득주의 이론(innatist theory)

언어 학습에 대한 선천적 능력 부분의 중요성을 제안한다. 근대 언어학자 노엄 촘스키가 제창한 이론이며, 학습자가 '보편 문법'(Universal Grammar)을 사용하여 제2 언어를 습득한다고 주장하고 있다.

c. 상호작용주의 이론(interactionist theory)

언어 학습에서 사회적 상호작용의 역할의 중요성을 강조한다. 학습자는 다른 사람과의 의미 있는 의사소통을 통해서 목표 언어를 이해하고 생산하는 수준에 이른다고 보고 있다.

d. 사회문화적 이론(sociocultural theory)

문화적 맥락과 사회적 상호작용의 중요성을 강조한다. 이 이론에서 언급하는 '근접발달영역' 개념은 더 숙련된 사람들의 지도와 지원을 전제할 때 학습자가 더 나은 언어 학습 결과를 얻는다고 보고 있다.

3 언어 처리

언어 처리에는 청각적 또는 시각적 입력부터 해당 입력 사안의 이해까지 여러 단계를 고려할 수 있다. 다음 사항들은 언어 처리 과정에서 연관된 역할 담당 항목들이다.

a. 음운 처리

두뇌가 소리 또는 글자를 인식하고 언어적 단위로 식별하는 초기 단계를 가리킨다. 음성 중심 구어에서 가장 작은 소리 단위인 '음소'를 인식하며, 글자 중심 문어에서 가장 작은 문자 단위 '글자소'grapheme를 인식한다.

b. 어휘 접근

두뇌가 개인이 알고 있는 모든 단어를 저장한 두뇌 속 사전으로서 '정신적 사전'mental lexicon에서 단어를 검색하는 단계이다. 이 과정에서 소리나 글자를 관련된 의미와 문법적 속성에 연결한다.

c. 통사 분석

　두뇌에서 입력 단어를 문법적 구조로 배열한다. 이 과정에서 문법적으로 주어, 동사, 목적어 등 단어의 역할을 식별하고 일관된 문장 구조를 형성한다. 이러한 과정 완수를 위해서 단어 사이의 관계를 이해하고, 의미 전달 완성도가 높은 문장 구조를 구성한다.

d. 의미 처리

　문장에서 핵심 의미를 도출하는 단계이다. 여기에는 통사 구조와 개별 단어의 의미를 통합하면서 전체 메시지의 이해 과정을 포함된다. 이 단계는 단어 의미에 기초하는 문자 그대로의 의미 확인과 문장 내부로부터 짚어 내야 할 암시적 의미 모두가 포함된다.

4 언어 생성

　언어를 두고 생성을 말할 때는 사고 내용 그리고 아이디어를 토대로 일관된 말이나 글을 생산하는 과정을 의미한다. 여기에는 다음의 단계들을 생각할 수 있다.

a. 개념화

　언어 화자가 전달하는 메시지를 결정하는 단계를 의미한다. 이러한 과정에서는 관련 정보를 선택해야 하고 해당 정보를 논리적 단계에 따라서 조직해야 한다.

b. 형식화

두뇌가 개념 메시지를 언어 형태로 변환한다. 정해진 개념에 맞추어서 적절한 단어를 선택하는 '어휘 선택'을 수행하고 단어들을 문법적으로 구성하는 '통사적 기획'을 반영해서 올바른 문장을 구축한다.

c. 발화

두뇌가 신체 음성 기관을 조종하여 말소리를 생성하기 위해 연관 근육 구조에 신경 회로를 기반으로 신호를 보낸다. 이 단계에서 입술, 혀, 성대, 폐 등 다양한 호흡 기관들을 중심으로 단어 발음을 수행한다. 소리가 아닌 글로 표식하는 글쓰기는 글자를 손으로 적거나 컴퓨터에서는 키보드를 사용하는 운동 기술 조작도 여기에 포함된다.

d. 자기 모니터링

화자가 직접 생성한 말의 적합성을 확인한다. 생산된 말 구성에 오류가 있는지 짚어보는 모니터링을 시행하고, 필요할 때는 수정 작업을 첨가한다. 이것은 청각적 감각 또는 기타 감각적 입력과 내부 모니터링 사고 과정들을 통한 실시간 피드백을 확인 수단으로 포함한다.

5 상호 연결성

언어 처리 그리고 언어 생성은 서로 밀접하게 연결된다. 효율적 의사소통은 언어 처리 등을 통한 이해 과정과 필요한 발화 구조를 직접 생성하는 과정 사이의 원활한 상호 전환 수행이 필수적임을 알아야 한다.

즉 두 사람이 대화 중에 상대방이 생성한 표현을 신속하게 처리하면서 내용 파악으로서 이해 과정의 완수 이후에 대화 응대를 위해 적절한 응답을 즉각적으로 구상하고 생성해야 한다. 이러한 과정들의 단계적 전환 능력을 담보할 수 있어야만 비로소 자연스러운 대화를 완성할 수 있다.

6 신경학 기초 이해

앞에서 제기한 언어 처리 및 언어 생성 과정들은 두뇌에서 여러 영역을 포함한다. 특히 양편 두뇌 구조 중 좌뇌가 언어에서 중요한 역할을 담당한다. 이 영역들은 두뇌 다른 부위들과 함께 복잡한 언어 기능을 지원하는 연결 체계로서 네트워크를 형성한다.

- 브로카 영역
  언어 생산과 관련된 부분이다.

- 베르니케 영역

　언어 이해와 관련된 부분이다.

　언어 처리 및 언어 생성을 이해함으로써 언어 장애를 식별하고 치료 방법을 탐구하는 단서를 찾을 수 있다. 또한 의사소통 전략을 개선하고 음성 인식 또는 언어 번역 시스템 등의 기술 개발에 도움을 준다. 이러한 지식은 언어를 관리하는 인간 두뇌의 놀라운 능력을 확연하게 보여줄 수 있다.

6.1. 신경언어학과 언어 장애

　우선 신경언어학 분야는 인간 두뇌가 언어를 처리하고 생산하는 방식을 연구하는 학문 분야로서 이해할 수 있다. 여기에는 언어학, 심리학, 신경과학의 통찰 등이 통합되며, 언어의 능력에 연관된 신경 기반 구조로서 '신경적 기제'에 관련된 파악 핵심 목표이다. 신경언어학 분야는 언어 장애 현상들을 규명하고, 이러한 결과를 토대로 관련된 증상을 진단하며, 적절한 치료 방법을 찾아가는 분야로 정리할 수 있다.

6.2. 언어와 관련된 두뇌 영역

언어 처리 연관 주요 두뇌 영역들은 다음과 같다.

a. 브로카 영역

　두뇌 좌측 전두엽에 위치하고, 발화와 문법 처리 담당 부위이다. 브로카 영역에 손상이 발생하면, 언어 발화가 불가능해지는 '브로카 실어증'이 발생한다. 일단 말의 속도가 느려지고 계속해서 말이 끊기는 말투가 나타나면서 문법적 어려움을 겪게 된다. 그러나 언어를 이해하는 능력은 생산에 비해 상대적으로 유지된다.

b. 베르니케 영역

두뇌 좌측에서 측두엽 부분에 위치하고, 언어 입력 작동에 관여하여 내용 이해 역할 수행을 맡고 있다. 일단 베르니케 영역이 손상되면, '베르니케 실어증'이 나타난다. 말의 발화만을 보면 유창하게 보이지만 정작 의미 없는 말을 하고 있음을 확인할 수 있다. 이러한 현상은 언어 이해 능력에서의 심각한 결핍에 원인이 있다고 알려져 있다.

c. 각회(angular gyrus)

이 영역은 글로 적힌 언어를 처리하고, 시각적 및 청각적 정보를 통합하는 역할을 맡는다. 여기에 손상이 발생하면 읽기 장애로서 '실독증'과 쓰기 장애로서 '실서증'을 겪게 된다.

d. 궁상다발(arcuate fasciculus)

브로카 영역과 베르니케 영역을 연결하는 신경 섬유 다발로서 두 영역의 정보 교환을 담당하고 촉진한다. 이 부위에 손상이 발생하면 '전도성 실어증' 증상이 나타난다. 환자의 언어적 증상에서 말하기와 이해 능력은 보존되지만, 말을 반복하거나 복잡한 문장을 정확하게 구성하는 과정에 어려움을 겪는다. 이러한 특징은 궁상다발이 언어 정보의 정확한 전달 담당의 중요한 통로임을 보여준다.

6.3. 언어 장애

신경언어학 분야의 주요한 역할 중 하나는 바로 다양한 언어 장애를 파악하고 해결 방안을 찾는 것이다. 다음 항목들은 지금까지 신경언어학에서 확인한 다양한 언어 장애 현상들이다.

a. 실어증

두뇌 손상으로 인해서 발생하는 언어 장애를 총칭하면, 여기에는 브로카 실어증, 베르니케 실어증, 전도성 실어증 등이 포함된다. 이들 언어 장애는 언어 생산과 언어 이해 과정에 영향을 미친다.

b. 난독증

사람이 정상 지능 수준을 보이지만, 읽기에 난관을 겪는 학습 장애를 가리킨다. 신경언어학 분야 연구 결과에 의하면 난독증은 두뇌가 글로 적힌 언어를 처리하는 방식에서 원활한 처리 결과를 보이지 못하는 상태를 의미한다.

c. 특정 언어 장애(specific language impaairmen: SLI)

명료한 원인이 없음에도 언어 습득에 어려움을 나타내는 발달 장애를 가리킨다. 언어의 문법, 어휘, 대화 기술 등에 영향을 미친다.

d. 구음 실행증

말을 생성하는 발화에 필요한 움직임을 계획하고 조정하는 과정에 어려움을 겪는 언어의 운동 연관 장애이다. 이것은 말하기 운동 경로에 영향을 미치는 두뇌 손상으로 인해 발생한다.

6.4. 진단과 치료

신경언어학은 언어이론 그리고 임상 실무 사이에서 상호 차이를 좁히면서 언어 장애 환자 개인을 지원하는 능력을 강화한다. 다음은 신경언어학 분야에서 확인한 언어 장애 진단과 치료 방법 관련 항목들이다.

a. 신경 구조 영상 기술

기구 개발에 의한 관찰 방식을 총칭하며, fMRI 또는 PET 스캔 등 도구를 통해 언어 작업 중에 두뇌 안에서 활성화되는 영역을 확인하고 기능 장애를 식별할 수 있다.

b. 언어 평가

표준화된 테스트 방식을 기초로 언어 능력의 다양한 측면을 평가하여 특정 장애를 진단한다.

c. 치료 및 중재

개인 중심의 언어 치료를 통해 언어 능력 향상의 도움을 줄 수 있다. 예를 들면 실어증 치료는 언어 기술을 다시 학습하고 다른 대체 의사소통 전략을 개발한다.

7 언어 변이, 변화, 그리고 정체성

심리언어학은 언어 변이와 변화는 언어가 사회 내에서 작동하는 방식과 함께 개인과 집단의 정체성은 물론 개인과 집단 사이 관련 상태를 이해하는 연구에도 관련되어 있다. 이러한 현상을 탐구하여 언어가 인간의 사회적 정체성을 반영하고 영향을 미치는 방식을 밝혀낸다.

▰ 7.1. 언어 변이

언어 변이Language Variation는 다양한 사회적, 지리적 맥락에서 발생한다. 사람들은 지역, 사회 계층, 민족, 성별, 연령 등에 따라서 말하는 형태가 달라질 수 있다.

a. 지역적 변이

미국의 지역 방언은 남부 영어의 독특한 모음 소리와 뉴욕 영어의 특유의 'r' 발음 같은 특징을 포함한다.

b. 사회 계층

언어적 차이는 종종 사회적 계층 구조를 반영한다. 상류층에서는 표준화 언어 형태를 사용하는 경향이 있지만, 노동 계층의 언어는 여러 지역 방언과 구어체를 포함하는 경향이 있다.

c. 민족성

민족 집단은 자신의 문화적 유산을 반영하는 독특한 언어 변이를 발전시킨다. 예를 들면 아프리카 미국인들의 영어 형태는 독특한 문법 구조와 어휘를 보여준다.

d. 성별

남성과 여성은 사회적 규범과 기대에 영향을 받아 언어를 다르게 사용할 수 있다. 예를 들면 여성은 'kind of', 'maybe' 등처럼 말 속에 완화 표현을 자주 사용하여 발언을 부드럽게 만들려는 경향을 보인다.

7.2. 언어 변화

언어는 사회적, 정치적, 기술 발달 영향으로 인해 시간이 지나면서 진화 현상을 보일 수 있다. 변화 현상은 음성, 어휘, 통사, 의미 등 언어의 모든 부문에서 발생한다.

a. 발화 음성변화

소리의 변화는 흔하게 발생하는 언어 변화로서 예를 들면 15세기부터 18세기 사이 영어 모음 발음 변화를 정리한 '대모음 변화'Great Vowel Shift: GVS를 들 수 있다.

b. 어휘 변화

새로운 단어가 언어에 유입되고, 오래된 단어는 사용이 중지된다. 예로서 영어 'selfie'와 'hashtag'는 기술 발전으로 등장한 단어들이고, 'gramophone'은 고어로 그 사용 빈도수가 줄어들었다.

c. 통사 변화

문장 구조도 진화할 수 있어서 고대 영어는 동사 앞쪽과 뒤쪽 명사들 기능을 결정하는 접사들이 동사에 표기되는 '굴절 체계'를 활용하고, 이를 토대로 구성에서 주어-동사 어순을 중시하지 않고, 단어를 배치하는 현상을 보였다. 그러나 현대 영어로 넘어오면서 동사 표기 굴절 형태가 사라지면서 이후 어순이 고정되는 상태를 유지하게 되었다.

d. 의미 변화

단어의 의미는 시간이 지나면서 다양한 변화를 보일 수 있다. 예로서 영어 'awful' 의미를 보면 초기 '경외심으로 가득 찬'이라는 의미를 가리켰으나, 현재는 주로 '매우 나쁜'이라는 의미로 사용된다.

■ 7.3. 언어와 정체성

인간의 집단 정체성 표식에 언어의 역할이 매우 중요하다. 따라서 언어는 '정체성'Identity 확인의 강력한 표시이다. 언어를 통해서 특정 사회 집단 소속을 나타내며, 개인의 정체성을 반영할 수 있다.

a. 집단 정체성

집단 내부에 공유된 언어 관습은 집단 결속력과 정체성을 강화한다. 민족 집단, 사회 계층, 지역 공동체는 그들의 집단 정체성을 증강하는 독특한 언어적 특징을 발전시킨다.

b. 개인 정체성

인간은 언어를 사용하여 개성과 개인적 스타일을 표현한다. 어휘 선택,

억양, 말하기 패턴은 개인의 성격과 배경을 반영할 수 있다.

c. 코드 전환과 정체성

언어 활용에서 나타나는 전환 현상은 대화에서 다른 언어 또는 방언을 번갈아 사용하는 행위를 가리킨다. 이러한 상황으로 인해서 정체성의 유동성이 강조되기도 한다. 이중언어 사용자는 상황에 따라 언어를 전환하며, 이것은 특정 집단과의 연대감을 표현하거나 사회적 규범에 맞추려는 정체성 확보의 다양한 측면을 가리킬 수 있다.

제9장

역사언어학

1 비교 방법과 언어 계통

　언어 사이의 관계를 연구하려면 언어를 비교하는 방법이 반드시 활용되는 기본적 접근 방식이다. 특히 역사언어학 분야 언어들의 관계와 비교 관련 연구는 언어들 사이의 역사적 관계와 발달 현상을 규명하기 위해서는 절대적 기술이었다.

　역사언어학 분야에서는 언어 사이 여러 관련 상황을 연구하면서 최초의 원시 언어를 재구성하려고 노력하였고, 현재까지 존재하는 언어들의 계통별 분류에 상당히 많은 노력을 집중하였다. 따라서 언어들의 비교 방법은 언어의 기원과 발전의 이해를 위한 필수적 요인임을 명심해야 한다. 이처럼 역사 분야 언어학자들이 비교 방법을 통해서 언어학자들의 관계를 밝히고, 공통 조상 언어를 재구성하며, 언어의 계통을 체계적으로 분류하는 수많은 결과들을 제시하였다. 이와 같은 학문적 작업과 기존의 업적들은 언어 발달을 마치 진화 관점으로 보듯이 언어의 역사적 측면을 이해하는 중요한 기초를 제공한다고 말할 수 있다.

■ 1.1. 비교 방법

　언어들의 비교 방법은 언어를 체계적으로 상호 검토해서 언어들 사이의 유사점과 차이점을 식별하는 방식을 의미한다. 언어학자들은 언어들 사이에 소리, 문법, 어휘에서 일관된 대응 관계를 우선해서 찾으려 노력하며, 검토 과정에서 발견된 언어들 사이의 대응 관계는 언어의 공통적 부분을 중심으로 상호 역사적인 기원을 규명할 수 있다. 다음은 역사 언어학자들이 연구에 활용하는 방법들을 정리한 내용이다.

a. 동계어 식별

여기서 말하는 '동계어'identify cognates는 언어들 내부에서 발견되는 공통 의미 또는 형태를 보이는 단어 표현들로서 이러한 단어들을 기반으로 연관된 언어들이 공통 조상 언어로부터 유래되었다고 판단할 수 있는 핵심 단서가 될 수 있다.

예를 들면 영어 'mother', 독일어 'Mutter', 산스크리트어 'matr'는 모두 '어머니'를 가리키는 단어들로서 형태와 의미에서 유사성을 토대로 모두 동계어로 판단할 수 있고, 이를 바탕으로 영어, 독일어, 산스크리트 언어들을 모두 하나의 조상 언어로부터 분류된 것으로 볼 수 있다. 그리고 이 언어들은 연관 단어들을 기초적 단서로서 모두 하나의 '원시 인도유럽어'Indo-European로부터 유래되었다고 말할 수 있을 것이다.

b. 음운 대응

언어학자들은 동계어의 발화 음성이 일종의 '음운 대응'sound correspondences 소리로서 상호 서로 대응하는 상태를 분석할 수 있다. 음운 특성 검토를 위해서 가장 먼저 규칙적인 음운 변화 패턴을 구분하고, 소리들 사이의 상호 연계성을 밝히는 작업에 주력한다.

예를 들면 원시 인도유럽어에서 음소 /p/는 영어에서 /f/로 나타나고, 라틴어에서는 여전히 /p/로 남아 있다. 이를 바탕으로 같은 의미 단어라도 영어에서는 'father'이지만, 라틴어에서 'pater'로 표기되어야 한다.

c. 원형 재구성

동계어를 통해서 음운 대응을 확인하고, 언어들을 이를 바탕으로 비교하면서 조상 언어의 단어 형태 재구성을 시도할 수 있으며, 이러한 과정을 '원형 재구성'Reconstruct Proto-Forms이라고 한다. 이러한 재구성 과정은 기존의 언어 조사를 기반으로 조상 언어의 음운 구조, 형태 상태, 통사 구조를 이해하는 중요한 기초가 될 수 있다.

1.2. 언어 계통

하나의 조상 언어로부터 분화된 언어들은 상당한 공통점을 공유하며, 이처럼 조상을 공유하는 언어들은 하나의 언어 계보로서 같은 그룹으로 묶을 수 있다. 언어 계통의 기본 개념은 언어들이 최초에 단일 원시 언어로부터 분화하고 진화하면서 분파 구성을 거친 다양한 언어들로 구성되는 상황을 의미한다. 다음의 항목들은 대표적인 언어 계통을 정리한 것이다.

a. 인도유럽어족(Indo-European)

언어 계보 중에서 규모가 제일 크고 가장 많이 연구된 언어 계통으로 알려져 있다. 이 언어 계통에는 영어, 독일어, 스페인어, 러시아어, 힌디어 등 유럽, 인도의 여러 언어를 포함한다. 언어학자들은 수천 년 전 사용되었던 '원시 인도유럽어'를 공통 조상 언어로서 제시하였다.

b. 중티베트어족(Sino-Tibetan)

아시아 지역을 중심으로 중국어, 티베트어, 버마어 등을 포함한다. 이 계통의 일원인 중국어로서 만다린 중국어는 세계에서 가장 많이 사용된다고 알려져 있다.

c. 아프로아시아어족(Afro-Asiatic)

아랍어, 히브리어, 암하라어, 소말리어 등 중동 지역 중심의 지역 언어를 포함한다. 원시 아프로아시아어가 바로 계통 언어들을 재구성된 조상 언어이다.

d. 니제르콩고어족(Niger-Congo)

스와힐리어, 요루바어, 줄루어 등 사하라 남쪽 아프리카에서 사용되는 방대한 숫자의 언어들을 포함한다. 이 계통은 언어 수 측면에서 규모가 큰 계통으로 알려져 있다.

e. 우랄어족(Uralic)

핀란드어, 헝가리어, 에스토니아어 등을 포함하며, 원시 우랄어가 바로 언급된 언어들을 기반으로 재구성된 공통 조상 언어이다.

■ 1.3. 응용과 중요성

비교 방법과 언어 계통 연구는 언어의 발달 측면에서 역사적 사실 그리고 진화 형태를 이해에 필수적 요건이다. 이러한 연구는 언어가 시간에 따라 어떻게 변화하고, 상호 영향을 미치는 방법이 어떠하며, 인간 집단이 이동하는 경로와 상호작용 형태에 관련된 통찰을 제공한다. 그리고 현존하는 언어들에 기초하여 원시 조상 언어를 재구성함으로써, 언어학자들은 고대 문화와 사회를 효과적으로 이해할 수 있다.

이러한 과정을 통해 언어는 단순한 의사소통 수단 이상으로 인류의 역사와 문화를 탐구 기회를 열어주는 중요한 도구임을 알 수 있다. 이러한 방법은 인간 언어의 상호 연결성을 강조하며, 언어 진화의 역동적인 본질을

드러낸다. 따라서 시간과 공간의 한계를 초월한 인간 의사소통의 복잡한 구조와 다양한 양상을 이해하게 된다

2 음운 변화와 그림 법칙

시간의 흐름에 따라 언어의 발음이 체계적으로 변화하는 현상을 음운 변화라고 명명하며, 이것은 역사언어학의 핵심 개념이기도 하다. 역사언어학에서 많이 언급되는 음운 변화 중 '그림 법칙'Grimm's Law은 초기 게르만어가 원시 인도유럽 계통 조상 언어로부터 분화할 당시 발생한 자음 음운 변화를 설명하는 대표적인 예이다.

■ 2.1. 음운 변화

음운 변화는 역사언어학의 핵심적인 연구 대상 중 하나로서 시간이 지남에 따라 언어의 음운 체계가 변화하는 과정과 형태를 조사, 검토한다. 이것은 언어의 기원과 발달 과정을 추적하고, 여러 언어 사이의 관계를 규명하며, 인류의 인지 및 발화 과정에 대한 통찰을 제공하는 중요한 부분이다. 음운변화는 음운론적 환경에 조건 지워지는 변화, 음운론적 환경에 조건 지워지지 않는 변화로 나눌 수 있다. 그러나 대부분의 음운 변화는 특정한 음운론적 환경에서 규칙적으로 발생하며, 이러한 규칙성은 역사언어학 연구의 핵심적인 가설 중 하나인 예외 없는 음운 법칙을 뒷받침한다. 즉 음운

변화란 언어의 음성 부분에서 음운적 요소가 변화하는 현상을 가리킨다. 이러한 변화는 발음의 편이성, 사회적 상호작용, 다른 언어와의 접촉 등 다양한 요인으로 말미암아서 영향을 받을 수 있다. 음운 변화는 규칙적 분석이 가능하며, 연관된 언어들에서 관찰된 형태의 패턴을 기반으로 예측할 수 있다.

■ 2.2. 음운 변화의 유형

특정한 소리가 인접한 소리와 유사하게 변하는 현상으로서 음운변화는 다양한 형태로 나타나며, 그 원인과 결과에 따라 여러 유형으로 분류할 수 있다.

a. 동화

인접한 두 음운 중 하나가 다른 하나의 조음적 특성을 닮아가는 현상이다. 이는 발음의 효율성을 높이기 위해 자주 발생한다.

- 순행 동화
앞 음운이 뒤 음운에 영향을 미치는 경우이다.
→ 라틴어 septem 〉 이탈리아어 sette ([pt]에서 [tt]로 변화)

- 역행 동화
뒤 음운이 앞 음운에 영향을 미치는 경우이다.
→ 라틴어 in-ligāre 〉 illigāre (뒤의 /l/ 때문에 앞의 /n/이 /l/로 변화)

b. 이화

소리가 인접한 소리와 다른 음성으로 변하는 현상이다.

→ fifth 〉 fift ('f, th' 소리들이 마찰음이지만, 두 번째 소리가 파열음 't'로 변모)

c. 음위 전환

단어 내에서 열거된 소리의 순서가 바뀌는 현상이다.

→ 고대 영어 brid 〉 bird ('r, i' 음성들 순서가 바뀜)

d. 삭제

특정 소리가 탈락하는 현상이다.

→ 고대 영어 knight 〉 /k/night ('knight'에서 'k'가 현대 영어에서는 무음)

e. 삽입(Insertion, Epenthesis)

소리가 추가되는 현상이다.

→ athlete 〉 ath-e-lete (발음할 때 중간에 모음을 첨가)

2.3. 그림 법칙

그림 법칙은 언어학자 야코프 그림Jacob Grimm의 이름을 따서 명명된 법칙이다. 원시 인도유럽 계통 공통 조상 언어인Proto-Indo-European: PIE으로부터 분파하였던 초기 게르만어Proto-Germanic 형성 당시에 발생한 주요한 자음 변화 형태를 설명한 음운 변화 현상을 가리킨다. 다음은 그림 법칙에서 제시하는 중심 음운 변화 양상을 정리한 것이다.

그림 법칙의 3가지 주요 변화

a. 무성 파열음 → 무성 마찰음
   p, t, k → f, θ (th), h

   예) PIE *pód- (발) → Proto-Germanic *fótaz
       PIE *tréyes (셋) → Proto-Germanic þrīz

b. 유성 파열음 → 무성 파열음
   b, d, g → p, t, k

   예) PIE *dékm̥ (〈숫자〉 열) → Proto-Germanic tehun

c. 유성 유기음 → 유성 파열음 또는 마찰음
   bh, dh, gh → b, d, g

   예:) PIE *bhrātēr (형제) → Proto-Germanic brōþēr

▰ 2.4. 그림 법칙의 영향

 음운 변화를 대표하는 그림 법칙은 언어가 역사적 변화 가운데 변화하는 형태와 단계를 체계적으로 보여준 획기적 발견이었다. 이 법칙은 음운 변화가 아무렇게 무작위적으로 발생하지 않고 특정 패턴을 따른다는 사실을 입증하였다.
 그림 규칙을 통해 비교언어학 분야가 확립되는 계기가 되었고, 초기 조상 언어인 원시 언어를 재구성하고 언어들 사이의 역사적 관계를 추정하고 이해하는 방법론을 제공하였다. 또한 그림 법칙은 다음과 같은 점에서 역사언어학에 지대한 영향을 미쳤다.

• 음운변화의 규칙성 증명
언어 변화가 무작위적이 아니라 규칙적인 법칙에 따라 일어난다는 것을 증명했으며, 과학으로서의 언어학을 정립하는 공헌을 보여주었다.

• 비교 재구 방법론의 확립
다른 언어들이 공통 조상으로부터 분화되었는지 과정을 분명하게 밝히는 '비교 재구성'comparative reconstruction 방법론의 토대가 되었다.

• 게르만어파의 독특성 규명
게르만어파가 다른 인도유럽어들과 구별되는 핵심적인 음운적 특징을 명확히 보여주었다.

2.5. 그림 법칙 보완의 추가 발견

초기 독일어 관련 현상 체계를 제시한 그림 법칙은 이후 '베르너 법칙'Verner's Law의 보완을 거쳐 확실한 위상을 갖추게 되었다. 베르너 법칙은 원시 인도유럽어 단어들 내부 음운적 변화에 강세의 위치가 소리 변화에 영향을 미친다는 사실을 확인하고 이전까지 그림 법칙의 예외로 여겨졌던 현상들의 분석 방식에 돌파구를 마련하였다.

그림의 법칙에서는 인도유럽어 계통 조상 언어의 무성 파열음 '*p, *t, *k' 음성들이 초기 게르만어에서 'f, θ, x'처럼 무성 마찰음으로 변해야 한다. 그러나 관찰을 토대로 이 법칙에서 벗어나서 무성 마찰음 대신에 유성 파열음 'b, d, g'으로 바뀌는 경우가 나타났다. 예를 들면 '아버지' 의미의 라틴어 pater와 고트어 fader를 비교해 보면, 두 단어 제일 앞쪽 음성 'p 〉 f' 변화는 그림의 법칙을 따르지만, 두 단어 중간 음성 't 〉 d' 변화는 그림 법칙을 준수하지 않는다. 두 언어 사이에서 그림의 법칙을 그대로 따르면 'pater 〉 faθer'가 정확할 것이다. 그러나 실제로 변화는 'pater 〉 fader'가 되었으며, 기존 그림 법칙 양상을 따르지 않고 있다.

이와 같은 예외를 설명하는 차원에서 베르너는 무성 마찰음 'f, θ, h' 음성이 강세 영향을 받으면, 무성 마찰음이 강세 음절 뒤에 위치할 때 무성 마찰음이 아니라 유성 파열음으로 변화되는 음운 변화 현상을 발견하였다. 따라서 강세를 고려한 음운 표기로서 'páter 〉 fáder'처럼 강세 표식을 고려하여 다시 표시하였고, 원시 인도유럽어 계통 조상 언어 분석에서 악센트까지 고려한다면, 무성 파열음 't' 음성이 무성 마찰음 'θ'이 아니라 유성 파열음 'd'로 바뀌는 현상을 설명할 수 있다. 이처럼 베르너의 관찰과 규칙 발견을 토대로 그림 법칙의 예외처럼 보이는 경우들도 그림 법칙으로부터 완전히 벗어나지 않았다고 말할 수 있게 되었다. 다음 내용은 베르너 법칙을 정리해서 제시하고 있다.

베르너 법칙

무성 파열음 '*p, *t, *k' → 〈앞쪽에 강세 음절 없음〉 무성 마찰음 f, θ, x

무성 파열음 '*p, *t, *k' → 〈앞쪽에 강세 음절 있음〉 유성 파열음 b, d, g

■ 2.6 의미 변화와 어휘 진화

어휘 진화를 말할 때는 시간이 지남에 따라 단어의 의미 변화 그리고 어휘 자체의 변화 형태를 설명하는 것이 역사언어학의 주요 역할이다. 이처럼 단어들의 진화 형태의 변화 상황은 언어의 역사적 발전과 문화적 맥락을 이해하는 중요한 통찰 수단이 될 수 있다.

2.6.1. 의미 변화

역사 초기 활용되었던 단어의 용도가 시간 흐름과 함께 여러 의미를 가리키는 기능을 대표하는 상황으로 변화가 발생할 수 있다. 다음은 단어들 의미가 역사적으로 변하는 형상의 가능성을 정리한 것이다.

a. 확대

단어의 의미가 포괄적으로 변화하는 상황을 가리키며, 예로는 영어에서 'holiday'가 원래는 'holy day' 의미로 사용되었지만, 오늘날 모든 축제일을 가리키는 의미로 사용된다.

b. 축소

단어의 의미가 시간 흐름에 따라서 더 구체적으로 변화하면서 특정 상대를 가리키는 의미로 특정되는 경우를 가리킨다. 예를 들면 'meat'가 원래 '모든 음식'을 의미했으나, 현재 '동물성 고기'로서 육류에 한정되어 사용하고 있다.

c. 의미 개선

단어의 의미가 사회적 환경 속에서 더 긍정적으로 변화하는 경우이다. 예를 들면 'knight'가 본래는 '하인'을 가리켰지만, 오늘날 '귀족 전사'로 변화하였다.

d. 의미 악화

단어의 의미가 시간 흐름 속에서 부정적으로 변화한다. 예로서 'silly'는 원래 '행복하다' 의미였지만, 지금은 '어리석다' 의미로 변화하였다.

e. 의미 이동

단어의 의미가 완전하게 변해서 원래 의미 추정이 어려운 경우이다. 예로는 'mouse'는 원래 동물에 해당하였지만, 이제는 '컴퓨터 장치' 일부를 포함하게 되었다. 그래서 'mouse' 복수 형태가 'mice'이지만, 의미 이동 발생 이후에는 장치 도구로서 복수 형태가 'mouses'로 사용되고 있다.

2.6.2. 어휘 진화

시간이 흐르면서 특정 언어에서 단어 구성에 변화가 발생할 때 이것을 가리켜서 '어휘 진화'lexical evolution라고 명명한다. 다음에 어휘 변화에 관련된 항목들을 정리한 내용을 제시한다.

a. 차용

다른 언어로부터 단어를 채택해서 자신의 언어 내부로 수용하는 상황을 가리킨다. 예를 들면 영어에서 'ballet'는 프랑스어로부터 그리고 'piano'는 이탈리아어로부터 받아들였다.

b. 신조어

사회 변모 현상으로 인해서 새로운 현상을 의미하는 신진 어휘가 필요하게 되면서 새로운 단어를 창출하는 경우이다. 예로는 영어에서 'internet', 'smartphone' 등이 대표적 경우이다.

c. 합성

새로운 개념을 대표하려는 수단으로 기존 단어를 결합해서 새로운 단어 생성하는 방식을 가리킨다. 예를 들면 'bookstore (book + store)', 'moonlight (moon + light)'를 들 수 있다.

d. 약어

다수 단어로 구성된 구절 구조의 단어 배열 표현을 줄이는 방법으로 새 단어를 구성한다. 예로는 'NASA'는 'National Aeronautics and Space Administration'의 앞 글자들을 따로 모아서 약어를 구성하였다.

3 문화와 사회의 영향

언어의 변화 주요 원인으로서 문화적, 사회적 변화 등을 고려할 수 있다. 우선 의미 변화와 어휘 진화는 환경 변화와 밀접하게 연계된다. 문명 발달을 대표하는 신문물 발명, 사회적 변혁, 문화적 변화는 새로운 개념 도입의 필요성이 돌출하고, 적절한 표현 방법을 찾기 위해서 새로운 어휘들이 대두하게 되었다. 예를 들어서 최근 인터넷의 등장으로 '블로그', '트윗', '바이럴' 등 신진 용어들이 이들 현상을 대표하기 위해 새롭게 만들어졌다.

이러한 과정은 언어의 역동적인 특성이 주변 사회 변모와 함께 진화하는 능력을 반영한다고 보아야 한다. 역사언어학 분야에서 이와 같은 변화를 검토하고 탐구하는 연구 진행을 바탕으로 언어학자들이 언어의 역사 그리고 언어의 발전을 관찰하고, 인간 의사소통 변화를 분석함으로써 언어와 사회 변혁 사이의 연관성을 통찰하는 방법을 찾아내기에 이르렀다.

■ 3.1. 언어 재구성과 원시 언어

조상 언어를 재구성하고 원시 언어 형태를 연구하는 방식은 언어학자들이 언어의 진화를 추적하고 해당 언어의 조상 언어를 정확하게 이해하는 계기를 마련해준다.

3.1.1. 언어 재구성

과거 기록이 거의 찾기 어려운 언어를 재구성하려는 시도는 더 이상 존재하지 않는 언어의 특징을 조합하는 과정을 포함한다. 이러한 과정은 수많은 언어를 검토하고 비교하는 방법을 통해 진행되며, 언어를 비교하여 공통 요소를 확보하고 체계적인 변화를 식별하는 과정에서 재구성 작업이 진행된다.

a. 동계어 식별

언어학자들이 서로 다른 언어에서 공통적 측면을 보이는 공유 동계어를 식별하는 작업을 통해 재구성 기초를 구축한다. 예를 들면 영어 'mother' 독일어 'mutter' 산스크리트어 'matṛ' 등은 동계어로 간주할 수 있다.

b. 음운 대응 설정

동계어를 비교하여 규칙적인 음운 대응을 설정하는 과정이다. 예를 들면 원시 인도유럽어(PIE)에서 'p'는 영어에서는 'f'로 변화하여 'PIE pod → 영어 foot' 변화를 보인다.

c. 원형 재구성

앞서 언급된 대응 관계에 기초해서 가상의 조상 단어로서 '원형'(proto-forms)을 재구성한다. 예를 들면 PIE의 'mother'를 조상 언어 형태로 'mehter'로 재구성할 수 있다.

3.1.2. 원시 언어

여기서 '원시 언어'Proto-Languages는 언어 계통의 공통 조상 언어를 가리킨다. 원시 언어는 문헌 기록으로 직접적 증명이 불가능하지만, 앞서 언급한 재구성 작업 과정으로 추론한다. 이것은 고대 사람들의 문화, 환경, 이동 패턴에 관해서 통찰의 가능성을 열어준다.

a. 원시 인도유럽어(Proto-Indo-European, PIE)

인도유럽어 계통의 조상 언어로서 영어, 힌디어, 러시아어 등 많은 언어를 포함한다. 여기에 제시한 언어들을 비교, 검토함으로써 인도유럽어 계통의 음운, 형태, 어휘 등 일부가 재구성되었다. 예를 들면 PIE의 'father'는 조상 언어 형태로서 'phater'로 재구성된다.

b. 원시 게르만어(Proto-Germanic)

원시 게르만어는 게르만어 계통 언어 중 영어, 독일어, 네덜란드어, 스칸디나비아어를 포함하며, 이 언어를 비교함으로써 원시 게르만어 조상 언어를 재구성한다. 언어학자들은 그림 법처럼 변화 과정을 통해 원시 게르만어 단어와 문법을 재구성하였다.

3.1.3. 도전과 방법

언어 재구성은 불완전한 데이터와 가정에 기초해서 조상 언어 형태 구조를 구축하기 때문에 학문적으로 상당한 도전에 직면하게 된다. 이러한 한계를 해결하기 위해 언어학자들은 다양한 방법을 사용한다.

a. 내적 재구성

단일언어 내부 불규칙성을 분석하여 역사적 변화를 추론한다. 예를 들면 동사의 활용에 나타나는 불규칙성을 연구하여 초기 형태를 유추한다.

b. 외적 비교

여러 종류의 관련된 주축 언어들을 비교하여 체계적인 변화를 확인하며, 이것은 비교 방법의 핵심이다.

3.1.4. 재구성의 중요성

특정 계통 언어군을 대표하는 조상 언어를 재구성함으로써 언어의 역사와 진화를 이해하는 계기를 확보할 수 있다. 이것은 언어가 시간이 지남에 따라서 어떻게 분기하고 변화하는지를 보여줄 뿐만 아니라 인간의 이동 추이 형태, 접촉 상황, 문화적 변화 과정 등을 반영하기 때문이다. 그리고 고대 사람들의 환경, 기술, 사회 구조에 대한 단서들도 제공할 수 있다.

예를 들면 원시 인도유럽어 계통에서 재구성된 단어들은 당시 생활 형태로서 말을 활용하고 바퀴와 농업에 익숙했던 목축 사회를 암시할 수 있다. 이와 같은 정보들은 고고학적 발견과 일치하는 모습을 보이면서 원시 인도유럽어를 사용하던 인간 공동체를 이해하도록 계기를 제공하기도 한다. 이처럼 언어를 재구성하고 원시 조상 언어를 연구함으로써 현대 언어의 뿌리를 추적하여 인간 역사와 언어적 다양성의 발전에 관련된 통찰 기회를 확충할 수 있다. 이러한 과정은 언어의 역동적 본질과 인간 문화 및 정체성과도 깊은 연관성을 강조한다고 말할 수 있다.

4 영국의 역사적 발달 과정에 따른 영어의 변천 과정

영어는 수 세기 동안 역사적, 사회적, 문화적 변혁을 거쳐서 구성되었다. 현재 영어는 다양한 언어적 요소들이 엮어져서 만들어진 결과이고, 영국의 핵심적인 역사적 사건들을 통해 적응되면서 발달을 거듭하였다. 그래서 영어의 진화를 말할 때는 영국의 역사적 궤적을 염두에 두어야 하고, 그 형성 과정을 검토하려면, 연속적인 역사적 사건들, 심오한 문화적 변화, 획기적인 기술 발전 등을 반드시 살펴야 한다. 그리고 영어 발달 역사를 통해서 영어가 언어로서 구축되면서 거듭되는 적응력, 경이로운 회복력, 엄청난 풍부한 잠재력을 보여주었다.

지금의 영어를 바라보면, 양적으로 방대한 어휘를 소유함으로써 현대 세계적으로 가장 널리 활용되고 있는 대표 언어로서의 위상을 갖추고 있다. 이러한 영어의 발달 과정은 우선 고대 영어를 시발점으로 중세 영어, 근대 영어 등 주요 시기를 통괄하면서 검토할 것이며, 영어의 발달 과정을 연대순으로 추적하면서 시대별로 결정적인 역사적 사건들이 영어에 미친 구체적인 영향 상황을 상세하게 분석하고 살펴볼 것이다.

4.1. 게르만어로부터 영어에 대한 초기 영향

영어의 언어 계보는 유럽과 남부 아시아 전역으로 펴져서 사용되었던 원시 인도유럽어 계통에 속한다. 원시 인도유럽어의 조상 언어는 기원전 3천년 이전에 사용되었고, 이후 다양한 언어로 분화되었다. 학자들은 이처럼 유럽 지역을 중심으로 분포한 언어들을 한 그룹으로 묶어서 인도유럽어족으로 명명하였다. 특히 영어는 인도유럽어족에 속하는 게르만어 군의 한 언어 요소로서 초기 영어는 게르만어의 영향을 크게 받았다.

그리고 영국 영토에는 게르만 부족이 도래하기 전에 켈트어를 사용하던 켈트족이 널리 거주하고 있었지만, 게르만족 집단이 잉글랜드라고 불리는 영국의 원래 영토로 이주하면서 영어의 역사가 비로소 태동하기 시작하였다.

게르만족들은 영국 영토로 이주를 지속하면서 자신들의 언어와 문화를 가져왔고, 원래의 정착민이었던 켈트족과 합류하면서 당시 환경과 거주자들의 필요에 따라 또 다른 언어의 혼합체가 발생하기 시작하였다. 이러한 새로운 형태의 언어가 바로 초기 영어로서 지역에 거주하였던 거주민들의 핵심적인 의사소통 수단이 되었다. 따라서 비록 영어 역사의 연구 자료에서 게르만족의 기원을 강조하지만, 켈트어를 사용하는 영국인들에 대한 언급은 이전의 언어적 환경이 분명한 사실임을 시사하고 있다.

그러나 핵심 영어 어휘를 관찰하면, 정작 켈트어의 영향력 수준이 미미하다는 사실을 확인할 수 있다. 켈트어 사용자들이 확실하게 존재하였지만, 후에 영국 영토에 이주한 게르만 부족에 의해서 언어가 거의 완벽하게 대체되면서 사용자의 지배 능력과 현황을 반영하는 기존 언어를 상실로 귀결되는 '상층 언어 효과'superstratum effect를 명확하게 반영하였다. 이러한 초기 대체는 초기 정복과 정착이 언어에 미치는 심오한 영향을 보여주며, 정복자 위상으로서 게르만족의 언어가 토착어인 켈트어를 완전히 대체하여 이후의 언어적 만남이 다른 결과로 전개될 수 있는 선례를 분명하게 보여주었다고 말할 수 있다.

4.2. 고대 영어

4.2.1. 게르만족 정착과 언어적 특성

고대 영어 시기(449~1066년)는 449년에 앵글족, 색슨족, 주트족이라는 세 게르만 부족들이 대륙으로부터 영국 영토에 도착하면서 시작되었다. 이들은 당시 켈트족이 거주하던 영국의 남부와 동부에 정착하였고, 600년경에는 앵글로색슨 지역이 잉글랜드 영토 대부분을 차지하였다.

초기 고대 영어는 굴절이 매우 심했으며, 어휘들 표기에 문법적 격으로서 주격, 대격, 속격, 여격과 문법적 성에 해당하는 남성, 여성, 중성을 기반으로 복잡한 문법을 가지고 있었다. 게다가 동사는 인칭, 수, 시제, 법, 태에 따라 다른 형태로 활용되었고, 이와 같은 복잡다단한 굴절 체계 덕분에 고대 영어는 현대 영어와 다르게 어순이 유연하였다.

4.2.2. 종교 기원 라틴어 영향

고대 영어 시대에 기독교 수사들이 라틴어 알파벳을 영국에 도입하였으며, 고대 영어 텍스트를 서술에 라틴어 알파벳이 채택되었다. 앵글로색슨 필경사들은 'th' 발음을 위해 룬 문자 'thorn(þ)'과 나중에 'eth(ð)'를 추가하고, 넓은 'a' 발음을 위해 합자 ash(æ)를 추가하여 이 알파벳을 개조하였다.

고대 영어의 철자법은 완전히 표준화되지 않았지만, 서류 작성자인 필경사들은 종종 자신들이 속했던 지역의 방언을 토대로 단어들의 음성 표기를 철자로 기록하였기 때문에 지역에 걸쳐 다수 변형이 발생하였다. 이러한 음성 철자 방법은 모든 글자가 발음된다는 기준을 따르고 있어서 현재 학자들이 당시 영어 방언들 차이를 추적하는 중요한 증거 자료가 되고 있기도 하다. 그리고 영국 지역에 두드려졌던 기독교화 상황은 종교 및 행정 분야에서 수많은 라틴어 단어가 채택되었고, 차용어로서 널리 활용되기에 이르렀다. 이러한 종류의 차용어들 예는 다음과 같다.

> abbod(abbot), apostol(apostle), biscop(bishop), deofol(devil), engel(angel), martyr, munuc(monk), papa(pope), paradisus(paradise), preost(priest), sanct(saint)

초기 대륙 접촉이나 이후의 잉글랜드 섬 내부 차용을 통해 인용된 다른 라틴어 차용어들은 식물(piper, rædic), 가정용품(cyse, win, candel), 건축 자재(tigele, weall), 군사/상업 용어(camp, stræt)와 같은 다양한 분야 단어들의 발생을 통해서 이해할 수 있다.

4.2.3. 영어와 바이킹 침략

영국은 덴마크 지역에 분포한 바이킹족이 잉글랜드 중부와 남부에 침략하면서 새로운 국면을 맞이하였다. 역사학자들은 이 시기를 바이킹 시대(약 750~1050년)로 명명하고, 이러한 침략 상태는 고대 영어에 바이킹 거주 지역의 언어였던 고대 노르드어의 영향을 가져왔다. 고대 노르드어의 주요한 영향은 바로 영어 어휘를 풍부하게 확장하였고, 다양한 영역에 걸쳐 단어를 추가하였다. 예를 들면 다음 종류의 단어들이 바이킹 침략의 결과로 영어에 추가되었다.

- 전쟁 연관: berserk, club, ransack
- 사회 연관: bylaw, husband, law, skill
- 동물 연관: egg, bull, wing
- 풍경 연관: dirt, mire, sky
- 대명사: they, them, their, both
- 동사: get, take, want, call, cast, give, raise, run
- 형용사: ill, loose, ugly

고대 영어와 고대 노르드어는 밀접하게 관련되어 있지만, 서로 다른 굴절 언어였기 때문에 두 언어 사이의 상호작용은 문법적 단순화에 엄청난 효력을 발휘하였다. 그 이유는 바이킹 정착민들이 고대 영어를 제2 외국어로서 성인이 되어 습득하면서 복잡한 굴절 체계를 단순화하였기 때문이다. 주요 변화는 다음과 같다.

- 동사와 대명사 어미의 축소 및 단순화
- 명사 굴절의 상실로 인한 전치사와 고정된 어순 등장
- 문법적 성 구분의 표식 형태 상실
- 고대 영어의 복수 형태에서 규칙적인 '-s'복수 형태 사용

예를 들면 'stan > stanas'(stone > stones) 변화는 노르드어 화자들이

영어를 제2 언어로 배우면서 발생한 문법적 형태의 단순화 결과이다. 특히 대명사 'they, them, their' 차용 상황은 영어에 대한 노르드어의 깊은 구조적 영향을 보여주는 강력한 증거이다. 그리고 이와 같은 언어의 문법적 재구성은 사회적 요인으로서 영향력 있는 집단에 의한 광범위한 제2 언어 습득 현상으로 인해서 추진된 것으로 볼 수 있다.

집단 사이의 '의사소통 효율성'이 영어에 나타났던 복잡한 문법 구조 보존보다 우선해서 발생하는 동기가 된다는 사실을 노르드어의 영어에 대한 영향력 현상을 통해 분명하게 이해할 수 있다.

4.2.4. 방언 다양성과 표준화 노력

고대 영어 시기에 영국 영토는 7왕국으로 분리되어 있었고, 지역 방언들이 존재하였다. 그중 노섬브리아어(잉글랜드 북부/스코틀랜드 남동부), 머시아어(잉글랜드 중부/미들랜즈), 켄트어(잉글랜드 남동부), 웨스트 색슨어(잉글랜드 남부/남서부) 4가지 방언이 널리 사용되었다.

웨스트 색슨 웨스트 색슨 방언은 알프레드 대왕(871~899년)의 통치 기간 상당한 우위를 점하였고, 표준어로서 위상을 갖고 있었다. 게다가 현존하는 대부분의 고대 영어 문서는 바로 웨스트 색슨 방언으로 작성되었다. 알프레드 대왕은 영어를 학술 언어로서 발전시켰으며, 영국 영토에서 표준화를 촉진하는 노력을 경주하였다. 알프레드 대왕은 교육 개혁을 시작해서 성 아우구스티누스Saint Augustine의 라틴어 작품들을 영어로 번역하도록 지시했고, 이러한 번역본들은 복사되어 널리 배포되었다. 이와 같은 노력은 당시 영국 백성들에게 교육 접근성을 높이려는 목표였다. 알프레드 대왕의 노력은 영어의 위상을 크게 높이고, 상당량의 고대 영어 문학을 보존하는 공헌을 보였다. 알프레드 대왕은 영어가 일상적인 언어의 수준을 넘어 학문과 행정에 적합한 언어로서 발달하는 계기를 열어주었다.

영어 언어 역사의 주요 시기 및 특징

시기	대략적인 기간	주요 언어적 특징
고대 영어	449~1066년	- 굴절이 심한 문법 - 유연한 어순 - 게르만어 어휘 기반 - 라틴어, 고대 노르드어 차용
중세 영어	1066~1500년	- 문법 단순화 (굴절 감소, 성 상실) - 어순 고정 (SVO) - 프랑스어 어휘 유입 (정부, 법률, 문화) - 대모음 추이 시작
초기 근대 영어	1500~1800년	- 대모음 추이 완료 (철자와 발음 불일치) - 어휘 대폭 확장 (라틴어/그리스어 차용) - 표준화 가속화 (사전, 문법책 출판) - 굴절 거의 상실
후기 근대 영어	1800년~현재	- 어휘 지속적 확장 (과학, 기술, 각국어) - 세계 영어(World Englishes)의 출현 - 언어의 세계화

영어에 미친 주요 언어적 영향

영향 언어	역사적 맥락	영향 받은 언어 영역	차용어/변화 예시
라틴어	기독교화 (7~8세기)	어휘(종교, 행정, 학문)	biscop, preost, candel, medicine, astronomy

고대 노르드어	바이킹 침략 (8~11세기)	어휘(일상, 핵심어), 문법(굴절 단순화, 성 상실)	they, take, sky, egg, 명사 격변화 상실
노르만 프랑스어	노르만 정복 (1066년)	어휘(정부, 법률, 군사, 문화) 문법(굴절 단순화 가속, 고정 SVO, 조동사)	government, justice, army, feast, 문법적 성 상실, 'have been'
라틴어/ 그리스어	르네상스 (14~17세기), 과학 발전 (18~19세기)	어휘(학술, 과학, 기술)	biology, oxygen, protein, vaccine, horsepower
세계 각국어	대영 제국 (16-20세기)	어휘(다양한 문화적 배경), 세계 영어의 출현	shampoo(힌디어), tycoon(일본어), sauna(핀란드어)

■ 4.3. 중세 영어

4.3.1. 노르만 정복

윌리엄 정복왕이 이끈 노르만 정복(1066년)은 영국 역사에서 중요한 언어 전환점이 되었으며, 앵글로색슨족의 통치의 종식과 노르만족의 지배의 분수령이 되었다. 노르만족 정복으로 인해서 그들의 언어였던 프랑스어가 영어 대신 영국 영토에서 새로운 지배층, 정부, 교육의 언어가 되었다. 다만 고대 영어는 일반 대중 사이에서 계속 사용되었고, 고대 영어와 프랑스어 두 언어가 공존하면서 상호작용을 지속하는 광범위한 이중언어 환경이 조성되었다. 영어 학자들은 이 시기를 언어적 융합으로 특징되는 시기로 보고 있다.

노르만 정복은 언어에 명확한 계층적 분할을 발생시켜서 프랑스어는 엘리트의 언어였고, 영어는 일반 대중의 언어로 분리하였다. 이와 같은 계층화 현상은 단어 차용에 중대한 기준이 되었다. 지배 계층의 언어였던 프랑스어 단어들이 '정부', '법률', '고등 문화' 영역으로 진입하였으며, 이러한 언어 발전 양상이 사회적 계층과 권력 역학 관계와 깊이 얽혀 있음을 확인할 수 있다. 언어들 사이의 불평등한 지위는 차용되는 단어의 유형과 사용되는 영역을 직접적으로 형성하였고, 단어들의 사회언어학적 현황에 엄청난 흔적을 남기게 된다.

4.3.2. 프랑스어 차용어의 영향

노르만 프랑스어가 영어 단어 구성에 미친 영향은 엄청났으며, 단어들의 광범위한 확장으로 이어졌다. 약 10,000개 이상의 프랑스어 단어가 도입되었으며, 특히 정부, 법률, 전쟁, 상류 사회와 함께 추상적 개념에 연관된 용어들이 많았다.

- 정부: crown: 왕관, government: 정부, reign: 통치 기간, realm: 왕국, state: 국가
- 법률: court: 법원, justice: 정의, judge: 판사, jury: 배심원, verdict: 평결
- 군사: arms: 무기, armour: 갑옷, battle: 전투, peace: 평화, war: 전쟁
- 상류: cuisine: 요리, dine: 식사하다, jewel: 보석 feast: 연회, mansion: 대저택
- 추상: art: 예술, beauty: 아름다움, literature: 문학, philosophy: 철학, science: 과학

4.3.3. 문법 단순화

고대 영어의 굴절 체계는 노르드어의 영향으로 이미 어느 정도 단순화되었지만, 중세 영어 시기 동안 상당한 붕괴를 겪었다.

- 문법적 성의 상실
- 격 체계의 축소(주로 주격과 속격으로 전환)
- 단어의 어미 상실
- 프랑스어 패턴을 채택하여 '주어-동사-목적어(SVO)' 어순 고정
- 조동사(*have*, *be*)의 도입

노르만 정복은 앞에 제시한 변화 과정을 크게 가속화하고 심화시켰다. 이미 약화되고 있던 굴절 체계는 새로운, 굴절이 적은 상층 언어였던 프랑스어의 심대한 영향력으로 더욱 침식되었다. 문장 구조로서 SVO 어순으로의 전환과 전치사의 사용 증가는 굴절 상실의 직접적인 결과였다. 이것은 언어 변화가 내부적 경향과 외부적 압력으로서 언어 접촉의 복잡한 상호작용의 결과로 인해서 더욱 심오한 변형을 초래한 결과라고 할 수 있다.

4.3.4. 발음 변화

중세 영어 시기에는 대모음 추이Great Vowel Shift: GVS가 시작되었고, 장모음의 발음을 체계적으로 변화시켜서 영어 발음에 지대한 영향을 미쳤다. 이와 같은 변화는 초기 근대 영어 시기까지 계속되었으며, 장모음 대부분이 상승과 이중모음화 과정을 겪게 되었다.

대모음 추이 현상

중세 영어 장모음 발음 (IPA)	초기 근대 영어 장모음 발음(IPA)	현대 영어 예시 단어	고대/중세 영어 철자
/iː/ (e.g., mine)	/aɪ/ (e.g., mine)	mine	mīn
/eː/ (e.g., meet)	/iː/ (e.g., meet)	meet	mēte
/aː/ (e.g., name)	/eɪ/ (e.g., name)	name	nama
/ɔː/ (e.g., boat)	/oʊ/ (e.g., boat)	boat	bāt
/oː/ (e.g., moon)	/uː/ (e.g., moon)	moon	mōna
/uː/ (e.g., house)	/aʊ/ (e.g., house)	house	hūs

4.3.5. 표준어의 출현과 문학적 번성

영국 영토에서 런던 지역 중심 방언은 지리, 사회 계층, 도시 중요성 증가 현상으로부터 영향을 받아 중심 방언으로 두각을 나타내기 시작하였다. 런던 방언은 표준화 과정에서 핵심적인 역할을 하였고, 제프리 초서 Geoffrey Chaucer는 대표작인 The Canterbury Tales(캔터베리 이야기)를 통해 중세 영어를 대중화하고 표준화하는 중추적인 인물이었다.

14세기 후반 초서의 작품은 런던 방언의 활력을 보여주었으며, 런던 방언이 문학적이고 영향력 있는 영어 형태로 확립되는 기초가 되었다. 초서가 자신의 작품에서 런던 방언을 사용한 것은 당시의 언어를 반영했을 뿐만 아니라, 그 언어의 표준화와 대중화에 적극적으로 공헌하였다.

4.3.6. 인쇄 기술과 영어 표준화

영국 역사에서 윌리엄 캑스턴 William Caxton은 1476년 웨스트민스터에 최초의 영어 인쇄기를 설립했으며, 요하네스 구텐베르크의 발명에 기반을 둔 것이었다. 인쇄 기술은 서적의 대량 생산을 가능하게 하였고, 일반인들의 문해력 능력을 높이고, 영어 철자와 문법의 표준화를 가속시켰다. 즉 언어의 통일된 기록 형태를 촉진함으로써 방언들 사이의 차이를 해소하는 기반을 조성하였다. 정부 공식 문서에 사용되던 '재무부 표준'Chancery Standard)도 인쇄를 통해 영향력을 보여주었다.

인쇄는 특정 시점에 철자법의 표준화를 설정함으로써 철자법의 '고정' 설정은 발음이 급격한 변화를 겪고 있던 당시에 발생하여서 영어의 정서법과 발음 사이의 불일치를 해결하는 초석이 되었다. 이러한 인쇄 기술 발전은 영어의 변화와 함께 영어의 언어적 특징을 고착시키는 강력한 촉매 역할을 보여주었다.

■ 4.4. 근대 영어

4.4.1. 초기 근대 영어

초기 근대 영어 시대(1500~1800년)에 발생하였던 르네상스 시기(14~17세기)는 고전 학문의 재발견을 가져왔으며, 라틴어와 그리스어 차용어의 유입으로 이어졌다. 약 10,000개에서 12,000개의 새로운 단어가 도입되었고, 이처럼 유입된 언어 현상을 '잉크혼 용어'inkhorn terms 형성이라고 불렀다. 당시 학자들은 방대한 어휘 차용을 토대로 과학, 학술 분야 서술을 수행하였다.

그리스어에서 유래한 주요 잉크혼 용어

이러한 단어들은 당시 영어를 사용하는 일반 대중에게는 매우 생소하고 불필요하게 느껴지는 경우가 많아 비판의 대상이 되었다.

    anachronism(시대착오): 그리스어 anakhronismos (시간에 어긋남)
    crisis(위기): 그리스어 krisis (판단, 결정)
    criterion(기준): 그리스어 kritērion (판단의 수단)
    critic(비평가): 그리스어 kritikos (판단하는)
    emphasis(강조): 그리스어 emphasis (나타남, 명확함)
    enthusiasm(열정): 그리스어 enthousiasmos (영감)
    epilepsy(간질): 그리스어 epilēpsia (발작)
    monosyllable(단음절어): 그리스어 monos (하나) + syllabē (음절)
    pathos(비애, 연민): 그리스어 pathos (고통, 감정)
    pneumonia(폐렴): 그리스어 pneumōn (폐)
    scheme(계획, 도식): 그리스어 skhēma (형태, 모양)
    skeleton(해골): 그리스어 skeletos (말라붙은 몸)
    system(체계): 그리스어 systēma (조합, 조직)
    thermometer(온도계): 그리스어 thermē (열) + metron 측정)
    utopian(유토피아적인): 그리스어 ou topos (어디에도 없는 곳)

라틴어에서 유래한 주요 잉크혼 용어

    이 단어들은 추상적인 개념, 학문적 개념, 과학/의학 용어 등에 해당한다.

    aberration(이상, 탈선): 라틴어 aberrātiō (길을 잃음, 벗어남)
    accommodation(수용, 편의): 라틴어 accommodātiō (적응, 조절)
    benefactor(은인, 후원자): 라틴어 benefactor (선행을 하는 사람)
    celebrate(축하하다): 라틴어 celebrāre (자주 방문하다, 축제하다)

dexterity(손재주, 능숙함): 라틴어 dexteritās (능숙함)
fertile(비옥한): 라틴어 fertilis (생산적인)
illustrate(설명하다, 삽화를 넣다): 라틴어 illūstrāre (빛나게 하다, 명확히 하다)
ingenious(독창적인): 라틴어 ingeniosus (천부적인 재능이 있는)
necessitate(필요하게 하다): 라틴어 necessitāre (강요하다)
obstruction(방해): 라틴어 obstructiō (가로막음)
pastoral(전원적인): 라틴어 pastōrālis (목자의)
sophisticated(세련된, 정교한): 라틴어 sophisticātus (혼합된, 변질된)
superiority(우월성): 라틴어 superiōritās (우위)
verbosity(장황함): 라틴어 verbōsitās (말이 많음)

중세 영어에서 시작된 대모음 추이는 1400년에서 1564년 사이에 장모음 발음의 체계적인 변화를 거의 완료하였다. 즉 전통적인 영어 철자와 새로운 구어 발음 사이의 불일치를 확정지었다. 인쇄 기술은 철자와 문법의 표준화를 지속적으로 촉진하는 역할을 보였다. 사전과 문법책의 광범위한 출판은 영어를 더욱 공식화하였다. 윌리엄 셰익스피어William Shakespeare의 16세기 작품들은 초기 근대 영어에 지대한 영향을 미쳤다. 그는 수많은 새로운 단어, 구절, 문학 기법을 도입하여 언어의 표준화와 풍부함에 더욱 기여했다.

그리고 16세기 이후 영국의 국제적 부상은 식민지 확장을 토대로 영어를 전 세계로 퍼뜨리기 시작하였다. 17세기 초 미국대륙 버지니아주 제임스타운에 최초의 성공적인 영국 식민지가 건설되면서 미국 영어가 시작되었고, 식민지 개척자들은 토착어 단어를 채택하였다.

초기 근대 영어 시기는 강력한 표준화 노력(인쇄술, 사전, 문법책)으로 특징할 수 있지만, 동시에 대모음 추이가 완료되어서 철자와 발음 사이에 상당한 불일치가 발생하였다. 결과적으로 인쇄 기술처럼 언어를 고정시키는 도구들이 의도와 다르게 정서법적 불규칙성을 굳히는 역할을 보였다. 이것은 영어 표준화가 진화의 특정 시점에서 언어를 '고정'시키는 과정으로서 기록 형태와 발화 형태의 불일치로 인해서 영어 발음의 근본적 난제를 역사적 발달을 통해서 분명하게 설명해 줄 수 있다.

4.4.2. 후기 근대 영어

영국을 기반으로 산업 혁명 시기에 과학 기술의 급속한 발전은 신조어 어휘에 대한 엄청난 필요성을 마주하게 되었다. 따라서 당시의 과학자와 학자들은 그리스어와 라틴어 어근을 활용하거나 또는 기존 영어 어근을 결합하는 방식으로 새로운 용어를 구축하였다.

> bacteria: 그리스어 baktēria(막대기, 지팡이)에서 유래
> histology: 그리스어 histos(조직, 웹, 직물)와 logia(학문, 연구) 결합
> nuclear: 라틴어 nucleus(핵심, 알맹이)와 형용사를 만드는 접미사 -ar의 결합
> biology: 그리스어 bios(생명)와 logia(학문, 연구) 결합
> oxygen: 프랑스어 oxygène에서 유래
> protein: 그리스어 prōteios(최고의, 첫 번째의)에서 유래
> vaccine: 라틴어 vacca(암소)에서 유래
> horsepower: 영어 단어 horse(말)와 power(힘)의 결합
> airplane: 그리스어 aēr(공기)와 라틴어 planus(평평한), 그리스어 planos(떠도는) 결합

typewriter: 영어 단어 type(활자)와 writer(쓰는 사람/도구) 결합

　이러한 신조어 생성 과정은 특히 전자, 컴퓨터 분야에서 계속되고 있다. 영국의 확장은 영어를 국가 언어에서 세계 언어로 변화시켰고, '세계 영어'의 출현으로 이어졌다. 주로 중앙 집중식으로서 런던 중심 표준화 과정에서 벗어나서 더욱 분산되고, 다방향적인 진화로의 전환이 발생하였다.

　현재 새로운 단어와 영어 용법은 영국과 전 세계의 다양한 영어 사용 공동체에서 나타나고 있다. 영어의 미래 진화는 이제 더 이상 단일 '표준'에 확립에 관한 것이 아니라 상호 연결된 다양한 변종들의 역동적인 생태계로 접어들었다.

　영어의 세계적 지위 현상을 두고 볼 때 영어의 언어적 변화가 영국 역사적 발달에만 국한되지 않으며, 글로벌 사회문화적, 기술적 역량에 의해 영향을 받는다는 사실을 확인할 수 있다. 그리고 현대 영어는 인터넷, 디지털 통신과 같은 기술, 대중 매체(신문, 라디오, 영화), 세계화의 지속적인 영향 아래에서 계속 진화를 거듭하고 있다. 이러한 상황은 현대 사회 및 문화적 변화를 반영하면서 계속해서 신생 단어, 구절 표현, 활용 패턴 도입의 필수적 현상을 강화시키고 있다.

제10장

전산언어학

1 자연어 처리의 기초

컴퓨터와 인간 언어 상호작용 연구에 초점을 맞춘 컴퓨터 언어학의 분야를 가리켜서 '자연어 처리'Natural Language Processing, NLP라고 한다. 자연어 처리 분야의 목표는 기계가 인간 언어를 이해하고 해석하며 생성할 수 있는 기술을 개발하는 것이다.

자연어 처리는 다양한 언어 데이터 처리 및 분석 작업에서 핵심적 역할을 보여주며, 자연어 이해와 생성의 향상을 통해 인공지능 기술의 발전에 기여하고 있다. 따라서 자연어 처리 분야는 인간의 의사소통과 기계의 이해 능력 사이의 격차를 줄여가는 컴퓨터 언어학의 중요한 분야이다.

자연어 처리에 관련된 기본 사안들을 완전하게 이해함으로써 미래 시대의 연구자와 개발자는 기술과의 상호작용을 훨씬 직관적이면서 효율적 증강을 모색하여 더욱 정교한 도구를 구축할 수 있다. 이 분야는 기계 학습을 의미한 머신러닝machine learning과 인공지능의 발전을 토대로 빠르게 진화하고 있다.

■ 1.1. NLP의 기본 요소

자연어 처리는 컴퓨터가 인간의 언어를 이해하고 처리할 수 있도록 돕는 인공지능의 한 분야이다. NLP의 기본적인 요소들은 크게 다음과 같이 나눌 수 있다.

a. 토크나이제이션(Tokenization)

원래의 텍스트를 처리할 수 있는 작은 조각으로 변환하는 단계로서 자연어처리 작업의 첫 단계에 해당한다. 이 기술은 언어 텍스트를 하위 단위인 '토큰'으로 분리하는 과정을 가리킨다. 여기서 토큰은 단어, 구, 문자 등으로 볼 수 있다. 텍스트를 최소 의미 단위(토큰)로 분리하는 과정이며, 영어에서는 띄어쓰기나 구두점을 기준으로 나누지만, 한국어와 같은 교착어는 형태소 분석이 필요하다.

문장 구조: The cat sat on the mat.
→ 〈토크나이징〉 ["The", "cat", "sat", "on", "the", "mat"]

b. 품사 태깅(Part-of-Speech Tagging)

앞서 분할된 토큰에 명사, 동사, 형용사 등의 문법적 범주를 설정하는 '레이블링' 작업이 품사 태깅이다. 품사 태깅은 문장의 내적 통사 구조를 이해하는 기준이 된다.

문장 구조: The cat sat on the mat.
→ 〈품사 태깅〉 The - 한정사, cat - 명사, sat - 동사

c. 개체명 인식(Named Entity Recognition, NER)

텍스트에서 고유 명사를 식별하고 사람, 조직, 위치, 날짜 등처럼 사전에서 정의된 범주로 분류한다. 개체명 인식은 텍스트에서 유의미한 정보를 추출할 때 필수적 요건이다.

문장 구조: John was born in London
→ 〈개체명 인식〉 John - 사람, London - 장소

d. 구문 분석(Parsing)

문장의 통사적 구조를 분석하는 작업으로서 단어 사이의 문법적 관계인 주어, 목적어, 서술어 등을 식별한다. 주요 유형으로는 '의존 구문 분석'Dependency Parsing 그리고 '구성 구문 분석'Constituency Parsing이 있다.

- 의존 구문 분석 → 단어 사이의 관계에 중점
- 구성 구문 분석 → 문장을 중첩된 구성 요소로 분석

e. 감정 분석(Sentiment Analysis)

텍스트에 표현된 감정을 분석하여 긍정, 부정, 중립으로 분류하는 작업이다. 이러한 기능은 고객 의견 표현 분석, 소셜 미디어 모니터링, 시장 조사 등을 통해 대중의 의견을 파악하는 방법이 될 수 있다.

f. 기계 번역(Machine Translation)

특정 텍스트를 한 언어에서 다른 언어로 번역하는 작업을 가리킨다. 예로서 구글 번역Google Translate 도구를 고려할 수 있다. 현대 접근 방식은 특히 트랜스포머 모델과 같은 신경망을 활용하여 높은 정확도와 유창성을 기대할 수 있다.

g. 텍스트 요약(Text Summarization)

장문의 텍스트를 간결하고 일관된 형식으로 요약하는 작업이다. 여기에는 다음과 같은 항목들이 포함된다.

- 추출 요약(Extractive Summarization): 원본 텍스트에서 핵심 문장을 선택

- 추상적 요약(Abstractive Summarization): 주요 아이디어를 전달하는 새로운 문장을 생성

h. 언어 모델(Language Models)

단어가 나열되는 '나열 구조'sequence의 확률을 예측하는 작업이며, 많은 자연어 처리 응용 프로그램의 기반이다. 기존의 n-그램 모델로서 다음 딥러닝 모델 등이 있다. 이러한 모델은 언어 데이터의 복잡한 패턴과 의존성을 포착할 수 있다.

- 순환 신경망(Recurrent Neural Networks)
- 트랜스포머(Transformers)

i. 말뭉치(Corpus)

NLP 작업에서 사용되는 텍스트 데이터의 집합. 일반적으로 원시 텍스트와 연관된 메타데이터를 포함한다.

j. 정규화(Normalization)

텍스트 데이터를 표준화된 형식으로 변환하는 과정이다. 소문자 변환, 불필요한 구두점 제거, 공백 처리 등이 포함된다.

k. 불용어 제거(Stopword Removal)

'the', 'is', 'and'와 같이 자주 나타나지만 큰 의미를 가지지 않는 단어(불용어)를 제거하여 분석의 효율성을 높인다.

I. 어간 추출(Stemming) 및 표제어 추출(Lemmatization)

단어의 형태 변화를 단순화하여 단어의 기본 형태를 추출하는 과정이다.

- 어간 추출: 단어의 어미를 제거하여 어간을 찾는 단순한 방법이다.
  running, ran, runs → run
- 표제어 추출: 단어의 문맥과 의미를 고려하여 단어의 원형(표제어)을 찾는 법
  better → good

■ 1.2. 응용과 도전 과제

자연어 처리 응용 분야는 다양하며, 챗봇, 가상 비서, 자동 콘텐츠 생성, 감정 분석 등 여러 방면에 걸쳐 있다. 그러나 자연어 처리는 관용적 표현 처리, 맥락 이해, 인간 언어의 모호성 관리와 같은 도전 과제의 해결 방안 확보 등 다양한 과제에 직면하고 있다.

a. 심층적인 의미 및 맥락 이해

현재 NLP 모델들은 표면적인 의미와 통계적 패턴을 잘 학습하지만, 인간처럼 심층적인 의미와 복잡한 맥락의 완전한 이해에 한계가 있다.

b. 희소 자원 언어 및 도메인 적응

대규모 데이터셋이 부족한 언어나 특정 전문 도메인에서의 NLP 성능은 여전히 취약하다.

c. 설명 가능성 및 견고성

최신 딥러닝 기반 NLP 모델은 높은 성능을 보이지만, 그 작동 방식이 불투명하고 예상치 못한 오류를 범할 수 있다.

d. 효율성 및 실시간 처리

점점 더 커지는 NLP 모델의 크기와 복잡성은 자원 소비와 처리 속도 측면에서 도전 과제를 제시한다.

e. 인간-AI 협업 및 윤리

NLP 기술이 사회에 미치는 영향이 커지면서 인간과의 효과적인 협업 및 윤리적 고려가 중요해지고 있다.

2 언어학과 머신러닝

머신러닝은 인간 언어를 분석하고 모델 설계를 주도하는 강력한 도구를 제공하며, 언어학 분야에 혁신을 가져왔다. 전산 프로그램의 주축인 알고리즘과 통계 모델을 활용하는 방법을 기반으로 해서 언어 데이터를 기반으로 언어 활용 패턴을 학습하고 예측하는 수준까지 도달할 수 있다. 그리고 머신러닝은 언어 데이터를 이해하고 처리하는 강력한 도구를 제공하며, 언어학 연구 및 응용에서 그 역할이 점점 증가하고 있다.

■ 2.1. 언어학에서 머신러닝의 응용

a. 텍스트 분류(Text Classification)

머신러닝에서 알고리즘은 텍스트를 미리 정의된 범주들로 분류한다. 이메일 중에서 스팸메일의 감지와 판단은 흔한 예로서 시스템 자체가 스팸 내용 그리고 스팸 내용이 아닌 메시지들을 구별하는 방법을 학습한다. 감정 분석 방식도 널리 사용되는 응용 기능으로서 텍스트를 내용에 따라서 긍정적, 부정적, 중립적 감정 느낌 내용으로 분류한다.

b. 품사 태깅(Part-of-Speech Tagging)

문장에서 하나씩 분리된 단어들을 자동으로 명사, 동사, 형용사 등 문법적 범주로 할당한다. 이러한 과정에는 전통적으로 '히든 마르코프 모델'HMM과 '조건부 랜덤 필드'CRF 등 기법들이 사용되지만, 현재는 '순환 신경망'RNN과 '트랜스포머' 같은 딥러닝 접근 방식이 높은 정확도로 머신러닝 분야를 주도하고 있다.

c. 개체명 인식(Named Entity Recognition, NER)

텍스트 내에서 주어진 단어들이 이름, 조직, 날짜와 같은 개체 역할을 하는지 식별하고 분류한다. 주석이 달린 '데이터셋'을 토대로 학습된 머신러닝 모델은 패턴과 문맥적 단서를 인식하여서 앞서 언급한 개체 역할 등을 정확히 명명하는 '레이블링' 수행하며, 정보 추출 작업에 도움을 준다.

d. 기계 번역(Machine Translation)

'신경망 기반 기계 번역'NMT 시스템은 딥러닝 모델을 사용하여 하나의 언어로부터 다른 언어로 텍스트를 번역한다. 구글의 BERT나 OpenAI의 GPT와 같은 트랜스포머 모델은 복잡한 언어 패턴과 내부 단어들 사이의 장거리 상호 의존성을 포착하여 번역 품질을 향상시켰다.

e. 음성 인식(Speech Recognition)

머신러닝 알고리즘으로 음성을 텍스트로 변환하며, 이러한 시스템은 음향 모델을 사용하여 오디오 신호를 해석하고, 언어 모델을 통해서 문법적 정확성을 보장한다. 주요 응용에는 Siri나 Alexa와 같은 가상 비서, 자동 전사 서비스 등이 있다.

f. 구문 분석(Syntax and Parsing)

머신러닝 모델은 문장의 통사적 구문 구조를 분석할 수 있다. 이에 해상하는 분석 방식으로는 '의존 구문 분석'Dependency Parsing과 '구성 구문 분석'Constituency Parsing을 들 수 있고, 이러한 방식들을 통해 단어들 사이의 문법적 관계를 분석하고 이해한다. 이와 같은 모델은 기계 번역이나 정보 추출과 같은 작업에서 중요한 통사적 구문 분석을 수행한다.

2.2. 기법과 모델

a. 지도 학습

여기에 활용되는 학습 알고리즘은 '지원 벡터 머신'SVM과 신경망 등 기법을 사용하며, 명칭을 설정하는 레이블이 있는 훈련 데이터가 필요하다. 이러한 알고리즘은 단어 시퀀스처럼 입력 특징을 출력 품사 또는 감정 레이블과 맞추는 매핑 방법을 학습한다.

b. 비지도 자율 학습

비지도 자율 학습 알고리즘은 클러스터링 및 토픽 모델링 등의 기법을 통해 레이블이 없는 데이터에서 숨겨진 형태 패턴을 발견한다. 예를 들면

'잠재 디리클레 할당'Latent Dirichlet Allocation, LDA은 대규모 텍스트 코퍼스에서 주제를 식별할 수 있다.

c. 딥러닝

딥러닝은 심층 네트워크를 중심으로 다층 신경망을 사용하여 복잡한 패턴을 모델링하는 머신러닝 범주의 하위 분야이다. '합성곱 신경망'CNN과 '트랜스포머'Transformers 등 구조로서 아키텍처는 다양한 언어학적 작업에서 최첨단 결과를 달성하고 있다.

■ 2.3. 도전 과제와 미래 방향

언어학에서 머신러닝은 대규모 주석 데이터셋의 필요성, 자원이 부족한 언어의 처리, 언어적 다양성과 모호성 관리 등 여러 방면의 도전을 직면하고 있다. 이러한 난제에도 불구하고 비지도 자율 학습과 전이 학습의 발전은 데이터 제약을 극복하고 모델 성능을 개선할 가능성을 제시하고 있다. 이와 같은 기술적 진보는 더욱 광범위한 언어 데이터 활용을 가능하게 하고, 언어학 및 자연어 처리의 관련성을 밝히는 미래 연구에 크게 공헌할 것이다.

3 인공지능과 언어의 이해

인공지능은 인간 언어를 이해하고 처리하는 능력을 발전시켰다. 다양한 인공지능 기술을 통해 기계가 번역을 위시하여 감정 분석까지 복잡한 언어 연관 작업을 수행하게 되었다.

3.1. 자연어 처리

컴퓨터와 인간 언어 사이 상호작용에 초점을 맞춘 인공지능의 핵심 구성 요소이다. 자연어 처리가 수행하는 주요 작업은 다음과 같다.

a. 토크나이제이션

텍스트를 단어 또는 구로 나누는 작업이다.

b. 품사 태깅

텍스트 구성 요소 문법 범주 식별 작업이다.

c. 개체명 인식

이름, 날짜 등의 개체를 탐지하는 작업이다.

d. 구문 분석

문장 구조를 분석하는 작업이다.

3.2. 머신러닝과 자연어 처리

머신러닝으로서 딥러닝은 자연어 처리에서 중요한 역할을 한다.

a. 지도 학습

주석이 달린 데이터셋으로 모델을 훈련하여 감정 분석 같은 작업을 학습하게 한다. 지원 벡터 머신SVM과 신경망 같은 알고리즘이 일반적으로 사용된다.

b. 비지도 자율 학습

'클러스터링'과 '토픽 모델링' 같은 기술은 레이블이 없는 데이터에서 패턴을 발견할 수 있다. '잠재 디리클레 할당'LDA은 토픽 추출의 대표적인 예로 볼 수 있다.

c. 딥러닝

심층 네트워크 다층 신경망을 사용하여 복잡한 언어 패턴의 모델을 설계한다. BERT와 GPT 같은 트랜스포머는 맥락과 의미를 효과적으로 포착하여 자연어 처리에 혁신을 가져왔다.

3.3. 응용 분야

인공지능 기반 언어 이해는 다양한 응용 분야를 가지고 있다.

a. 기계 번역

구글 번역 시스템은 인공지능을 사용하여 높은 정확도로 언어들 사이 텍스트를 변환한다.

b. 음성 인식

Siri와 Alexa 같은 가상 비서는 음성을 텍스트로 변환하고 적절히 응답한다.

c. 감정 분석

기업은 리뷰나 소셜 미디어를 분석하여 고객의 감정을 파악할 때 인공지능을 활용한다.

d. 텍스트 요약

인공지능은 긴 텍스트의 간결한 요약을 생성하기 때문에 뉴스나 연구에 유용하다.

3.4. 도전 과제

인공지능은 언어 이해에서 여전히 다음의 도전 과제에 직면하고 있다.

a. 맥락 이해

미묘한 의미와 맥락의 포착이 여전히 어렵다.

b. 모호성

다의어가 인공지능 모델을 혼란스럽게 만들기도 한다.

c. 편향

인공지능은 훈련 데이터의 편향을 이어받아 왜곡되거나 불공정한 결과를 초래할 수 있다.

3.5. 미래 방향

이러한 도전 과제들을 해결하기 위해 연구가 계속되고 있으며, '비지도 자율 학습' 또는 '제로샷 학습'처럼 광범위한 훈련 데이터 없이 작업을 학습하는 기술 등에서 유망한 발전을 확인할 수 있다. 이러한 발전은 강력하고 공정하며 언어를 깊게 이해할 수 있는 인공지능 시스템의 구축에 목표를 두고 있다.

인공지능은 언어 이해에서 혁신적인 결실을 보여주고 있고, 의사소통과 접근성 향상과 동시에 맥락 이해와 편향 완화에서의 지속적인 개선 필요성을 강조하고 있다.

4 코퍼스 언어학과 텍스트 마이닝

코퍼스 언어학과 텍스트 마이닝 두 분야는 계산 언어학의 필수 요소들로서 대량의 텍스트 데이터를 분석하여 '패턴, 추세, 통찰' 등을 발견하는 도구 및 방법을 제공한다.

■ 4.1. 코퍼스 언어학

코퍼스 언어학은 대규모 텍스트 결집 세트로서 코퍼스를 기반으로 언어를 연구하는 연구 분야이다. 여기서 코퍼스는 언어연구를 위해 실증적 데이터로 사용되며, 다양한 맥락에서 활용된 언어를 관찰하고 분석하는 기반이 된다.

a. 코퍼스 구축(Building Corpora)
코퍼스를 구축하기 위해서는 특정 언어 또는 방언에 등장하는 대표적 텍스트를 수집해야 한다. 이러한 텍스트는 주로 서적, 신문 기사, 구어 녹취록, 온라인 콘텐츠 등을 포함한다. 코퍼스는 일반적일 수도 있지만, 또한 법률 텍스트나 의학 문헌처럼 특정 분야에 집중된 자료일 수도 있다.

b. 주석(Annotation)

코퍼스에 품사 태그, 구문 구조, 의미적 역할 등 언어 정보를 추가하는 과정을 의미한다. 이와 같은 과정은 세부적인 언어 분석과 언어 모델 개발에 기초가 된다.

c. 분석(Analysis)

소프트웨어 도구를 사용하여 빈도 분포, 연어(collocation), 용례(concordance) 등을 분석한다. 예를 들면 특정 단어가 얼마나 자주 함께 나타나는지 조사하여 관용구나 특정 주제의 어휘를 밝혀낼 수 있다.

■ 4.2. 텍스트 마이닝

텍스트 마이닝Text Mining은 텍스트 데이터 마이닝 또는 텍스트 분석이라고도 부른다. 대규모 텍스트 데이터셋에서 유용한 정보와 지식을 추출하는 작업을 포함한다. 이것은 자연어 처리, 머신러닝, 데이터 마이닝 기술을 결합한다.

a. 전처리(Preprocessing)

텍스트 마이닝은 전처리부터 시작하며, 여기에는 텍스트를 단어 또는 구로 분리하는 '토크나이제이션', 단어를 기본 형태로 변환하는 '스테밍 또는 표제어 추출', 'the, and' 등 의미가 적은 공통 단어를 제거하는 '불용어 제거'가 포함된다.

b. 특징 추출(Feature Extraction)

텍스트를 머신러닝 알고리즘에서 사용할 수 있는 수치적 특징으로 변환하는 단계이다. 주요 기법으로는 'TF-IDF'(term frequency-inverse document frequency), '워드 임베딩'(word embeddings), '토픽 모델링'(topic modeling) 등이 있다.

c. 클러스터링과 분류(Clustering and Classification)
텍스트 마이닝은 클러스터링을 사용하여 유사한 문서를 그룹화하고 분류 작업을 통해 문서를 사전에 정의된 범주에 할당한다. 예를 들면 감정 분석은 텍스트를 긍정, 부정, 중립으로 분류한다.

d. 정보 검색(Information Retrieval)
텍스트 마이닝은 검색 알고리즘과 관련성 순위를 개선하여 정보 검색 시스템을 향상하도록 만들 수 있다. 이것을 통해 사용자는 가장 적합한 정보를 빠르고 정확하게 찾을 수 있다.

4.3. 응용 분야

이러한 기술을 활용하면 연구자와 전문가들은 언어 패턴을 깊이 이해하고 방대한 텍스트에서 의미 있는 정보를 추출하여 다양한 분야에서 혁신과 정보에 기반한 의사 결정에 도움을 받을 수 있다. 코퍼스 기능을 활용할 수 있는 분야는 다음처럼 정리할 수 있다.

a. 언어학 연구
코퍼스 언어학은 언어 변이, 변화, 사용 패턴 이해에 도움을 준다.

b. 비즈니스 인텔리전스
텍스트 마이닝은 고객 피드백 분석, 브랜드 평판 모니터링, 소셜 미디어 및 리뷰 사이트에서 시장 동향 추적 등에 사용된다.

c. 의료 분야

텍스트 마이닝은 의료 기록 및 문헌에서 유용한 정보를 추출하여 질병 감시 및 임상 연구에 공헌할 수 있다.

d. 법률 및 규제 준수

법률 문서와 규제 텍스트를 분석함으로써 규정 등의 준수 여부를 확인하고 잠재적 위험을 탐지한다.

5 음성 인식과 합성

음성 인식과 합성은 계산 언어학의 핵심 영역으로서 기계가 인간의 음성을 이해하고 생성할 수 있게 한다. 이러한 기술은 가상 비서, 자동 전사, 텍스트 음성 변환TTS 시스템 등 응용 프로그램에 필수적 사항이며, 인간과 기계 간의 의사소통을 훨씬 직관적이고 효율적으로 만들 수 있다.

■ 5.1. 음성 인식

a. 오디오 입력(Audio Input)

마이크를 통해 오디오를 캡처하고 디지털 신호로 변환한다.

b. 특징 추출(Feature Extraction)

오디오 신호를 분석하여 관련 피치, 음색, 리듬 등 특징들을 추출한다.

c. 음향 모델링(Acoustic Modeling)

　음향 모델은 오디오 신호와 음성 단위 사이의 관계를 나타내며, 다양한 음성을 인식하도록 대규모 데이터셋에서 학습된다.

d. 언어 모델링(Language Modeling)

　언어 모델은 단어 나열 시퀀스의 가능성을 예측하여 맥락을 이해하고 정확도를 향상시킨다.

e. 디코딩(Decoding)

　음향 모델과 언어 모델의 정보를 결합하여 가장 가능성이 높은 텍스트 표현을 생성한다.

5.2. 음성 합성

a. 텍스트 분석(Text Analysis)

　입력 텍스트를 분석하여 문장 구조, 구두점, 특수 문자를 식별한다.

b. 언어 처리(Linguistic Processing)

　텍스트를 음운으로 변환하고, 발음과 억양 규칙을 적용하여 소리 기본 단위로서 음소를 생성한다.

c. 운율 모델링(Prosody Modeling)

　리듬, 강세, 억양을 모델로 구성해서 합성 음성이 자연스럽고 표현력 있게 들리도록 한다.

d. 파형 생성(Waveform Generation)

　음운 및 운율 정보를 기반으로 오디오 파형을 생성한다. 주요 기법들은 다음과 같다.

- 연결 합성(Concatenative Synthesis):
  사전 녹음된 음성 조각을 선택하고 연결한다.

- 파라메트릭 합성(Parametric Synthesis):
  수학적 모델(HMM, DNN)을 사용하여 음성을 생성함.

- 파형 합성(Waveform Synthesis):
  딥러닝 모델(WaveNet)을 사용하여 텍스트에 직접 파형 생성한다.

6 응용 분야와 도전 과제

6.1. 응용 분야

a. 가상 비서(Virtual Assistant)

Siri, Alexa, Google Assistant 등의 시스템은 음성 인식(ASR)과 음성 합성(TTS)을 활용하여 사용자와 상호작용한다.

b. 접근성 향상(Accessibility)

이 기술은 시각 장애인이나 언어 장애인을 지원하여 텍스트 읽기 및 음성 명령 기능을 제공할 수 있다.

c. 전사 서비스(Transcription Services)

자동 전사는 음성을 텍스트로 변환하며, 언론, 법률, 의료 문서화와 같은 분야에서 유용하게 사용된다.

■ 6.2. 도전 과제

음성 인식과 음성 합성 기술은 다양한 억양, 방언 처리와 소음 환경을 처리하는 것에 아직은 어려움을 겪고 있다. 그러나 머신러닝과 인공지능의 지속적인 발전은 이러한 문제를 해결하고 정확성과 자연스러움을 향상하는 기술적 발전을 보여주고 있다. 이와 같은 기술의 발전은 사용자 경험을 직관적, 효율적으로 만듦으로써 다양한 분야에서 혁신적인 활용 범위 확장 가능성을 열어가고 있다.

제11장

문자 체계와 철자법

1 문자 체계의 유형

문자체계란 인간의 언어를 시각적으로 기록하고 전달하기 위해 만들어진 기호의 체계이다. 언어의 음성과 의미를 일정한 규칙에 따라 문자로 나타내는 방식이나 문장 유형 체계를 의미한다.

문자체계의 핵심 기능은 언어의 기록, 보존, 전달, 학습 역할로 볼 수 있다. 그리고 문자 체계는 언어를 시각적으로 표현하는 방법으로서 다양한 종류의 방식들이 존재하고, 문자 형태와 구성 방식을 기반으로 여러 범주로 분류된다. 각각의 문자 체계는 독특한 특징과 역사적 의미를 지니고 있으며, 이러한 사안들을 이해한다면 다양한 문화에서 언어를 기록하고 내용을 전달하는 방식을 정확하게 파악할 수 있다.

이처럼 문자 체계는 해당 언어의 음운 및 형태적 특성을 반영하며, 사용자의 문화와 역사를 분석할 때 중요한 단서를 제공한다. 이와 같은 문자 체계의 다양성은 문자 언어가 서로 다른 언어 환경에서 구어의 복잡성을 포착하고, 표현하는 적응성도 보여줄 수 있다. 세계에 현존하거나 역사적으로 존재하였던 문자 체계는 일반적으로 다음과 같이 분류된다.

■ 1.1. 표의문자

역사적 기록에서 다수 확인할 수 있는 '표의문자'Logographic Systems는 단어 또는 최소 의미 단위인 형태소를 대표하는 기호를 사용하며, 기호들은 특정 의미나 개념을 대표한다.

- 압축적이고, 언어가 달라도 의미 이해가 가능하다. (예: 한자 문화권 지역)
- 학습이 필수적이고, 글자 수가 방대하여 활용 난제이다.

a. 고대 이집트 상형문자

사물, 소리, 개념 등을 대표하는 기호를 결합한 문자 체계이며, 표의문자와 음소문자가 혼합되어 있다고 할 수 있다.

b. 중국 문자

표의문자 체계로서 각각의 글자들이 단어나 단어의 의미적 부분을 나타낸다. 예를 들면 '水'(shuǐ)는 글자이지만 '물'을 의미한다.

■ 1.2. 음절문자

자음과 모음이 결합해서 구성된 음절을 별도 기호로 표현하는 글자 체계를 '음절 문자'Syllabic Systems라고 한다.

- 표어문자보다 학습에 필요한 글자 수가 적다.
- 글자 학습 시간이 여전히 적지 않다.

a. 일본 가나

일본어를 구성하는 문자는 '히라가나'와 '가타카나'라는 두 종류의 음절문자가 있다. 예를 들면 か(ka), た(ta)는 히라가나 음절 문자이며, カ(ka)와 タ(ta)는 가타카나 음절 문자이다.

b. 체로키 문자

미국 원주민 체로키족이 사용하는 문자 체계로서 발명자는 '세쿼야' Sequoyah이고, 1812년에 고안되었다. 전체 구성이 85개 문자로서 문자가

'자음+모음'의 조합을 나타낸다. 예를 들면 **D** [a], **R** [e], **W** [la] 형식을 따른다. 언뜻 라틴 문자와 유사해 보이는 글자가 여럿 있지만 실제 발음은 다르다.

1.3. 알파벳 문자

언어의 최소 음성 단위인 '음소'phoneme를 기반으로 각각 음소들이 개별 기호 문자를 갖춘 문자 체계를 '알파벳 문자'Alphabetic Systems라고 한다.

- 학습 글자 수가 매우 적어 문맹률을 낮추는 효과를 기대할 수 있다.
- 소리 없는 문자(묵음)나 복합 자음/모음 등 예외적인 규칙이 존재한다.

a. 로마자

영어를 비롯한 여러 유럽 지역 언어에 사용되며, 영어는 26개의 문자로 구성된다. 예를 들면 'b'는 음소 /b/를 가리킨다.

b. 키릴 문자

러시아어, 불가리아어 등 동부유럽 지역을 중심으로 사용되며, 예를 들면 Б(B)는 /b/, Г(G)는 /g/ 음소 소리를 나타낸다.

1.4. 아브자드 체계

아랍지역 문자 체계 구조로서 문자 체계를 '아브자드'Abjad라고 명명한다. 주로 자음 표기에 집중되어 있고, 모음 대부분은 독자가 추론해서 발음을 수행한다. 문자 체계의 특징은 자음 중심 표기, 모음의 생략 또는 부호화, 오른쪽에서 왼쪽으로 쓰기 방식으로 정리할 수 있다.

- 간결성 및 효율성, 어원 표기의 일관성, 속독 용이성(숙련자 기준)
- 학습의 어려움(초보자, 비원어민). 모호성 발생 가능성, 정확한 발음 학습의 어려움

a. 아랍 문자

아랍 문자는 주로 자음을 표기한다. 예를 들면 '책'을 의미하는 كتب(ktb) 글자 체계는 모음이 생략된 형태이다.

b. 히브리 문자(Hebrew)

아랍 문자와 유사하게, 주로 자음을 기록하며 필요할 경우 모음을 나타내는 발음 기호로서 '디이아크리틱'Diacritic Hebrew를 사용한다.

2 문자의 역사적 발전

문자는 역사적으로 일단 단순한 기호에서 복잡한 문자 체계로 발전하는 형식을 취한다. 문자의 역사를 살펴보면, 인간의 의사소통에 연관된 발달 여정을 확인할 수 있다. 이러한 발달 과정은 사회의 변화 요구와 언어 표현의 정교화 과정을 반영한다고 볼 수 있다.

■ 2.1. 초기 문자 체계

문자의 최초 형태는 세계 여러 지역에서 독립적으로 등장하였으며, 정

보 기록 및 정보 관리의 필요성에 의하여 발전하였다. 역사적 초기 문자는 다음과 같다.

a. 설형문자

기원전 3400년경 메소포타미아의 수메르인들이 설형문자를 개발하였다. 초기에는 점토판을 활용해서 물건과 개념을 나타내는 단순한 그림 문자 형태를 사용하였지만, 시간이 지나면서 그림 형태가 점차 추상적인 기호로 변화하면서 소리와 음절을 대표하게 되었다.

b. 상형문자

기원전 3100년경 이집트인들은 표어문자와 알파벳 요소가 혼합된 이집트 상형문자를 개발하였다. 당시 문자는 주로 기념비적 비문과 종교적 텍스트에 사용되었으며, 이것은 초기 문자 체계의 복잡성과 강력한 영향력을 대변한다.

2.2. 알파벳 혁명

문자의 발전 과정을 볼 때 중요한 도약은 바로 개별 단어 또는 음절이 아닌 개별 음소를 나타내는 알파벳 체계가 개발되었다는 사실이다.

a. 페니키아 문자

기원전 1050년경 아프리카 대륙 북쪽 지중해 지역에 거주하던 페니키아인들은 자음을 나타내는 기호로 구성된 문자를 구축하였다. 이 문자는 초기 셈족 문자에서 유래하였고, 이후 많은 알파벳 문자 체계의 기초가 되었다.

b. 그리스 문자

기원전 800년경 그리스인들은 페니키아 문자를 수용하였고, 이러한 문자들을 변형하여 거의 최초로 모음만을 가리키는 문자들을 추가하였다. 이러한 문자 개발 혁신은 문자의 활용성을 크게 향상하였고, 정작 말소리 중심의 구어를 정확하게 표현할 능력을 키웠다.

■ 2.3. 문자의 확산과 적응

문명들이 확장하고 상호 작용하면서 문자 체계는 다양한 언어와 문화에 맞게 확산하였고, 또한 문화와 지역 환경에 적응되었다. 그리고 문자의 발전은 단순한 기호에서 점점 더 복잡하고 효율적인 체계로 변화하였다. 문명 발생과 발달 가운데 인류가 문자를 활용하면서 고유한 방식으로 발전시키고 적응시켰다. 문자의 역사적 과정은 언어 및 문명의 상호작용 이해에 중요한 단서를 제공한다.

a. 로마자

로마인들은 그리스 문명을 계승하면서 그리스 문자를 변형하여 기원전 700년경 라틴 문자를 구축하였다. 로마 문자는 로마 제국 전역에 퍼져 나갔고, 오늘날 유럽에서 사용되는 다양한 알파벳 형태로 변형되고 발전하였다.

b. 중국 문자

기원전 중국에서 독립적으로 표어문자 체계가 발전하였고, 글자들이 단어나 형태소를 대표하였다. 시간이 흐르면서 수많은 개혁을 거쳤지만, 여전히 표의문자 속성을 유지하고 있다.

■ 2.4. 중세 및 근대의 문자 발전

중세 시대에는 문자 체계가 더욱 다양하고 정교한 모습을 보이게 되었다.

a. 아랍 문자

4세기경 아랍 문자는 이슬람의 확산과 함께 퍼졌으며, 페르시아어, 우르두어, 터키어 등 다양한 언어에 적응하면서 그 활용성이 뛰어난 기능성을 입증하였다.

b. 한글

한국 역사에서 15세기 조선시대 세종대왕이 창제한 한글은 쉽게 배울 수 있고, 특히 문자 체계 속성이 한국어의 음운을 충실히 반영하도록 설계된 독창적인 알파벳 체계를 따르고 있다. 당시 문자 창제 목적은 문맹률을 낮추고 동시에 문해력 향상을 도모하려는 노력의 결과이다.

■ 2.5. 기술적 발전

15세기 인쇄술의 발명은 문자와 문해력에 엄청난 혁신을 불러일으켰다. 대량으로 텍스트를 생산하는 능력 확보가 정보를 두루 접하는 기회를 열어주었고, 이후 르네상스와 과학 지식의 확산을 촉진하였다.
특히 현대 디지털 기술은 문자 체계 변화 가속을 유발하였다. 특히 컴퓨터 체제의 핵심으로 볼 수 있는 '유니코드'Unicode 표준화는 여러 언어의 텍스트를 세계적으로 교환할 수 있는 계기를 제공하였으며, 디지털 커뮤니케이션 도구들이 즉각적인 문자 기반 소통 활로를 열어주었다. 최근에는 스마트폰을 이용해서 텍스트로 내용을 공유하는 방식이 바로 디지털 기술 발달의 대표적 결과라고 볼 수 있다.

3. 철자법과 철자 개혁

문자를 기록으로 적용하면서 형성된 '철자법'orthography은 언어의 전통적인 철자 체계로서 의사소통, 문해력, 교육에서 중요한 기반이 된다. 시간이 지나면서 철자 체계가 시대 발전 상황에 맞추지 못하게 되면, 문자 철자 방식을 단순화하고 발음과 일관성을 높이기 위해 철자 개혁이 요구될 수 있다.

■ 3.1. 철자법의 문제점

언어들은 역사적 과정에서 발음 변화, 외래어 차용, 불규칙한 철자 규칙 등으로 인해서 철자법과 관련된 문제에 직면할 수 있다. 예를 들면 영어는 특히 복잡한 철자 체계를 가지고 있다. 영어 단어 철자는 종종 발음과 일치하지 않아서 학습과 문해력을 어렵게 만든다. 구체적 사항으로서 'knight' 단어 구조는 'k, g'처럼 발음에 직접 반영되지 않는 묵음 철자와 불규칙한 표기법을 포함하고 있어서 철자 학습을 어렵게 한다. 이러한 문제는 언어 사용자의 학습 부담을 줄이고, 문해력을 높이려는 차원에서 철자 개혁의 필요성을 강조하게 만든다.

■ 3.2. 철자 개혁의 역사적 사례

역사를 보면 여러 언어에서 철자법의 문제를 해결하기 위해 철자 개혁을 시행하였던 기록을 확인할 수 있다.

a. 독일 철자 개혁

독일에서는 1996년경 독일어의 철자 규칙을 단순화하고 모호성을 줄이기 위한 대대적인 개혁을 시행하였다. 주요 변경 사항으로 'ß'(에스체트, Eszett)의 사용 표준화 및 일부 단어의 철자 간소화가 포함되었다. 예를 들면 'daß' 대신 'dass'를 사용함으로써 철자법 활용에서 일관성을 높이려고 시도하였다.

b. 터키어 철자 개혁

정부 수반이던 무스타파 케말 아타튀르크는 1928년에 기존의 아랍 문자를 폐기하고, 라틴 알파벳을 채택하였다. 이러한 개혁의 목표는 국가의 현대화와 문맹률의 현격한 척결이었다. 새로운 알파벳은 터키어의 음운 구조에 적합하도록 구성함으로써 문자를 읽고 쓰는 노력을 완화하는 확실한 효과를 구축하였다.

c. 중국 간체자 개혁

중국 정부는 1950년경 문맹 타파를 위해서 '간체자'(简体字)를 도입하였다. 이러한 개혁은 기존 한자의 획수를 획기적으로 줄여서 학습과 필기를 쉽게 하였다. 예를 들면 전통 한자인 '學'(xué, "배우다")을 간체자인 '学'으로 간소화하였다.

d. 영어 철자 개혁 제안

영어에서는 여러 차례 철자 개혁이 제안되었으나, 널리 채택된 사례는 거의 없다. 개혁 지지자들은 영어 철자법을 단순화하면 언어 학습이 쉬워지고 문해력 문제가 줄어들 것이라고 주장하였다. 예를 들면 다음과 같다.

- 발음에 맞춘 철자 사용을 제안
  'through → thru', 'night → nite' 등

- 규칙 정리로서 불규칙적인 철자 규칙을 표준화 방안 제안

  과거형 동사를 '-ed'로 통일하여 'dreamt'를 대신 'dreamed'로 표시

■ 3.3. 철자 개혁 찬반 논쟁

a. 찬성 의견
- 학습 용이성: 아동 읽기 및 외국어 학습의 읽기와 쓰기가 쉬워진다.
- 일관성 유지: 철자법의 불규칙성을 줄이면 문해력 능력을 높일 수 있다.
- 효율성 증가: 교육과 의사소통에서 시간과 노력을 절약할 수 있다.

b. 반대 의견
- 문화적 저항: 기존 철자 체계는 문화적 유산으로서 변화에 대한 거부감이 커진다.
- 전환 비용: 신철자법 도입으로 교과서, 교육 자료, 교사 훈련 등 비용, 시간이 필요하다.
- 방언 및 억양 문제: 다양한 억양과 방언으로 발음 기반 철자 개혁이 혼란 초래한다.

■ 3.4. 철자 개혁의 균형점

철자법과 철자 개혁은 문어 체계에 대한 접근 가능성을 늘리고, 구어 반영에 초점을 맞추는 것이 목표이다. 철자 개혁이 학습 난제를 해결하면서 문해력 향상을 꾀할 수는 있어도 문화적 그리고 실용적 도전 과제도 상당하다는 사실을 명심해야 한다. 따라서 일관성과 단순함을 추구하는 시도를 염두에 두면서도 여전히 전통과 실용성을 유지를 위해서 변혁 추진과 전통 보존 사이에서 균형을 맞출 수 있는 철자 개혁을 고민해야만 한다. 이와 같

은 논의의 핵심적 역할은 전문가로서 언어학자, 교육자는 물론 정책 입안자 등이 함께 머리를 맞대고 학습의 효율성 및 문해력 향상의 교육 방법 개발하도록 노력을 함께해야 할 것이다.

4 디지털 커뮤니케이션과 특수 표기 방식

　　디지털 커뮤니케이션은 글쓰기와 상호작용 방식을 혁신적으로 변화시켰다. 특히 '이모지'emoji와 같은 새로운 표현 형태를 도입하였고, 여기서 이모지는 현대 언어 사용의 중요한 요소로 자리 잡았으며, 감정의 뉘앙스, 문맥, 명확성을 증강시켜서 텍스트만으로는 전달하기 어려운 의미를 보완한다. 그리고 이모지는 디지털 커뮤니케이션에서 감정, 문맥, 어조를 보완하는 중요한 도구로 자리 잡았다.

　　언어적 표현을 시각적으로 확장하고, 메시지를 직관적이고 효율적으로 전달할 수 있도록 도움을 준다. 그렇지만 플랫폼 차이, 문화적 차이, 과도한 사용과 같은 문제 등은 주의 깊게 고려해야만 한다.

> **알아두기**
> '이모지' 표현의 영어 발음은 /ɪ́moʊdʒi/ (im-OH-jee)으로 표기할 수 있다. 기본적으로 '이모지' 용어의 어원은 일본어에서 유래하였다. 이모지라는 용어는 실제로 '絵 (e) + 文字 (moji)'와 같이 2가지 한자를 합친 것이고, 본래 의미는 '그림 + 문자' 구조로서 '그림 문자'를 가리킨다고 보아야 한다.

4.1. 디지털 커뮤니케이션의 발전

　최근 이메일, 인스턴트 메시징, 소셜 미디어 등 플랫폼 등장으로 디지털 커뮤니케이션이 발전하면서 글쓰기 방식도 크게 변화하였다. 이러한 플랫폼은 간결함과 즉시성을 중시하며, 줄임말, 두문자어acronyms, 비격식적인 언어 사용이 눈에 띄게 늘어났다. 이에 따라서 텍스트만으로는 전달하기 어려운 감정과 어조를 표현할 새로운 방식이 필요하게 되었다.

4.2. 이모지의 역할

　이모지 표식은 감정, 사물, 개념을 나타내는 작은 그림 기호를 의미한다. 디지털 커뮤니케이션에서 '비언어적 단서'non-verbal cues의 필요성을 충족시키고, 단순한 텍스트 기반 얼굴 표현으로서 ':-), :-()' 등 형태로부터 발전하기 시작해서 현재는 '유니코드'를 기반으로 다양한 아이콘 체계로 확장되었다.

a. 감정 표현

　이모지는 감정과 분위기를 간결하게 전달하는 수단이 된다. 예를 들면 '☺' 이모지 표식은 행복이나 친밀감을 나타내며, '☹' 이모지 표식은 슬픔이나 동정심을 표현한다. 이러한 기호는 발신자의 감정을 명확히 전달하여 오해를 줄일 수 있다.

b. 문맥과 어조

　이모지는 메시지에 문맥과 어조를 첨가해서 생동감 있고 미묘한 의미를 전달하는 수단이 될 수 있다. 예를 들면 '👍' 이모지 표식은 동의나 승인을 의미하며, '♥' 이모지 표식은 애정이나 감사의 표현으로 사용된다.

c. 모호성 해소

짧은 메시지는 때로 모호하게 해석될 가능성이 있어서 이모지는 이러한 모호성을 해소하는 역할을 한다. 예를 들면 'I am fine' 영어 문장은 '☺' 또는 '☹' 이모지 표식을 추가하면 화자의 미안한 감정 상황을 훨씬 명확하게 전달할 수 있다.

d. 문화적 및 사회적 의미

이모지는 문화적, 사회적 의미를 지니기도 해서 유행을 반영하거나 사회적 규범을 나타내기도 하고, 정치적 메시지로 사용되기도 한다. 예를 들면 '✊' 이모지 표식은 주먹을 꽉 쥔 형태로서 사회 운동에서 연대와 저항의 상징으로 사용될 수 있다.

■ 4.3. 언어적 영향

앞에서 제시한 특수 표식들은 전통적인 텍스트를 보완하는 시각적 요소로 작용하고, 표현에 사용되는 단어, 구문, 심지어 문장 부호처럼 기능이 가능하다. 여기에 연관된 연구자들은 이모지가 언어 사용과 커뮤니케이션 방식에 미치는 영향을 분석하기도 한다.

a. 언어 혼합

이모지를 통하면 시각적 요소와 텍스트 요소를 결합한 혼합 언어를 형성할 수 있다. 이와 같은 혼합은 상호 커뮤니케이션을 더욱 풍부하게 만들고, 다층적 의미와 표현을 가능하게 한다.

b. 효율성과 간결성

이모지는 디지털 커뮤니케이션을 더욱 효율적으로 만들기도 한다. 하나의 이모지가 여러 단어를 대체할 수 있어서 메시지가 짧아지고 표현의 입력과 읽기 속도가 빨라진다.

c. 보편적 언어

이모지는 언어 장벽을 초월하는 보편적인 의사소통 도구로 작용할 수도 있다. 문화에 따라서는 이모지에 관한 해석이 다를 수는 있지만, 많은 이모지는 다양한 언어와 문화에서 널리 이해된다.

■ 4.4. 도전 과제

이모지는 여러 장점 보이기도 하지만, 여전히 문제점도 안고 있다.

a. 플랫폼별 차이

이모지는 플랫폼마다 다르게 해석될 수 있어서 본래 의미와 의도가 변형될 가능성이 있다.

b. 문화적 차이

문화마다 이모지의 해석이 다를 수 있어서 특정 이모지가 부적절하거나 오해를 불러일으킬 수 있다.

c. 남용 문제

과도한 이모지 표기를 사용함으로써 오히려 메시지를 혼란스럽게 만들고 커뮤니케이션을 방해할 수 있다.

제12장

인류언어학

1 언어, 문화, 그리고 세계관

언어는 문화 및 세계관 개념들과 밀접한 관련성을 밝히는 분야가 바로 '인류언어학'anthropological linguistics이다. 언어는 사람들이 세상을 인식하고 상호작용하는 방식을 반영함과 동시에 언어를 통해서 방식이 형성되기도 한다. 그리고 언어가 '문화적 전승'cultural transmission의 매개체로서 집단의 가치관, 신념, 사회적 규범을 표현하는 역할을 맡기도 한다.

인류언어학은 언어가 단순한 의사소통 도구를 넘어, 문화와 세계관을 형성하고 유지하는 중요한 역할을 보인다는 점을 강조한다. 언어는 인간이 세상을 인식하는 방식과 밀접하게 연결되어 있으며, 문화적 지혜와 가치를 전달하는 중요한 수단이 된다. 따라서 사회적 정체성을 나타내고, 공동체의 결속력을 구축하기도 한다. 또한 언어는 역사적 전통과 연결되어 있으며, 문화적 연속성을 유지하는 중요한 요소이다. 이런 사안들을 고려하면, 언어의 소멸은 단순한 변화라기보다 오히려 문화적 유산의 손실을 의미할 수 있어서 언어를 보호하고 보존하는 노력이 중요하다는 점을 이해할 수 있다.

인류언어학 분야를 통해서 언어와 문화, 세계관의 상호작용을 연구하는 시도는 다양한 인간 사회를 이해하고, 문화적 다양성을 존중하는 필수적인 과정이다.

■ 1.1. 언어와 인식

언어는 사람들이 세상을 인식하고 범주화하는 방법과 방향에 영향을 미친다. 이러한 개념은 이전의 '사피어-워프 가설'Sapir-Whorf hypothesis을 통해서 확인할 수 있다. 예를 들면 에스키모 '이누이트어'Inuit languages에서는 '내리는 눈'을 표현하는 여러 가지 단어를 가지고 있다. 이러한 현상은 에스키모 언어 화자들이 '내리는 눈'의 미세한 차이를 더욱 정교하게 구별하는 방법이 되면서 환경에 대한 상호작용의 인식 방향에 영향을 준다는 사실을 알려준다. 이와 같은 사례는 언어가 환경을 어떻게 인식하고 어떻게 기술하는지를 결정하는 기본적 요소가 된다는 점을 명확하게 보여준다.

■ 1.2. 언어를 통한 문화적 표현

언어는 문화를 표현하는 가능성을 열어주는 주요 수단이며, 문화적 지식, 전통, 사회적 실천 등을 담고 있다. 예를 들면 '속담과 관용구'는 문화적 지혜와 가치를 함축하고 있고, 이러한 표현을 바탕으로 문화들 안에서 사용되는 언어 활용 형태가 언어와 연관된 사회의 가치관과 사고방식을 반영한다는 사실을 이해할 수 있다.

- 영어: 실용성, 효율성, 시간 관리 중시 (서구의 합리주의, 실용주의)
  A stitch in time saves nine
  → 제때의 바느질 한 땀이 아홉 땀을 아낀다.
   (신속한 문제 해결의 중요성을 강조)

- 중국어: 지혜, 통찰력, 전체론적 사고 (동양의 철학적, 수양적 사고방식)
  一葉蔽目 不見泰山 (일엽폐목 불견태산)
  → 나뭇잎 하나가 눈을 가려 태산을 보지 못한다.
  (작은 것에 가려 큰 것을 보지 못하는 우매함을 비유)

螳螂捕蝉, 黃雀在后 (당랑포선 황작재후)
→ 사마귀가 매미를 잡으려다 참새가 뒤에 있는 것을 못 본다.
 (전략과 신중함의 필요성을 시사)

■ 1.3. 세계관과 언어 구조

언어 구조는 화자들의 세계관에 영향을 미칠 수 있다. '절대적 공간 개념'absolute Spatial references을 사용하는 언어는 환경에 대한 인식을 다르게 형성한다. 예를 들면 호주 원주민 언어인 Guugu Yimithirr는 '왼쪽, 오른쪽' 방향성 개념을 위해서 '북쪽, 남쪽, 동쪽, 서쪽'과 같은 절대적 방향 개념을 사용한다. 이러한 언어의 화자들은 방향 감각이 뛰어나며, 항상 주변 환경을 고려하며 이동한다. 이것은 언어가 단순한 의사소통 도구를 넘어 세계관을 형성하는 중요한 역할의 가능성을 보여준다.

■ 1.4. 사회적 정체성과 언어

언어는 '사회적 정체성'Social Identity을 형성하는 중요한 요소이다. '방언', '억양', '언어 선택' 등은 '집단 소속감'과 '사회적 지위'를 가리키는 지표가 되기도 한다. 아프리카에서는 특정한 언어나 방언을 사용하는 것이 '민족적 정체성'과 '사회적 위계'를 나타내기도 한다. 영국에서는 '지역 억양'을 통해 화자의 '사회경제적 배경'을 추측할 수 있다. 이처럼 언어는 단순한 의사소통 수단에 그치지 않고 사회적 정체성과 집단 소속감을 나타내는 중요한 지표가 될 수 있다.

■ 1.5. 언어와 의식

지역에 따라서 '의식'ritual에서 사용되는 언어는 오래된 형태와 어휘를 보존하며, 역사적 전통과의 연결 고리를 갖는다. 종교의식, 법률 절차, 문화적 의례 등에서 특정한 전문적인 언어가 사용되며, 이것은 공동체의 가치와 연속성을 강화할 수 있다. 그리고 의식에서의 언어는 단순한 의사소통 수단에 멈추지 않고 역사적 전통을 계승하고 종교적·문화적 정체성을 강화하는 역할을 한다.

a. 힌두교
산스크리트어는 종교의식에서 여전히 중요한 역할을 한다.

b. 가톨릭교회
라틴어는 과거 미사에서 널리 사용되었으며, 현재도 일부 종교의식에서 사용된다.

■ 1.6. 언어 소멸과 문화적 상실

언어의 소멸은 단순한 소통 방식의 변화뿐만 아니라 문화적 정체성과 지식의 상실을 의미할 수 있다. 많은 '토착 언어'indigenous languages가 사라질 위험에 처해 있으며, 언어가 사라지면, 그 언어를 사용하는 공동체의 독특한 세계관과 문화적 실천도 함께 사라질 위험이 있다. 따라서 '언어 복원 및 보존 노력'은 문화적 다양성과 유산을 보호하는 필수적 수단이 될 수 있다.

2 언어 사용의 민족지학

언어 사용의 '민족지학'ethnography of speaking은 사회언어학자 델 하임스 Dell Hymes가 개척한 연구 분야로서 언어 사용이 다양한 사회적 그리고 문화적 맥락에서 달라지는 형태를 탐구한다. 이 연구에서는 사람들이 실제 생활에서 언어를 사용하는 방식과 특정한 공동체 내에서 의사소통을 지배하는 규범 및 규칙에 초점을 맞춘다.

■ 2.1. 언어 사용의 민족지학 구성 요소

하임스는 'SPEAKING 모델'을 개발하여 의사소통 사건을 분석하는 모델로 제시했다. 이러한 모델은 다음의 여덟 가지 구성 요소로 이루어져 있다.

a. 환경과 장면

의사소통이 이루어지는 물리적, 사회적 환경을 의미한다. 예를 들어서 교실 환경과 가족 저녁 식사 상황에서는 각각 다른 의사소통 규범이 적용된다.

b. 참여자

대화에 참여하는 사람들과 그들의 역할 및 관계를 포함한다. 교사와 학생 사이의 대화는 친구들 사이의 대화와 다르다.

c. 목적과 목표

의사소통의 목적과 목표를 의미하며, 정보 전달, 설득, 오락 등 사회적 기능을 포함한다.

d. 행동 순서

　의사소통의 구조와 순서를 나타내며, 인사부터 작별까지의 대화 흐름과 주제가 도입되고 마무리되는 흐름 상태를 포함한다.

e. 어조

　의사소통의 분위기나 태도를 의미한다. 즉 진지함, 유머, 풍자 등으로 표현될 수 있으며, 메시지의 해석에 영향을 미친다.

f. 매개체

　의사소통의 채널과 형식을 의미한다. 구어, 문자, 제스처뿐만 아니라 이메일이나 문자 메시지 등의 디지털 커뮤니케이션도 포함된다.

g. 규범

　사회적으로 정해진 의사소통 규칙을 의미하며, 순서 교대, 예의, 금기 주제 등과 관련된다.

h. 장르

　강의, 인터뷰, 이야기하기, 일상 대화 등 의사소통 유형을 의미하며, 각각의 장르는 특정한 규범과 기대치를 포함한다.

2.2. 맥락의 중요성

　언어 사용의 민족지학은 의사소통을 이해하는 과정에서 맥락이 중요함을 강조한다. 언어 사용은 문화적 관습과 사회 구조에 깊이 뿌리내리고 있다. 예를 들면 인사 방식은 문화마다 상당한 차이를 보인다. 일본에서는 인사를 할 때 고개를 숙이는 행동이 일반화되어 있지만, 미국에서는 악수나

말 등의 인사가 더 흔하다. 이러한 문화적 규범의 이해를 토대로 효과적인 문화들 사이의 의사소통을 기대할 수 있다.

3 언어 공동체

'언어 공동체'speech community는 언어 사용에 대한 규범과 규칙을 공유하는 집단을 의미한다. 규범은 사람이 사회화를 겪으면서 학습하고, 상세한 사항들은 연령, 성별, 인종, 사회적 계층 등의 요인들에 따라 달라질 수 있다. 예를 들면 연령의 차이를 가리키는 세대 사이 언어 사용의 다른 양상은 청소년들을 주축으로 특수 속어와 비격식적인 말투를 평소 대화에서 사용 형태를 토대로 확인할 수 있다.

3.1. 의사소통 능력

델 하임스가 제창한 '의사소통 능력'communicative competence 개념은 다양한 맥락에서 언어를 적절하게 사용할 수 있는 대화 수행 능력을 의미한다. 단순히 문법적으로 정확한 문장을 구사하는 능력 이상을 포함하기 때문에, 사회적 지식 측면과 문화적 지식 측면도 함께 요구된다. 예를 들면 대화 상대방의 사회적 지위나 말을 전하는 화자와의 관계에 따라 적절한 호칭 적용 여부도 의사소통 능력의 일부가 된다.

3.2. 응용 및 시사점

언어 사용에서 민족 환경은 교육, 인류학, 문화 사이의 의사소통 분야에서 실질적인 응용 가능성을 보일 수 있다. 언어 사용의 민족지학은 사회적 맥락에서 언어가 사용되는 복잡한 방식을 탐구한다. 의사소통을 형성하는 규범, 규칙, 문화적 관습을 분석함으로써 사람들이 의미를 전달하는 방식과 관계를 유지하면서 사회적 위계를 조정하는지를 이해하는 바탕이 될 수 있다. 이러한 접근 방식은 문화적 역량과 맥락의 중요성이 효과적인 의사소통에서 필수적이라는 사실을 확인시켜 준다.

a. 교육

교사는 다양한 배경을 지닌 학생들 사이의 의사소통 규범을 이해함으로써 더 포용적이면서도 효율적인 학습 환경을 조성할 수 있다.

b. 비즈니스

문화들 사이의 협상 및 상호작용에서 의사소통 규범을 이해한다면, 상당한 수준으로 원활한 국제 비즈니스 협력을 기대할 수 있다.

4 언어적 상대성의 재검토

언어적 상대성에 대한 개념은 사피어-워프 가설을 토대로 주장 내용의 본의를 이해할 수 있으며, 언어의 구조와 어휘가 화자의 세계관과 인지 과정에 영향을 미친다는 개념도 확인이 가능하다. 언어적 상대성의 핵심은 다양한 연구와 논쟁을 통해 재검토되고 정교화되었고, 언어와 사고의 관계에 관해서 세밀한 통찰을 제공한다.

4.1. 역사적 배경

언어적 상대성 개념은 20세기 초 에드워드 사피어Edward Sapir와 벤저민 리 워프Benjamin Lee Whorf의 연구를 통해 등장하였다. 언어가 세상을 인식하고 사고하는 독특한 방식을 인간 의식 내부에 인코딩한다고 주장하였다. 예를 들면 두 학자의 호피어 연구는 호피어 화자들이 유럽 언어 화자들과는 아주 상이한 시간 개념을 가지고 있음을 보여주었다.

4.2. 가설의 정교화

현대 연구는 사고가 언어에 의해 완전히 결정된다는 강한 결정론적 관점에서 벗어나서 보다 세밀하게 분석 과정을 거친 접근 방식을 취하고 있다. 초기 가설에 의하면 언어 양태가 주변 문화의 절대적 영향력 아래 특정 형식을 취한다는 개념을 더 많은 사례들을 직접 관찰하고 분석함으로써 언어가 사고에 영향을 미치지만 엄격하게 제한하지는 않는다는 사실을 일종의 수정 사안으로 제시하였다.

오늘날 학자들은 이처럼 개정된 설명 방식을 '약한 수준의 언어적 상대성'weak linguistic relativity으로 명명하고 있다. 결과적으로 애초 단정적으로 제안하였던 가정에 약간의 수정 사항을 입히는 과정을 두고 일종의 가설이 세밀하게 재조정되는 단계로 말할 수 있다.

4.3. 실증적 연구

언어적 상대성을 다양한 언어 및 문화적 맥락에서 검증한 연구들은 다음과 같다.

a. 색채 지각

폴 케이Paul Kay와 브렌트 베를린Brent Berlin의 연구에 의하면 언어가 색상을 구별하는 능력에 영향을 미칠 수 있음을 알 수 있다. 예를 들어서 러시아어 화자는 '밝은 파랑'과 '어두운 파랑'을 구별하는 별도의 단어를 가지고 있지만, 영어 화자는 이러한 색상들을 구별하는 어휘가 없는 관계로 색상에 대한 개념을 갖지 않는다.

b. 공간적 방향

호주 원주민 언어인 구구이미디르Guugu Yimithirr를 보면 절대적 방향(북, 남, 동, 서) 체계를 사용한다. 연구에 의하면 이러한 언어 구조를 사용하는 화자들은 방향 감각과 공간적 인식 능력이 훨씬 뛰어나며, 이런 사실은 언어가 공간적 사고에 영향을 줄 수 있음을 시사한다.

c. 수리적 인지

아마존 피라한Pirahã 부족은 '하나(one), 둘(two)' 그리고 '많다(many)' 이상의 정확한 숫자 연관 단어가 없다. 연구 결과 이 언어 사용자들은 정확한 숫자가 필요한 수리적 과제 수행에 어려움을 겪는다. 이것은 언어적 제한이 수리적 사고에 영향을 줄 수 있음을 보여준다.

d. 시간 지각

레라 보로디츠키Lera Boroditsky의 연구에서 중국 만다린어 화자가 수직적 은유로서 '상하'를 사용하여 시간을 개념화하지만, 영어 화자는 수평적

은유로서 '앞뒤'를 사용한다. 이러한 차이는 언어가 시간 개념을 형성하는 방식에 영향을 미칠 수 있음을 나타낸다.

▰ 4.4. 비판과 반론

언어적 상대성에 대한 비판적인 입장에서는 다음과 같은 주장을 언급할 수 있다.

a. 인지 과정은 보편적이다

인간은 언어와 무관하게 기본적인 지각 및 인지 능력을 공유한다는 점을 강조한다. 예를 들어서 특정 개념이 언어로 명확히 표현되지 않더라도 화자들은 해당 개념을 이해하고 사용할 수 있다.

b. 언어적 제약을 넘어선 인지 유연성

연구에 따르면 언어가 특정 개념을 명확히 표현하지 않더라도 인간은 맥락과 경험을 통해 해당 개념을 이해할 수 있다. 이것은 인간 사고가 언어의 틀 안에서만 이루어지는 것이 아님을 의미할 수 있다.

▰ 4.5. 현대적 관점

오늘날 학자들 대부분 '상호작용적 관점'interactionist view을 수용하며, 이 개념은 언어가 사고에 영향을 미치지만, 이것은 다양한 인지적·문화적 요소들과 상호작용한다는 의미를 가리킨다.

언어는 습관적인 사고 패턴과 초점을 형성하는 영향력을 갖고 있다. 그러나 인지 능력을 결정하거나 엄격히 제한하지는 않는다. 언어적 상대성을 재검토하는 것은 언어, 사고, 문화 사이의 복잡한 관계를 더 깊이 이해하는 길을 열어줄 수 있다. 언어가 사고를 형성하지만, 사고 자체를 완전히 결정하지는 않는다는 사실을 인정함으로써 언어적 다양성이 인간의 인지와 지각에 미치는 영향을 보다 균형 잡힌 시각에서 바라볼 수 있다. 이러한 연구들은 인간의 언어 환경이 세상을 경험하는 방식을 형성하는 방식을 탐구하는 중요한 단서를 제공한다.

5 의례와 사회적 관습에서의 언어

언어는 의례와 사회적 관습에서 중요한 역할을 하고, 문화적 가치를 전달하고, 사회적 유대를 강화하고, 전통을 유지하는 수단이 된다. 이러한 맥락에서 언어가 작용하는 방식을 이해한다면 공동체가 언어적 및 비언어적 소통을 통해 의미와 결속을 창출하는 방식을 파악할 수 있을 것이다.

■ 5.1. 의례 속의 언어

여기서 '의례'란 문화적, 종교적 의미를 지닌 구조화된 상징적 행위이다. 의례에서 사용되는 언어는 특정한 형식과 규칙을 따르며, 일상 언어와 구별되는 특징을 가진다.

a. 종교의식

종교적 맥락에서 언어는 신성한 의미를 띠게 된다. 기도, 찬송가, 성경 구절은 모든 참여자가 이해하지 못하더라도, 영적 의미와 전통의 상징으로서 존중된다. 예를 들면 가톨릭 미사의 라틴어, 이슬람 기도의 아랍어는 의식에 전통성과 경건함을 부여한다.

b. 성가와 주문

의례에서 성가나 주문이 포함되며, 영적 힘을 불러오거나 특정한 결과를 유도한다고 여겨지고 있다. 힌두교에서는 '옴'Om 같은 만트라가 명상과 영적 성장을 촉진하는 역할을 한다. 여러 원주민 문화에서 주술사는 주문을 통해 치료하거나 영적인 세계와 소통하는 것으로 믿어진다.

c. 통과의례

탄생, 결혼, 죽음과 같은 중요한 인생의 전환점을 기념하는 의례에서는 언어가 중요한 의미를 부여하는 역할을 한다. 예를 들면 '결혼 서약'wedding vows은 결혼 생활에서의 서약과 기대를 명확히 하는 역할을 한다.

■ 5.2. 사회적 관습 속의 언어

사회적 관습은 사회적 규범과 공동체의 가치를 강화하는 다양한 일상적 상호작용을 포함하며, 언어는 이러한 관습에서 필수적인 역할을 한다.

a. 인사와 작별

인사와 작별 방식은 사회적 관계와 문화적 규범을 반영한다. 예를 들면 일본에서는 '곤니치와(こんにちは, hello)'나 '사요나라(さようなら, goodbye)'와 함께 절을 함께 하는 방식이 존중과 사회적 위계를 반영한다.

b. 예의 표현과 경어

많은 언어에는 경어 표현이 존재하며, 이것은 화자의 사회적 지위와 관계를 나타내는 중요한 요소이다. 예를 들면 한국어는 존댓말과 반말의 사용 여부, 높임법 등을 통해 상대방에 대한 존중을 표현한다.

c. 이야기 전승

구전 전통과 이야기는 문화적 지식과 가치를 전승하는 중요한 수단이다. 예를 들면 호주 원주민들의 '드림타임 이야기'는 창조 신화와 문화적 법칙을 전달하는 역할을 한다.

d. 연설과 웅변

많은 문화에서 설득력 있는 연설 능력은 사회적·정치적 맥락에서 중요한 기술로 여겨진다. 예를 들면 마틴 루터 킹 주니어Martin Luther King Jr.의 연설은 강력한 언어와 수사적 기교를 통해 깊은 영향을 미친 사례이다.

5.3. 사회적 관습에서의 언어와 정체성

언어는 사회적 관습 속에서 정체성을 형성하고 표현하는 중요한 요소이다. 방언, 억양, 언어 스타일은 특정 사회 집단이나 지역에 속해 있음을 나타낸다. 예를 들면 미국에서 아프리카계 미국인 영어African American Vernacular English, AAVE는 단순한 의사소통 방식이 아니라 아프리카계 인종 소속자들의 문화적 정체성과 연대의 상징이 된다. 이러한 맥락을 살펴봄으로써 언어가 사회에서 수행하는 역할과 문화적 지속성과 사회적 결속을 유지하는 방식을 명확하게 이해할 수 있다.

언어, 문화, 사회적 관습 사이의 역동적인 상호작용을 탐구하는 시도는 인류언어학 분야의 발전과 인간 경험을 형성하는 언어의 역할을 이해하는 중요한 기회를 제공한다.

제13장

응용언어학

1 언어 교수법

언어 교수법은 오랜 시간 발전해 왔으며, 교수법 방법들은 다양한 언어 및 학습 이론의 영향을 받아 형성된 것이다. 이러한 교수법 방법들을 제대로 이해하면, 학습자와 교육 환경에 적합한 효과적인 교수법을 선택하는 단서를 확인할 수 있다. 그리고 언어 교수법들은 각자 장점, 단점을 포함하고, 언어 습득의 다양한 측면을 반영한다.

효과적인 언어 교육은 다양한 교수법을 적절히 조합하여 학습자의 요구와 교육 환경에 맞출 수 있어야 한다. 이와 같은 접근 방식을 통해서 교육자는 효과적이고 흥미로운 언어 학습 경험을 학습자에게 제공할 수 있다.

1.1. 문법-번역식 교수법

가장 오랜 교수법으로서 '문법-번역식 교수법' grammar-translation method은 문장 번역과 문법 규칙 학습에 중점을 둔다. 학습자는 목표 언어와 모국어 사이에서 문장을 번역하면서 어휘와 문법을 익힌다.

a. 장점

읽기 및 쓰기 능력 향상을 기대할 수 있고, 탄탄한 문법적 기초 형성이 가능하다.

b. 단점

듣기 및 말하기 능력이 부족해질 수 있으며, 의사소통 능력 개발이 어려울 수 있다.

1.2. 직접 교수법

19세기 후반에 개발되었던 '직접 교수법'direct method은 목표 언어에 몰입하는 방식을 강조한다. 번역을 배제하고, 문맥과 사용을 통해 어휘와 문법을 가르친다.

a. 장점

말하기와 듣기 능력이 향상하고, 자연스러운 언어 사용 촉진한다.

b. 단점

명시적인 문법 설명이 부족하며, 교사의 언어 능력이 매우 중요하다.

1.3. 청각-구두 교수법

행동주의 이론의 영향을 받았던 '청각-구두 교수법'audio-Lingual method은 반복과 연습을 중심으로 학습이 이루어진다. 학습자는 대화문과 문형 반복 연습을 기반으로 습관적으로 언어를 익힌다.

a. 장점

발음과 듣기 능력 향상하고, 반복 연습을 통한 습관 형성이 가능하다.

b. 단점

단조로울 수 있으며, 의미 있는 의사소통 능력이 부족할 수 있다.

1.4. 의사소통 중심 교수법

학습자가 실제 상황에서 의미 있는 소통을 할 수 있도록 언어 능력 강화에 초점을 두는 방식이 바로 '의사소통 중심 교수법'communicative language teaching, CLT이다. 목표 언어를 실제 의사소통의 수단으로 활용하며, 활동 중심의 학습이 이루어진다.

a. 장점

실용적인 언어 능력을 길러주며, 유창성이 증가할 수 있다.

a. 단점

문법적 정확성이 부족할 수 있으며, 적절한 교육 자료와 교사 훈련이 필요하다.

1.5. 과업 중심 교수법

의사소통 중심 교수법의 한 유형으로서 '과업 중심 교수법'task-based Language teaching, TBLT은 학습자가 목표 언어를 사용하여 제시된 과업을 수행하는 방식으로 학습을 진행한다. 예를 들면 음식 주문하기, 여행 계획 세우기 등의 활동을 포함한다.

a. 장점

실용적인 언어 사용을 촉진하고, 학습자의 참여도를 높인다.

b. 단점

수업 계획이 중요하며, 문법 학습이 부족할 수 있다.

1.6. 신체 반응 교수법

제임스 애셔James Asher가 개발한 '신체 반응 교수법'total physical

response, TPR은 언어 학습과 신체 움직임을 결합한다. 교사가 목표 언어로 명령을 내리면, 학습자는 해당 동작을 수행한다.

a. 장점

학습자가 적극적으로 참여할 수 있으며, 불안감을 줄이고 언어를 효과적으로 강화할 수 있다.

b. 단점

초급 학습자에게 적합하지만, 추상적인 개념을 가르치는 데 한계가 있다.

■ 1.7. 침묵 교수법

칼렙 가테뇨Caleb Gattegno가 개발한 교수법이 '침묵 교수법' the silent way 이다. 학습자의 자율성을 강조하며, 교사는 말을 최소화하고, 색깔 막대 colored rods와 차트 등 도구를 사용하여 학습자가 스스로 언어를 발견하도록 유도한다.

a. 장점

학습자가 적극적으로 사고하며, 언어를 내면화할 수 있다.

b. 단점

명확한 지도 방향 없이 학습하기 어려운 학생들에게는 적합하지 않으며, 교사에게도 숙련도가 요구된다.

■ 1.8. 내용 중심 교수법

언어 학습과 특정 주제 학습을 결합하는 방법인 '내용 중심 교수법'content-based instruction, CBI은 학생들이 과학, 역사, 예술 등의 과목을 목표 언어로 배우는 방식을 사용한다.

a. 장점

학습을 실질적으로 만들고, 사고 능력을 향상하게 만든다.

b. 단점

언어 학습과 내용 학습 간의 균형을 맞추기 어렵고, 교사의 전문성이 요구된다.

1.9. 블렌디드 러닝

전통적인 교실 수업과 온라인 학습을 결합한 '블렌디드 러닝'blended learning 교수법에서는 학습자가 디지털 자료와 대면 수업을 병행하여 수업에 참여할 수 있다.

a. 장점

다양한 학습 스타일을 수용하며, 자기 주도적 학습이 가능하다.

b. 단점

기술적 접근성이 필요하며, 효과적인 통합이 어려울 수 있다.

2 번역 이론과 실천

응용언어학의 핵심 영역 중 번역은 텍스트를 한 언어에서 다른 언어로 변환하는 단계에서 의미, 맥락, 뉘앙스 유지 등에 초점을 둔다. 번역의 실천 부분은 효과적인 번역을 위해서 이론적 요소와 실천적 요소 모두를 이해해야 한다. 그리고 번역 이론과 실천은 상호 보완적인 관계를 형성하고, 이론적 개념으로서 '대응', '스코포스', '문화 적응' 등은 실천적 과정으로서 '텍스트 분석', '초안 작성', '품질 보증' 등을 통해 구현된다.

효과적인 번역은 이러한 원칙을 균형 있게 적용하여, 의미를 정확하게 전달하고 문화적으로 적절한 번역문을 생성하는 방법을 갖추어야 한다. 이러한 방식들을 토대로 번역가는 다양한 독자층의 요구를 충족하는 정교하고 감각적인 번역을 수행할 수 있다.

■ 2.1. 번역 이론

번역의 원칙과 방법론을 탐구하는 분야로서 이론적 개념들은 번역 과정의 방향성을 결정하는 중요한 요소이다.

a. 대응

원문과 번역문 사이 연관성을 의미하는 '대응'equivalence은 번역 이론의 핵심 개념이며, 원문과 번역문 사이에서 의미와 스타일에서 최대한 일치 관계의 유지에 초점을 둔다. 그러나 원문과 번역문 사이의 언어적 그리고 문화적 차이로 인해 대응을 완벽하게 추구하기가 그렇게 쉽지만은 못하다.

대응의 유형

번역 이론가들은 대응을 논하면서 다양한 유형을 구분하여 제시한다.

- 형식적 대응

원문의 형식과 내용을 그대로 유지하는 직접번역 방식의 '직역'word-for-word 방식을 추구한다.

- 역동적 대응

원문의 효과와 의미 전달을 우선으로 추구하며, 형식을 다소 변경하더라도 자연스러운 번역을 목표로 한다.

b. 스코포스 이론

한스 베르메어Hans Vermeer가 제안한 '스코포스 이론'Skopos Theory은 번역의 목적이 번역 방식과 전략을 결정한다고 보는 견해이다. 즉, 번역의 '목표'skopos에 따라 원문에 대한 충실성을 유지할 수도 있지만, 기능적 측면을 우선할 수도 있다.

c. 문화적 맥락

번역에서 문화적 맥락을 이해하는 것은 필수적이다. 문화적 뉘앙스, 관용 표현, 지역적 특성을 번역 대상 언어 환경에 맞게 조정하는 과정이 필요하며, 이것은 번역 결과에 큰 영향을 미칠 수 있다.

■ 1.2. 번역 실천

번역의 실천적 측면은 이론적 원칙을 실제 텍스트에 적용하는 과정이며, 언어 능력, 문화적 지식, 해당 분야에 대한 전문성이 필요하다.

a. 텍스트 분석

번역에서 가장 먼저 확인할 첫 단계는 원문의 철저한 분석 부분이다. 텍스트의 목적, 대상 독자, 맥락을 이해하는 등 적절하면서 적합한 번역 전략 결정을 위해 반드시 고려해야 한다.

b. 초안 작성과 수정

번역 과정은 여러 번의 '초안 작업과 여러 번 수정'drafting and revising을 거쳐야 한다. 우선 첫 번째 초안은 핵심 의미 전달에 초점을 맞추어야 하고, 이후의 수정 과정에서 언어적 정확성과 스타일을 정교화하는 과정에 집중한다.

c. 도구와 자료 활용

번역가는 사전, '용어집'glossaries, 번역 소프트웨어 등 다양한 도구를 활용한다. 특히 '컴퓨터 보조 번역'computer-assisted translation: CAT 도구는 번역의 일관성과 효율성 향상에 매우 유용하다.

■ 2.3. 품질 보증

번역 품질을 보장하기 위해 다음 과정들이 반드시 수반되어야 한다.

- 교정(proofreading)
- 편집(editing)
- 역번역(back-translation)

■ 2.4. 전문 분야 번역

번역은 분야에 따라 어려움이 다를 수 있다. 유용한 번역 완수를 위해서는 반드시 해당 분야에 대한 깊은 이해가 필요하다. 예를 들면 법률, 의학, 기술, 문학 번역 등은 각각의 특수한 용어와 문체를 요구하므로 전문적인 번역 능력을 갖추어야 한다.

2.5. 번역의 도전 과제

번역 과정에서는 여러 가지 어려움이 발생할 수 있다. 다음은 그러한 사항들을 제시한다.

a. 번역 불가능한 용어

일부 단어나 표현은 목표 언어에서 직접적인 대응어를 찾을 수 없어서 창의적인 번역이 필요할 때가 있다.

b. 관용 표현

언어 서술 중 관용 표현은 직역하면 의미를 본래 잃을 수 있다. 따라서 문화적으로 적절한 방식으로 변환하는 방법을 찾아야 한다.

c. 어조와 스타일 유지

번역 대상 언어의 원작자 의도와 스타일을 유지하면서도, 목표 언어의 문체적 규범에 맞추어 가는 과정이 번역의 큰 과제이다.

3 법률에서의 언어

 언어학적 지식과 방법을 법적 맥락에 적용하는 학문 분야가 '법언어학'forensic linguistics이다. 형사 수사, 법적 절차, 법률 문서 분석 등에서 중요한 역할을 한다. 법언어학은 언어와 법률이 교차하는 중요한 분야로서 법적 조사와 소송 과정에서 필수적인 도구와 통찰을 제공한다. 문서와 음성 자료 분석을 통해 법적 증거를 평가하고, 법률 문서의 명확성을 개선하며, 법정에서 전문가 증언을 통해 정의 실현에 기여한다.

■ 3.1. 문서 증거 분석

 법언어학자는 문서 증거를 분석하여 필자 식별, 표절 탐지, 문체적 특징 확인 등의 작업을 수행하며, 주어진 언어 자료의 문법, 어휘, 구두점, 필체 등의 요소를 검토한다.

a. 필자 식별
 특정 문서의 작성자를 확인하기 위해서 문서의 언어적 특징을 비교하고 분석하는 과정을 포함한다. 익명의 협박 편지, 몸값 요구서, 유언장 분쟁 등 사건에서 핵심적인 역할을 보여준다.

b. 표절 탐지
 텍스트 비교를 통해 표절을 식별하는 과정으로서 '소프트웨어 분석'과 '수작업 검토'를 병행하여 복사된 문장이나 과도하게 의역된 부분들을 탐지하고 검토한다.

c. 음성 및 발화 분석

자료 중 음성 및 발화 분석은 특히 범죄 수사에서 녹음된 대화나 음성 메시지를 분석하는데 중요한 역할을 한다.

d. 화자 식별

음성의 높낮이 피치pitch, 말소리의 특성인 '톤'tone, '발화 수행 패턴'speech patterns 등을 분석하여 용의자를 특정하거나 배제하는 과정을 포함한다. 음성 녹음과 용의자로부터 채취 음성 자료를 비교하는 방식으로 이루어진다.

e. 담화 분석

발화의 구조와 내용을 분석하여 맥락을 이해하고, 일관성이나 신뢰성을 평가한다. '수사', '법정 증언'statement, '심문'interrogation에서 진실성 판단에도 활용된다.

■ 3.2. 법률 언어와 해석

법언어학자는 법률 문서, 계약서, 입법 언어의 명확성과 접근성을 개선하는 역할도 수행한다.

a. 법률 문서의 명확성

법률 용어가 복잡성으로 말미암아서 일반인이 이해하기 어려운 내용에서 발생하는 문제를 해결하기 위해서 법률 문서를 보다 명확하고 쉽게 다듬는 작업을 한다.

b. 법령 해석

법률 조항 언어를 해석하는 과정에서 애매한 법률 용어를 분석하고 입법 의도를 파악하는 역할을 가리킨다.

■ 3.3. 법정에서의 언어 증거

법언어학자는 법정에서 전문가 증언을 통해 언어 분석 결과를 제시하며, 판사와 배심원에게 설명한다.

a. 전문가 증언
언어 분석 결과가 증거를 뒷받침하거나 반박하는 방식에 관해서 설명한다. 필자 식별, 명예 훼손, 협박 사건 등에서 중요한 역할을 보일 수 있다.

b. 신뢰성 평가
증언이나 자백을 언어적으로 분석하여, 모순점, 강압 여부, 기만 여부를 판단한다. 이런 방법을 통해서 언어적 증거의 신뢰성을 평가한다.

■ 3.4. 법언어학의 도전 과제

법언어학은 여러 방법론적, 윤리적 문제를 포함한다. 법적 맥락에서 언어적 증거가 오해되거나 오용될 가능성도 존재한다.

a. 방법론적 엄격성
언어 분석의 정확성과 신뢰성을 확보하는 것이 중요하기 때문에 체계적이고 검증된 방법을 사용하고, 연구 결과를 엄격히 검토해야 한다.

b. 윤리적 고려
기밀 유지, 편향 가능성, 법적 결과에 미치는 영향 등을 신중하게 고려해야 한다.

c. 법률 전문가와의 소통

　법 전문가로서 판사, 변호사, 배심원에게 분석 결과를 명확하게 전달하는 능력이 필요하다. 복잡한 언어 분석을 이해하기 쉬운 명료한 방식으로 설명해야 한다.

4 임상언어학과 언어치료

　언어 및 말 장애를 이해하고 진단하며 치료하는 데 초점을 맞춘 분야이다. 언어학 이론과 임상 실천을 결합하여 개인의 의사소통 능력을 향상시키는 역할을 한다. 임상언어학과 언어치료는 언어 및 말 장애를 극복하도록 돕는 중요한 역할을 한다. 언어학적 전문 지식과 치료 기법을 결합하여, 의사소통이 어려운 개인이 효과적이고 자신 있게 말할 수 있도록 지원한다. 이러한 학문과 실천은 인간의 의사소통을 수월하게 만드는 역할을 하며, 사회적으로도 큰 영향을 미칠 수 있다.

4.1. 언어 및 말 장애 이해하기

　'언어 장애'language disorders와 '말 장애'speech disorders는 효과적인 의사소통 능력을 방해하는 다양한 문제를 포함하며, '발달적 장애'(선천적)일 수도 있고, '후천적 장애'(질병이나 사고로 인한 손상)일 수도 있으며, 심각성도 개인마다 다를 수 있다.

4.2. 언어 장애

a. 표현 언어 장애

말하거나 글을 쓸 때 적절한 단어나 문장을 제대로 구성하지 못하는 경우이다.

b. 수용 언어 장애

말을 듣거나 글을 읽을 때 의미를 제대로 이해하지 못하는 경우이다.

c. 실어증

뇌졸중이나 신경 손상으로 인해 언어 처리 능력이 저하되는 장애이다.

4.3. 말 장애

a. 조음 장애

발음을 정확하게 하지 못하는 문제이다. 예를 들어서 'r'을 'w'로 발음하는 경우를 생각해 볼 수 있다.

b. 유창성 장애

말을 더듬거나stuttering 말의 흐름이 매끄럽지 않은 문제를 포함한다.

c. 음성 장애

음성의 '높낮이'pitch, '강도'volume, '음질'quality 등에 문제가 있는 경우이다.

■ 4.4. 임상언어학자의 역할

임상언어학자는 언어학 이론을 활용하여 언어 장애를 진단하고 치료하는 전문가를 가리킨다.

a. 평가

환자의 언어 장애와 말 장애를 분석하여 발음, 문법 구조, 다양한 맥락 언어 사용 패턴을 평가한다.

b. 진단

언어학적 지식을 바탕으로 특정 장애를 진단하며, 유사한 장애 사이의 차이를 구별하여 정확한 치료 계획을 수립한다.

■ 4.5. 언어치료 기법

언어치료사는 환자의 개별적인 필요에 맞춘 다양한 치료 기법을 사용한다.

a. 조음 치료

정확한 발음을 연습하도록 돕는 훈련을 포함한다. 예를 들어, 혀의 위치를 조정하여 's' 소리를 명확하게 발음하도록 연습하는 방식이 있다.

b. 언어 개입 활동

단어와 문법 능력을 향상하게 만드는 상호작용 활동을 포함한다. 게임, 이야기하기, 역할극 role-playing 등을 활용하여 어휘력과 대화 능력 향상을 시도한다.

c. 유창성 조절

말더듬 정도를 줄이기 위해, 호흡 조절, 천천히 말하기, 간단한 문장에서 점진적으로 복잡한 문장으로 발전하는 방식을 사용한다.

■ 4.6. 다학제적 접근

임상언어학과 언어치료는 신경학자, 심리학자, 교육 전문가 등과 협력하는 여러 분야를 통섭한 접근법을 필요로 한다.

a. 신경학적 연구

실어증, 구음실행증 등 언어 장애는 뇌의 언어 처리 기능과 밀접한 관련이 있으므로, 신경학자의 협력이 필수적이다.

b. 심리적 지원

언어 장애는 자존감과 사회적 상호작용에도 영향을 줄 수 있으므로, 심리학자가 정서적 그리고 사회적 문제 해결을 지원한다.

■ 4.7. 연구 및 발전

임상언어학과 언어치료 분야는 지속적인 연구를 통해 치료 방법을 발전시키고 있다. 다음 항목들이 혁신적 기술로서 치료의 효과성과 접근성을 높이고 있다.

- 언어치료 앱(speech therapy apps)
- 원격 치료(teletherapy)
- 새로운 진단 도구(diagnostic tools)

제14장

언어학
이론
발자취

언어에 관한 사고 방향을 제시한 이론 발달 과정을 대변하는 언어학 이론 역사는 그 기원이 고대 시대까지 거슬러 간다. 초기 시대에는 종교, 철학 등 연구자들이 언어 기능과 언어의 구조를 깊이 고찰하고, 근본적 특성과 구조를 분석하면서 언어 자체 이해에 노력을 기울였다.

고대 인도 시대, 그리스 시대, 중세 유럽 기독교와 이슬람 문화, 르네상스 시대, 근대 유럽 시대를 망라해서 현대 시대까지 언어에 연관된 수많은 연구가 언어학 분야의 발전 과정에서 인간 언어에 관해서 다양한 통찰 결과들을 제공하였다.

1 고대 인도 시대 언어 관점

기원전 인도의 사상가들은 이미 언어학과 관련된 학문적 활동들을 수행하고 있었다. 이처럼 언어학에 관련된 학문적 활동들이 다른 곳이 아닌 인도에서 먼저 시작하게 된 근원에는 특별한 이유가 있었다.

인도의 대표적 사상가인 종교인들이 성전의 내용을 원전 그대로 보존하고자 당시 언어를 깊이 연구하였던 결과라고 볼 수 있다. 당시 종교인들은 성전의 내용을 있는 그대로 보존해서 후세에 정확하게 내용을 전달하기 위하여 유일한 전달 수단인 언어를 주의 깊게 관찰하였다.

이와 같은 학문적 성향은 언어의 연구를 학문적 분야의 하나로 구축시키는 절대적 기초가 되었으며, 그 노력의 흐름 속에서 언어학 이론들이 눈부시게 발전하게 되었다. 그리고 이러한 언어학 이론의 발전 과정에서 공헌 비중이 뚜렷했던 인물로는 단연코 대표적으로 파니니Pāṇini와 바르트라리Bhartṛhari를 거론할 수 있다.

■ 1.1. 파니니

산스크리트어 문법서인 '아슈타댜이'Ashtadhyayi를 저술하였고, 특히 산스크리트어의 음성학, 형태론, 통사론을 체계적으로 기술하고, 간결하면서도 정확한 규칙을 정리해서 제시하였다. 파니니 연구는 현대 구조주의 언어학과 생성문법 등 다양한 언어학 이론의 발전에 영향을 주었으며, 인도는 물론 세계적으로 언어의 규칙성과 분석 가능성을 증명한 고전적 업적으로 평가받고 있다.

■ 1.2. 바르트라리

인도의 언어 철학자이자 시인으로 특히 언어학, 문법, 철학 분야에 공헌하였다. 주요 연구는 우선 '바캬파디야'Vākyapadīya를 저술하였고, 이 책은 산스크리트 문법과 언어 철학 관련 포괄적인 연구를 담고 있다. 그리고 파니니 이후의 중요한 문법학자로서 파니니의 문법 체계에 대한 깊은 이해를 바탕으로 그를 계승하고 발전시켰다. 또한 그의 연구를 토대로 파니니의 문법이 단순히 언어를 기술에 그치지 않으면서 언어적 의미와 세계의 본질을 탐구하는 철학적 관문을 열어주었다는 해석을 제시하였다.

2 고대 그리스 시대

그리스의 언어학 이론은 유럽 대륙에서 근대 언어학 이론들의 기틀이 되었다. 유럽을 중심으로 발전하기 시작한 근대 언어학 이론의 태동은 거의 그리스에서의 언어이론 발전에 그 기원을 두고 있고, 근대 언어 연관 이론들은 그리스에서 창안되고 발전된 언어이론에 상당히 의존하고 있다. 그리스 언어학 이론은 철학이라는 정신적 학문에 속한 분야로서 발전하였기 때문에 언어학 서술이 철학 사상으로부터 상당히 영향을 받았다. 그리스 언어학 이론의 특징을 정리하면 다음 4가지로 정리된다.

- 언어학 이론이 그리스에서 활동하였던 철학자들의 학문적 취향에 의존하였다.
- 철학적인 방법으로 궁극적인 대답을 얻어내고자 노력을 기울였다.
- 철학자들이 사상체계를 다른 사람들에게 이해시키기 위하여 부단히 노력하였다.
- 인간중심 철학을 근본으로 삼고, 우주에서 인간을 중심적 주체자로서 이해하였다.

그리스 시대의 언어학적 정리와 발전은 특히 그리스어 자체 언어적 활용 부분은 다음처럼 3가지 방향에서 논리를 전개하였다.

- 그리스 지역 분포 방언들에 관한 인식
- 현대 서구 언어의 자음, 모음 문자 체계 확립

- '문법'이라는 용어 개념의 정립

2.1. 소크라테스

소크라테스 본인은 엄밀한 의미로 보면, 별도의 '언어학 이론'을 제시하지 않았다. 그가 언어를 보았던 관점은 '인간의 사고', '지식', '진리와 언어의 관계'라는 철학적 문제에 집중되어 있었다. 그는 언어가 진리를 탐구하려면, 매우 유용한 도구이지만, 동시에 그 자체로 오해를 불러일으킬 수 있는 한계성을 분명하게 지적하였다.

이러한 논의는 이후 플라톤과 아리스토텔레스를 거치면서 서양 언어철학의 중요한 초석이 되었다. 그리고 언어 사용의 기반을 주어진 그대로 상태를 유지해야 한다는 주장을 피력하였고, 언어를 특정한 목적을 위하여 인위적으로 변형시키는 시도를 단호하게 비판하였다. 따라서 당시 언어의 활용에 목적을 두었던 소피스트 철학자들의 문제점을 명확하게 지적하였다.

2.2. 플라톤

철학적 사상을 발전시킨 주요한 그리스 철학자였으며, 저서로 '크라틸로스'Cratylus라는 기록서에 소크라테스와 플라톤 자신의 철학 사상과 언어학적 관점을 대화체로 표현하였다. 기록 내용에 의하면 플라톤은 '문법범주'grammatical category 기준을 확실하게 보여주었다. 언어에 대한 관점의 탁월성은 후대에도 높은 평가를 받고 있다.

문법범주는 현재 '품사'라는 개념으로 볼 수 있으며, 플라톤은 대표적으로 2가지 문법범주인 '오노마'onoma와 '레마'rhēma를 찾아냈다. 이 문법범주들은 각자 명사와 동사를 가리키고, 그 외에도 '문장' 개념을 처음으로 다루었으며, 문장을 지칭하는 용어로서 '로고스'logos를 제안하였다.

오노마(onoma) 현대 문법범주로는 명사 개념이고, 광범위한 의미로 '이름'으로 해석

레마(rhema) 대체로 '동작'이나 '서술'로 번역하고, 현대 문법범주로서 동사에 해당

로고스(logos) 현대적으로 '문장'으로 해석되며, 단순히 문장에 이상으로 말, 진술, 담화, 이성, 논증, 설명, 계산 등 매우 폭넓은 의미를 가리킨다.

2.3. 아리스토텔레스

언어학적으로 아리스토텔레스Aristotle의 출현은 의미가 매우 크다. 그 이유는 오늘날 널리 받아들여지는 '전통문법'traditional grammar의 근간을 구축하였기 때문이다. 그는 플라톤의 제자로서 시학, 수사학, 논리학 등에서 학문적 설득과 예술 관점을 통해 언어의 역할을 탐구하고 설명하였다. 아리스토텔레스의 시학Poetics과 수사학Rhetoric 연구는 설득과 예술에서 언어의 역할 탐구 업적의 핵심이 되었다.

이처럼 아리스토텔레스가 보여주었던 언어학 관련 연구 업적들은 서양 언어학 연구의 기초를 마련하였다. 아리스토텔레스가 제시한 철학적 개념 속의 언어학적 이론을 정리하면, 5가지 정도로 요약할 수 있다.

a. 플라톤에 이어 문법적 범주를 발전시켰으며, 또 하나의 문법범주를 추가하였다. 바로 문장 속의 구성 요소들 사이의 관계를 설정하는

'sýndesmoi'를 제안하였다. 현재에는 이 단위에 관사, 접속사, 전치사 등이 관련된 것으로 알려져 있다.

b. 문장 구성에서 시간의 개념 표기 사실을 파악하였다. 조동사의 기능이 동사에도 나타나는 현상으로서 시제 체계를 보여주었다. 시제 의미는 행동의 완결성 및 비완결성 분류로 보았고, 단순하게 이러한 개념을 기초로 현재와 과거로서 기준을 잡았다.

c. 문장을 논리로 다루었고, '삼단논법'syllogism을 전개 방식을 구축하였다.

 All men are mortal. (모든 사람은 죽는다.)
 John is a man. (John은 사람이다.)
 Therefore, John is mortal. (그러므로, John은 죽는다.)

d. 문장을 '이분적'으로 분석하였으며, 여기서 이분적 분석이란 문장을 '주부'와 '술부'로 분리한 방식을 가리킨다.

e. 언어에서의 보편성 발굴의 계기를 마련해 주었다. 즉 언어의 '보편성'universality이 처음으로 세상에 알려지게 되었다.

3 로마 시대 언어학

언어학 이론 역사에서 로마 시대 이론의 특징은 그리스 시대에 발전했던 언어이론을 다음 시대로 전수하였다는 점이다. 그리고 로마 시대 언어인 라틴어를 분석할 때 그리스 시대의 언어이론을 적용하여 분석하였다.

로마 시대의 언어학자들은 그리스의 언어이론을 전폭적으로 수용하였고, 그 이론들을 더 세련되게 발전시켰으며, 그렇게 다듬어진 이론들을 라틴어를 분석하는 과정에 적용하였다. 그래서 로마 시대에는 당시를 대표할 만한 언어학 이론 자체가 새롭게 나타나지는 않았다. 일부 학자들은 이 점을 강조해서 로마 시대 언어학 상황을 '모방의 시대'로 일컫기도 한다. 로마 시대를 대표하는 언어학 이론가로서 바로와 프리지안이 있다.

■ 3.1. 바로

라틴어에 대한 최초의 연구자로서 현재까지 연구 업적이 유일하게 남아 있는 학자이다. 언어학적인 관점은 알렉산드리안 학파와 스토아학파를 중심으로 하고 있다. 바로가 저술하였던 다수의 저서는 지금까지 높은 평가를 받고 있으며, 그의 저술서 『De lingua Latina』는 대표적인 저서이다. 모두 25권으로 구성되어 있었지만, 지금까지 남은 것은 5~10권 정도로 일부만 전해지고 있다. 이처럼 비록 그의 저작이 온전히 전해지지 않지만, 그는 고대 로마 언어학의 가장 중요한 선구자로 평가받고 있다. 바로는 그리스 문법학의 이론적 틀을 단순하게 모방하는 것을 넘어서 라틴어 자체의 본질과 특징을 심층적으로 분석하려는 노력에서 로마 언어학의 독자성을 확립하는 중요한 견인차였다. 그리고 바로의 어원 연구와 유추/변칙에 대한 절충적인 시각은 후대 언어학자들에게 깊은 영향을 주었다.

3.2. 프리지안

그의 이름은 프리스키아누스Priscianus Caesariensis로 알려져 있으며, 지금까지 남아 있는 라틴 문법서 중에서 가장 상세하고 권위 있는 저서를 남겼다. 프리지안이 살았던 시대는 6세기경으로 문법서들은 18장으로 분류되었고, 마지막 두 장은 주로 라틴어의 통사적인 것을 다루었다.

1~16장 내용은 'Priscian Major'로서 마지막 2장은 'Priscian Minor'라고 불렸다. 프리지안의 저서가 중요한 이유는 자신이 라틴어의 모국어 화자로서 라틴어를 가장 완벽하고 상세하게 저술하였고, 프리지안이 내세웠던 문법적 이론이 다른 문법에서 제시된 이론들의 초석이 되었기 때문이다. 따라서 프리지안은 고대 그리스와 로마의 언어학적 유산을 집대성하고, 특히 구문론에 대한 심도 있는 분석을 통해 문법 연구를 한 단계 발전시켰다. 그의 연구는 중세 유럽의 지적 활동에 지대한 영향을 미쳤으며, 서양 언어학 전통의 핵심적인 기둥 중 하나로 남아 있다.

4 중세 유럽의 언어학 이론

중세 시대에서 언어학 관점의 특징은 '사변언어학'speculative grammar의 등장이었다. 사변언어학 출현은 중세 이전에 시작된 2가지 언어학 이론들 측면에서 바라보아야 한다.

    a. 사변언어학 이론의 정식 배경이 되었던 '스콜라 철학'scholastic philosophy의 등장이었다. 스콜라 철학은 그리스 아리스토텔레스의 철학적인 사고체계에 가톨릭과 관련된 종교적인 색채를 가미한 철학적 사고방식이었으며, 스콜라 철학의 기저는 토마스 아퀴나스Thomas Aquinas에 의하여 마련되었다.

    b. 로마 시대 대표적인 프리지안과 도나투스의 문법적인 업적이다. 이들은 로마 시대에 문법 기반 기술을 완성한 사람들이다. 이 두 학자의 언어학적 공헌은 중세 시대에 사변언어학이 발전할 수 있었던 학문적 토대를 마련해주었다.

5 르네상스와 비교 언어학의 시작

    그리스 시대의 고전 언어와 당시 철학자들의 언어학 관념에 관심을 다시 기울이게 되었다. 유럽 학자들은 고대 문헌을 연구하고 비교 방법론을 발전시켰다. 우선 문예부흥이라는 새로운 시대의 특징은 당시 로마 중심 지역 이외 기타 지역에서 사용되던 '지방어'vernacular language가 지역의 중심어로서 부상하였고, 전 지역에 걸쳐 사용되었던 라틴어의 위세가 지방어에 비해 상당히 약화된 사안이다. 이러한 현상은 5가지로 설명할 수 있다.

a. 사람들의 사고의 중심이 그리스나 로마가 아닌 다른 유럽 지역들을 중심으로 바뀌었다. 따라서 그리스어나 라틴어 중심에서 벗어나 지역에서 발전하였던 지방어가 중심어로서 역할을 맡게 되었다.

b. 여러 학자가 아랍어와 히브리어에 관심을 가지고 연구를 수행하였다. 특정 지역의 지방어를 쓰는 주민들이 높은 수준의 교육을 받는 상황이 강해지면서 당시의 대학들이나 기타 교육기관 등에서 교육 대상자들이 구태여 라틴어를 배우려는 의욕을 상실하기 시작하였다.

c. 당시 인쇄 문화 발전이 거리에 상관없이 신속하게 지식을 전달하면서 사회적으로 중간계층 주민들이 배움에 욕구를 느끼기 시작하였다. 그래서 학습자들이 그리스어, 라틴어 이외의 외국어를 배우고 싶어 하였으며, 이것은 여러 종류의 사전이 나오게 되는 계기를 마련해주었다.

d. 세속적이고 당시 백성 중심의 상황이 성경을 지방어로 번역하려는 동기를 부여하게 되었다. 1534년에 발간되었던 루터의 독일어판 성서는 그 후 유럽 여러 지역의 언어로 번역되었으며, 일반인들도 성서를 자신이 알고 있던 언어로 읽는 기회를 마주하게 되었다. 그래서 당시의 지방어들은 하층계급의 언어 위상을 벗어나서 성서에 적용됨으로써 명실상부한 중심어로서 역할을 담당하기에 이르렀다.

e. 당시 인본주의의 학풍이 옛것을 알리는 분위기 형성에 계기를 불러왔다. 여기서 말하는 옛것이란 중세 라틴어 기록물에 관한 관심을 의미한다. 이러한 과거의 유산들을 기록한 중세 라틴어는 구문 구조에서 단어 사이의 구성에 있어 자유성을 허용하였으며, 새로운 신조어 용어들의 창출 기회를

열어 주었다.

6 역사 언어이론의 태동

    18세기 학자들은 언어학 연구에 역사적인 측면의 중요성을 깨닫기 시작하였다. 당시 유럽의 학자들 사이에는 언어의 기원에 관한 문제가 강하게 대두되었고 이에 대한 대답을 찾는 노력이 나타났다. 그들은 언어의 기원을 밝히는 것에 그치지 않았다. 과거 역사 속에 존재하였던 언어와 현존하는 언어 사이의 관계성을 밝히고자 노력을 기울였다. 이와 같은 경향은 언어 변화의 역사적인 흐름과 맥을 같이 하면서 역사언어학이 시작하였다.
    역사언어학의 시작은 동시대의 철학적인 상황에도 지대한 영향을 미쳤다. 언어의 기원 및 최초의 언어를 찾아내고자 하는 시도에 영향을 끼쳤던 두 사상으로서 이성주의에 입각한 '계몽주의'enlightenment 사상이다. 또 다른 사상으로서 역사언어학 이론 발전에 영향을 미친 '낭만주의'romanticism 사상을 생각할 수 있다.
    이들은 19세기에 접어들면서 유럽에는 새로운 기운이 움트게 하는 중추로서 중요한 사상들이었다. 특히 낭만주의가 언어연구에 미친 영향은 사회적인 분야 및 민족적인 분야로 나누어서 생각할 수 있으며, 이러한 영향을 기반으로 인간의 최초 언어로서 원시적 상황에서의 언어를 추론하려는 시도가 나타나기에 이르렀다.

6.1. 윌리엄 존스

역사언어학의 핵심은 언어들 사이 비교였으며, 이런 경향은 시대적으로 학문적 당위성을 가지게 되었다. 윌리엄 존스 경Sir William Jones이 등장하면서 언어의 비교 성향이 분명하게 드러났다.

윌리엄 존스 경은 인도에 파견된 영국 외교 공무원으로서 법률 관련 업무를 관장하였고, 이와 같은 환경에서 공무원으로서 인도 법률을 연구하였으며, 법 연구를 위해 인도 고유언어인 산스크리트어를 학습하였다. 그러한 과정에 산스크리트어, 라틴어, 그리스어 사이의 유사성을 찾게 되었다. 그리고 언어들의 유사성이 공통 조상 언어로부터 존재 가능성을 시사하였으며, 자신의 관점에 기초하여 조상 언어로서 '원시 인도-유럽어' Proto-Indo-European 존재를 제안하였고, 이러한 연구 결과를 토대로 역사언어학의 기초를 닦았다.

6.2. 신문법학파

주로 1870년대 독일 라이프치히 대학을 중심으로 활동했던 젊은 언어학자들을 일컫는 명칭이다. 당시 주류였던 언어연구 방식에 반발하며 새로운 방법론을 제시했기 때문에 '새로운 문법학자들'이라는 명칭이 부여되었다. 이들은 특히 인도유럽어족의 역사적 비교 연구에 큰 영향을 미쳤다. 특히 그들은 음운 변화의 규칙성을 강조하며 '역사 변화에는 예외가 없다'라는 법칙을 제시하였다. 비교 방법론을 발전시켜, 후손 언어들을 비교, 검토하는 과정을 기반으로 과거 소멸한 언어들의 재구성을 시도하였다. 특히 언어학 이론 분야에서 철저한 자료 비교, 검토 등 과학적 접근 방식 구축에 절대적 영향력을 보여주었다.

6.3. 야코프 그림

역사언어학의 기반 및 정수를 구축한 학자로서 야코프 그림Jacob Grimm은 언어학 발전에 절대적인 영향을 미친 학자였다. 그림은 저서 『Deutsche Grammatik』(1818)에서 고대 독일어, 현대 독일어의 문법적인 구조를 보여주었으며, 1822년 두 번째 증보판에서 인도-유럽어에 속하는 산스크리트어, 그리스어, 라틴어와 함께 독일어 사이의 음소 일치 관계를 분명하게 밝혀주었다. 여기서 음소 일치 관계를 법칙으로 체계화하여 '소리 변이 추이'sound shift로 명명하였고 이후에 '그림의 법칙'으로 알려지게 되었다. 그림의 법칙은 크게 2가지로 나누어 볼 수 있다.

- 독일어와 다른 인구어 사이에서 발견되는 음운 변화의 일관성을 제시
- 음운 변화를 통하여 음소의 성격을 결정하는 소리 자질들 사이의 관련성을 제시

6.4. 훔볼트

언어연구에서 역사적인 측면과 더불어 언어학 이론의 철학적인 측면에도 노력을 기울였다. 그의 연구적 비중은 언어학의 연구 동향을 언어 내적인 측면으로 유도한 것으로 평가를 받았다. 언어 현상의 관찰을 수행하면서 역사성의 핵심인 시간 흐름에 초점을 두는 통시적 관점과 하나의 특정 시대에 중점을 두는 공시적 관점 두 측면들을 제안하였다. 그리고 언어라는 대상을 연구하면서 끊임없이 제기되는 언어학적 질문에 대한 답을 찾는 노력을 멈추지 않았다.

훔볼트는 자신의 조국 프러시아를 벗어나서 여러 장소를 여행하였고,

수많은 언어를 배우는 기회로 삼았다. 자신이 직접 배웠던 언어에는 서구권, 동양권 언어들을 망라해서 미국 인디언 언어도 포함되어 있었다. 이렇게 끊임없이 접촉한 언어를 근간으로 언어에 대한 많은 저서를 남겼으며, 그중 『The variety of human language structure』는 언어 비교를 제시한 대표적 저술서였다. 따라서 훔볼트는 특히 언어의 본질을 단순히 사고를 표현하는 도구로서가 아니라 사고 자체를 형성하는 유기적인 기관으로서 강조하였다. 그의 언어학 사상은 다음과 같은 핵심 개념으로 요약할 수 있다.

- 언어는 생성과 변화를 거치는 활동으로서 '에네르게이아'Energeia이다.
- 언어와 사고의 불가분성으로서 언어는 '사고를 형성하는 기관'이라고 보았다.
- 언어의 '내적 형식'Inner Form으로서 민족의 정신과 문화를 담는 그릇임을 강조
- 민족 언어가 민족들 고유의 세계관을 형성하고 반영한다고 보았다.
- 언어 보편성과 개별성을 기반으로 언어의 특성을 관찰하고 설명하였다.

7 구조주의의 탄생

유럽에서 '실증주의'positivism를 근간으로 주변 대상들을 연구하려는 사상적 흐름이 발생하였다. 즉 무엇이든 가능하다고 생각하는 경향으로서 일

을 수행할 때 실리적인 측면을 강조하였다. 그리고 정신과 육체를 일치된 하나의 존재로 인식하여 출현한 '심신일체설'holism 경향이 나타났다.

심리학에서는 'Gestalt'라는 개념이 출현하였으며, 이것은 하여 하나의 구조물을 인식할 때 그 구조의 하위구조들을 개별적으로 파악하기보다는 하위구조들과 전체와의 유기적인 관계를 중심으로 그것을 이해하려는 인식 태도를 가리킨다. 이와 같은 정신적인 환경은 '구조주의' structuralism라는 사조 형성을 가능하게 하였고, 여기에 바탕을 두고 언어가 연구되기 시작하였다.

구조주의 관점에 의하면 언어란 단순히 그 내부에 속한 음성, 단어, 구, 절 등 개별적인 요소들을 하나로 총합한다고 해서 모두 설명되는 것이 아니라, 여기에는 단순한 합산의 원리 이외에 더 많은 복잡한 요인들이 고려되어야 한다고 보아야만 하는 당위성을 언급하였다. 이와 같은 언어학적인 연구 경향은 페르디낭 드 소쉬르Ferdinand de Saussure에 의해 창시되기에 이르렀으며, 언어학 분야에서는 이러한 점을 참작해서 소쉬르를 구조주의 언어학의 아버지라고 일컫고 있다.

■ 7.1. 소쉬르

소쉬르는 1857년 스위스에서 태어났으며 1875년 라이프치히에서 쿠르티우스의 제자로 대학생활을 시작하였다. 이미 앞에서 언급하였듯이 쿠르티우스는 18~19세기에 가장 활발한 학문적인 활동을 보였던 역사언어학에 지대한 영향을 미친 인물이었다. 당시 같은 대학에서 학문을 연구한 교우로는 레스킨과 브루크만이 있었다.

1879년 22세가 되던 해 소쉬르는 그의 유명 저서라고 할 수 있는 'Mémoire sur le Système primitif des voyelles dans les langues indo-européennes'을 통하여 능력을 인정받았다. 그는 학문 과정을 마친 후 파리 대학으로 가서 'Socie´te´ Linguistique'의 중요 회원으로서 활발한 활동을 벌였으며 1881년부터 1889년까지 브레알Bréal이라는 곳에서 비교언어학을 강의하였다. 1881년 이후에는 제네바Geneva 대학에서 강의하였다. 소쉬르 사후에 그의 제자들에 의하여 그를 대표하는 유고 저서라고 할 수 있는 『Cours de Linguistique Générale』이 편집되어 출판되었다.

소쉬르가 구조주의 언어학 창시자로서 언어학 이론 발전에 기여한 공로는 소쉬르가 새로운 정의를 부여한 개념들에 반영되어 있다. 소쉬르가 언어이론 확립에 대한 기여도는 다른 학문 분야에서 사용한 이분적인 접근 방법이며, 이것은 후일 언어학 이론 근대화에 커다란 전환점이 되었다. 소쉬르가 제창한 언어학 이론을 분야별 분류해서 요약하면 다음과 같다.

- 랑그와 파롤의 구분
- 통시적 언어연구와 공시적 언어연구의 구분
- 언어에서의 어형변화성과 통어성의 구분
- 내용과 형식의 구분
- 언어학적 기호에 대해서 표의와 표기의 구분

7.2. 프라하 학파

프라하 학파는 언어학의 흐름이 전통적인 역사언어학에서 공시적인 현상 규명에 초점을 두었던 새로운 언어학 이론으로 변화하는 시기에 시작된 유럽 중심의 언어학자 모임이었다. 학문적으로 뜻을 같이하던 학자들이 체코슬로바키아의 수도인 프라하에서 모임을 만들고 정기적으로 회합을 가

졌고, 이것이 바로 프라하학파의 기원이다. 여기에 속하였던 대표적 언어학자로는 마테시우스, 뷜러, 트루베츠코이, 야콥슨 등이 있었다.

트루베츠코이는 저서 '음운학 원리'Principles of Phonology는 현대 음운론 발전에 기여하였으며, 야콥슨은 '변별적 자질'distinctive features 개념을 제안하였다. 이 학파가 다른 언어학의 조류와 다른 점은 언어를 기능적인 측면에서 규명하려 했다는 사안이다. 즉 언어를 일정한 목적에 도달하려는 기능적인 존재로 규정하였으며, 언어 내부의 부분들도 이와 같은 목적을 성취하기 위한 수단으로 분석하고 이해하였다.

8 현대 언어학 시대 태동

현대 언어학 시대는 일반적으로 19세기 후반부터 현재까지의 언어학 연구 흐름을 지칭한다. 이 시기는 언어학이 과학적인 학문으로 정립되고, 다양한 이론과 방법론이 발전하며 언어의 본질을 다각도로 탐구하게 된 시기이다.

■ 8.1. 기술언어학 이론

미국에서 기록과 분석의 수단으로서 기술을 중심으로 하는 인류학적 바탕의 언어학 이론이 태동하고 있었다. 유럽 언어학이 역사언어학 경향을 완전히 벗어나고 있지 않은 상황에서 나름의 언어학적 방법론을 발전시켰다는 점에서 매우 중요한 의의를 지닌다.

미국 중심의 기술언어학은 1950년대까지 현대 언어학을 이끌었고 지금까지도 현대 언어학 이론 발전에 영향을 미치고 있다. 이와 같은 언어학의 발전에 공헌한 학자로는 보애스, 사피어, 워프, 블룸필드 등을 들 수 있다. 미국을 중심으로 발전한 기술언어학은 그 원천이 인류학 중심의 언어학으로서 당시 유럽에 퍼져있었던 구조주의 언어학과 관련성을 가지고 있었고, 이와 같은 기술 중심의 언어학은 역사언어학과 달리 공시적인 언어관을 따르고 있었으며, 언어의 변화보다는 특정 시기의 언어의 구조를 관찰하고 밝히는 데 주력하였다.

따라서 미국에서 발생하였던 언어학의 흐름을 두고 일부 언어학 학자들은 '기술주의 언어학' descriptivism, '분포주의 언어학'distributionalism, '구조주의 언어학'structuralism으로 명명하기도 했다. 그렇지만 기술중심의 언어학이 모든 측면에서 구조주의 언어학과 동일하였던 것은 아니었고, 소쉬르를 중심으로 유럽에서 발전하였던 구조주의 언어학과 프란츠 보에스Franz Boas를 중심으로 미국에서 발전한 기술 중심 언어학은 나름 차이점을 안고 있었다.

- 미국 기술주의 언어학은 유럽과 달리 학문적 관점의 초점이 다르다.
- 설명의 토대인 자료로서 기록하고 분석하였던 언어들이 서로 다르다.
- 언어의 역사적 측면을 볼 때 미국 원주민 언어 자료가 미진하다.
- 미국 기술주의 언어학은 학문적인 성향에서 다른 방향을 보인다.

■ 8.2. 에드워드 사피어

사피어는 보애스로부터 영향을 받아 언어연구를 시작한 학자이다. 미국

대륙의 북서쪽 지역에서 사용되고 있던 원주민 '테켈마 언어'Takelma language에 대한 분석을 시작하였다. 이후 많은 언어를 자유자재로 습득하고, 사용할 수 있는 학자로 유명해졌으며, 그의 언어에 대한 지식은 이론적인 분야 및 실질적인 측면에서도 해박함을 보여주었다.

그가 연구 대상으로 삼았던 대상은 Kwakiutl, Chinook, Yana, Wishram, Navaho 등 미국 원주민 언어들이었고, 미국대륙 언어에만 관심을 가지면서도 중국, 아프리카 등에 산재해 있던 언어들에 대해서도 상당한 관심을 보였다. 그는 이와 같은 능력을 바탕으로 1917년과 1931년 사이에 언어학 분야를 포함해서 시, 음악, 비평 등에서도 수많은 논문을 남겼다.

■ 8.3. 레오나르드 블룸필드

초기에 역사언어학을 통해 언어학 이론을 연구하였고, 신문법주의 이론의 영향을 많이 받았다. 이후 그는 자신의 학문적 영역을 미국의 원주민 언어로 전환하였다. 그의 연구 방법은 당시에 미국에서 널리 받아들여지고 있던 기술 중심의 언어이론이었고, 연구 업적은 저서『Language』(1933)에 반영되어 있다. 이 저서는 1914년에 완성한『Introduction to the Study of Language』를 수정, 보완한 것이다.

다른 학자들과 다른 블룸필드의 특성은 언어학 이론 분야를 과학으로 체계화시키고 발전시킨 방향성 구축이었다. 그가 언어학 이론을 과학으로 발전시키고자 취했던 방법은 당시 널리 유행하고 있던 '행동주의 심리학'Behaviorism이었다. 당시 시대는 실증주의 철학이 주류를 이루고 있어서 왓슨에 의하여 제창되고 체계화된 행동주의 심리학은 인간의 정신 속을 알 수 없는 대상으로 전제하고 이러한 전제를 근거로 정신에 나타나는 운용 과정을 자극과 반응으로 가정된 모델을 통해서 확인하는 방법을 제시하였다. 이러한 심리학 모델에서는 인간 마음은 알 수 없는 하나의 존재로 보는 방법으로서 '블랙박스'black box에 비유하였다.

8.4. 생성문법 노엄 촘스키

촘스키의 이론은 언어 사용에 내재된 인지 과정 탐구에 초점을 맞추었고, '보편 문법'Universal Grammar: UG을 인간 모두가 언어에 내재된 선천적 문법 구조로서 소유하고 있다고 주장하였다. 이러한 개념을 토대로 '변형 생성 문법'Transformational-Generative Grammar을 모델로서 제시하면서 문장 의미를 대표하는 심층 구조와 실제 발화 구조로서 표층 구조 분석을 제안하였다. 1950년대와 1960년대에 걸쳐 촘스키가 언어학과 그와 관련된 분야에 끼친 영향은 이루 다 말할 수 없을 정도이다.

오늘날 그는 '생성문법이론'Generative Grammar을 창안한 학자로서 널리 알려져 있다. 이러한 새로운 이론에서 기존 이론의 문제점들을 과감히 비판하였으며, 이것은 자신의 이론과 그 이론의 바탕을 이루고 있는 신방법론을 펼쳐가는 데 중요한 여건이 되었다.

촘스키가 언어학에 새로운 바람을 일으켰던 이유는 언어학이 다루는 분야 범주 형성에 관해서 명쾌한 설명을 보여주었기 때문이었다. 그는 언어학을 두고 '언어학은 과학이다'(Linguistics is science)라는 정의를 내렸으며, 같은 언어학이라도 과학적이라고 할 수 없는 대상은 언어학에서 배제되어야 한다고 보았다. 이와 같은 목적을 위하여 언어 활용, 언어 응용, 언어 교육 등 언어학 이론으로 다룰 수 없는 분야들을 연구 대상으로부터 제외하였다. 그리고 촘스키는 언어학에 대한 정의를 기반으로 언어학 이론의 목표를 제시하였고, 각각의 내용은 질문형식으로서 자신이 추구하고자

하는 목표를 분명하게 밝혔다. 다음에 제시된 질문과 답들은 언어학 이론 내용을 구체적으로 밝히는 핵심 항목들이다.

a. 지식 체계란 무엇인가? 영어, 스페인어 화자 마음/두뇌에는 무엇이 존재하는가?
　→ 특정 언어 화자가 해당 언어에 대하여 가지고 있는 지식의 정체는 개별적 언어에 대한 생성문법을 통해서 확인할 수 있다. 영어, 스페인어 등 언어들은 개별적인 생성문법을 가지고 있으며, 언어 중에서 하나의 언어를 모국어로 사용하는 화자는 자신의 언어에 대한 생성문법을 언어에 대한 지식으로 구축하고 있다. 그러한 지식은 별개로 생성문법이 형성되는 과정에서 확인될 수 있다.

b. 이러한 지식 체계는 마음/두뇌에서 어떻게 형성되는가?
　→ 보편 문법으로부터 답을 찾을 수 있다. 여기서 주의해야 할 사안은 보편 문법 자체뿐만 아니라 이 문법이 어떤 원리에 의하여 개별적인 언어를 생성하는 개별적인 생성문법으로 변모하는 방식에 관한 설명도 함께 밝혀야 한다는 사실이다. 여기서 보편 문법이란 핵심적인 저변의 언어적 기능으로서 '초기 상태'initial state에 놓여 있는 형태를 가리키는 이론적 관점을 의미한다. 그리고 초기 형태라는 표현은 언어로서 외부적인 형태로서 나타나기 이전 상태에 놓여 있고, 아직은 자극을 받지 않은 상태에 놓여 있으면서 언어로 발전할 수 있는 기능이 잠재 상태로 놓여 있는 모습을 가리킨다. 이와 같은 잠재 상태의 언어적 기능이 비로소 하나의 경험으로서 특정 언어에 접촉하면서 자극을 받기 시작하면, 드디어 그 언어의 개별적인 생성문법 형성을 위하여 해당 기능이 발동을 시작하게 된다.

c. 지식은 말하기(글쓰기처럼 이차적 체계)에서 어떻게 활용되는가?

→ 이미 하나의 개별적인 언어를 위한 독립적인 지식으로 자리를 잡은 기능을 설명하는 이론이 해당 언어를 표출하고 표출된 언어를 이해하고, 더 나아가서는 화자들이 상호 이해하는 의사소통 현상을 설명하는 과정에서 언어 지식과 언어 표출의 관계성을 알아보려는 시도이다. 즉 이론과 실제 언어 사용 사이에서 인간이 소유한 이론이 얼마만큼의 역할 수행이 가능할지에 관건이 있다고 볼 수 있다.

d. 지식 체계와 그 활용을 위한 물질적 기반으로 작용하는 물리적 메커니즘은 무엇인가?

→ 새로운 분야로서 사실상 촘스키가 자신의 이론을 처음으로 내세울 당시에는 쉽게 시도할 수 없었다. 그렇지만 최근 인간의 정신세계에 대한 과학적인 관측이 중심 과제로 떠오르면서 심리학뿐만 아니라 생물학과 관련된 분야의 중요 문제로 학자들의 관심 대상이 되고 있다. 여기서 주목해야 할 사항은 촘스키는 위의 질문을 던지면서 언어학과 심리학의 구분을 더 이상 중요하게 생각하지 않는다는 사실이다. 인간의 특정 정신 활동이 인간 육체의 어느 부분과 관련성이 있느냐 하는 것은 이미 심리학에서는 오래 전부터 밝히려고 노력해 온 분야이기 때문이었다. 그렇지만 이와 같은 질문에 대한 대답은 위에서 주어진 세 가지 질문에 대한 답이 완수되지 않는다면, 결코 얻어질 수 없다는 점을 지적하지 않을 수 없다.

제15장

최신 동향과 미래 방향

1 언어학의 학제적 접근

다양한 학문 분야의 통찰과 방법론을 언어학에 접목하여 연구를 확장하는 방식이다. 이러한 접근법은 언어의 기능 그리고 언어가 인간 생활 전반에 미치는 영향을 심층적으로 이해하는 방향을 제시한다.

■ 1.1. 심리언어학

심리학과 언어학을 결합하여 인간의 두뇌가 언어를 어떻게 처리하는지 연구하는 분야이다. 연구자들은 '언어 이해'comprehension, '생산'production, '습득'acquisition 과정을 탐구한다. 심리언어학이 설명을 제시하는 연관 분야들을 정리하면 다음과 같다.

- 어린이의 언어 습득 과정
- 인지 장애가 언어에 미치는 영향
- 언어 처리의 신경학적 기제

■ 1.2. 사회언어학

언어와 사회의 관계를 연구하는 분야로서 연령, 성별, 인종, 사회경제적 지위 등의 사회적 요인이 언어 사용에 미치는 영향을 분석한다. 코드 전환code-switching, 방언 차이dialect variation 등의 언어 현상을 연구하며, 사회적 정체성과 문화적 맥락이 언어에 어떻게 반영되는지를 탐색한다.

1.3. 신경언어학

신경과학과 언어학을 결합하여 인간 두뇌가 언어 기능을 수행하는 방식과 과정 등을 연구하는 분야이다. fMRI기능적 자기공명영상, EEG뇌파검사 등의 기술을 활용하여 언어 처리와 관련된 두뇌 영역을 탐색한다. 그리고 '언어장애'language disorders, 뇌 손상 후 회복 과정, 이중언어 처리의 신경 기제 등을 연구한다.

1.4. 계산언어학

컴퓨터 과학과 언어학을 융합하여 언어를 처리하고 분석하는 알고리즘과 모델을 개발하는 분야이다. 자연어 처리 기술을 통해 기계 번역, 감성 분석, 음성 인식 등의 응용 분야를 발전시킨다. 대규모 언어 데이터를 자동으로 수집하고 분석하는 기술을 활용하여 언어연구의 효율성을 증대한다.

1.5. 인류언어학

언어를 문화적 맥락에서 연구하는 분야이다. 언어가 어떻게 문화적 실천, 신념, 사회 구조를 반영하고 형성하는지를 탐색한다. 해당 연구 분야는 다음처럼 정리할 수 있다.

- 소멸 위기 언어 보존
- 언어 기록
- 언어적 다양성 연구

▰▰ 1.6. 인지언어학

인지과학과 언어학을 결합하여 언어가 인간의 개념적 조직을 어떻게 반영하는지 연구하는 분야이다. '은유'metaphor, '범주화'categorization, '정신적 이미지'mental imagery 등의 개념을 분석하여 언어가 사고를 형성하는 방식을 연구한다.

▰▰ 1.7. 교육언어학

언어학 이론을 교육에 적용하는 분야이다. 언어 교수법, 교육과정 설계, 평가 방법을 연구하여, 모국어 및 제2 언어 학습을 효과적으로 지원한다.

▰▰ 1.8. 법언어학

법적 맥락에서 언어 사용을 연구하는 분야이다. 법률 문서 분석, 법정 담화 연구, 법적 언어 해석을 통해 법률 체계 내에서 언어가 어떤 역할을 하는지 탐색한다. 그리고 법률적 의사소통을 개선하고, 법률 용어의 모호성을 분석하며, 언어가 법적 판결에 미치는 영향을 연구한다.

② 언어연구의 기술적 발전

기술 발전은 언어연구를 혁신적으로 변화시키며, 언어 구조, 사용, 변화 과정을 연구하는 과정에서 새로운 도구와 방법론을 제공한다. 그리고 학제적 접근과 기술 발전은 언어연구의 새로운 가능성을 열어가고 있으며, 이를 통해 언어학은 더욱 정교하고 포괄적인 분야로 발전하고 있다. 언어의 인지적, 사회적, 문화적, 실용적 측면을 탐구할 목적으로 혁신적인 도구와 방법론이 지속적으로 개발되고 있다. 이러한 발전은 언어학 연구뿐만 아니라 실생활에서의 언어 응용에도 큰 영향을 미치고 있다.

a. 코퍼스 분석 도구

COCACorpus of Contemporary American English는 코퍼스 분석 도구 중 하나로서 빈도 분석, '연어'collocation 연구, 언어 패턴 식별 등 연구 부문들을 지원한다.

b. 자연어 처리

자연어 처리 연관 기술은 인공지능과 머신러닝을 활용하여 언어 데이터를 자동으로 분석하는 분야이다. BERT, GPT-3, Google Translate와 같은 최신 NLP 모델은 언어연구를 보다 정교하고 효율적으로 수행할 수 있도록 지원한다. 이 기술은 다음 분야에 응용할 수 있다.

- 감성 분석
- 개체명 인식
- 기계 번역

c. 음성 인식 및 합성(Speech Recognition and Synthesis)

음성 인식 기술은 음성을 텍스트로 변환하는 기술이며, 음성 합성은 텍스트를 자연스러운 음성으로 변환하는 기술이다. Google Speech-to-Text, Siri 등의 도구는 대량의 구어 데이터를 수집하고 전사하는 기능을 수행한다. 음성 합성 기술은 언어 학습 및 접근성 도구로서 시각 장애인을 위한 음성 출력 등에서 활용된다.

d. 시선 추적 기술

시선 추적 기술은 독자가 텍스트를 읽을 때 어디에 초점을 맞추는지를 분석하여 언어 처리 과정의 인지적 측면을 연구하는 기술이다. 단어 인식, 구문 분석, 문맥 효과 등 연구를 지원한다.

e. 신경영상 기술

신경영상 기술로서 fMRI, EEG을 적용하여 언어 처리 과정에서 활성화되는 두뇌 영역을 탐색할 수 있다. 언어 장애 연구, 재활 전략 개발, 이중언어 처리 연구 등에 기여한다.

f. 모바일 및 웹 기반 애플리케이션

모바일 앱과 웹 플랫폼을 활용하여 다양한 인구 집단으로부터 언어 자료를 수집할 수 있다. 예를 들면 Duolingo와 같은 언어 학습 앱은 언어 학습 패턴을 연구하는 데이터도 함께 수집한다. 크라우드 소싱 플랫폼을 통해 다양한 지역과 계층의 언어 변화를 연구할 수 있다.

g. 디지털 아카이빙 및 보존

디지털 기술을 활용하여 소멸 위기 언어를 문서화하고 보존하는 작업이 진행되고 있다. 예를 들면 ELAR(Endangered Languages Archive), DOBES 등의 플랫폼은 오디오, 비디오, 텍스트 데이터를 저장하고 공유하는 디지털 저장소를 제공한다.

h. 인공지능과 머신러닝

　인공지능 그리고 머신러닝 알고리즘을 활용하여 복잡한 언어 데이터를 분석하고 새로운 언어적 패턴을 식별할 수 있다. 적용 부분은 구문 분석, 의미 분석, 음성 인식 등 다양한 언어연구 분야에서 활용할 수 있다.

i. 가상현실과 증강현실

　가상현실 그리고 증강현실 기술을 활용하여 상호 교류를 통한 몰입형 언어 학습 환경을 조성할 수 있다. 언어 습득, 사회적 상호작용, 교육 방법론의 효과 연구에 활용된다.

3 세계화와 언어에 미치는 영향

　세계화는 언어에 깊은 영향을 미치며, 언어 사용, 보존, 변화에 중요한 역할을 한다. 세계화는 의사소통과 경제적 통합을 촉진하지만, 언어적 다양성과 문화유산에 도전 과제를 제기한다. 세계화는 언어적 다양성을 위협할 수 있고, 동시에 새로운 언어적 환경을 조성하는 양면성을 지닌다. 지배적 언어의 확산은 소수 언어를 주변화시키지만, 다중언어 사용과 기술 발전은 새로운 기회를 제공할 수 있다. 효과적인 정책과 보존 노력을 결합할 때 세계화는 언어적 유산을 보호하면서도 글로벌 소통을 촉진하는 긍정적인 도구가 될 수 있다.

학제적 연구와 신기술을 활용한 접근법을 통해서 우리는 언어의 복잡한 역할과 변화를 보다 깊이 이해할 수 있다. 미래의 언어연구는 이러한 도전 과제를 해결하고, 언어적 다양성을 유지하는 방향으로 나아가야 한다.

3.1. 지배적 언어의 확산

세계화는 영어, 스페인어, 프랑스어 등 지배적 언어의 사용을 촉진한다. 이러한 언어들은 국제 비즈니스, 과학, 기술, 교육의 주요 매개체가 된다.

영향 측면 경제적 그리고 사회적 이동성을 위해 사람들이 지배적 언어를 채택하면서, 지역 및 원주민 언어의 사용이 감소한다. 이와 같은 변화는 언어 소멸의 위험을 증가시키며, 언어적 다양성을 감소시킬 수 있다.

3.2. 언어 전환과 소멸

언어 전환language shift은 공동체가 원래 사용하던 언어로부터 널리 사용되는 글로벌 언어로 전환하는 과정을 의미한다.

영향 측면 젊은 세대가 조상들의 언어보다 지배적인 언어를 우선 배우면서, 지역 언어의 사용이 점차 감소한다. 시간이 지나면서 소수 언어가 점진적으로 쇠퇴하고 결국 소멸할 위험이 커진다. 언어가 소멸하면, 그 언어에 담긴 독특한 문화적 지식, 전통, 세계관도 함께 사라진다.

3.3. 문화적 동질화

세계화는 다양한 문화적 관행과 언어를 표준화된 형태로 변화시키는 '문화적 동질화'cultural homogenization를 촉진한다.

영향 측면 문화적 개성이 희석되면서, 언어적 다양성이 줄어들고 지역 방언과 언어가 주변화되는 경향이 발생한다.

3.4. 언어 보존 노력

세계화로 인한 언어적 위협에 대응하기 위해서 다양한 언어 보존 및 부흥 프로그램이 추진되고 있다.

영향 측면 문서화 프로젝트, 교육 프로그램, 디지털 기술 활용 등을 통해 소멸 위기 언어를 보존하고 부흥시키는 노력이 이루어지고 있다. 이러한 노력은 공동체가 언어적 정체성을 유지하고, 다음 세대에게 언어를 전승할 수 있도록 돕는다.

3.5. 이중언어 및 다중언어 사용

세계화는 '이중언어'bilingualism 및 '다중언어'multilingualism 사용을 촉진하며, 사람들이 글로벌 경제 활동에 참여하고 다양한 문화적 경계를 넘나들 수 있도록 한다.

영향 측면 이중언어 및 다중언어 능력은 인지적 유연성, 문화 간 이해, 경제적 기회를 증진하는 긍정적인 효과를 가져온다. 그러나 모국어 유지와 글로벌 언어 습득 간의 균형을 맞추는 과정에서 긴장이 발생할 수 있다.

3.6. 디지털 커뮤니케이션과 소셜 미디어

인터넷과 소셜 미디어는 지배적 언어의 확산을 촉진하는 동시에 소수 언어가 가시성을 확보할 기회를 제공한다.

영향 측면　디지털 커뮤니케이션은 일부 언어를 소외시키는 동시에 소수 언어 사용자들이 온라인에서 소통하고 자료를 공유하는 플랫폼을 제공할 수 있다.

3.7. 경제 및 교육 정책

정부 정책과 교육 시스템은 언어 보존 및 확산에서 중요한 역할 수행을 맡는다.

영향 측면　다중언어 교육을 지원하는 정책과 언어적 다양성을 인정하는 법률은 세계화의 부정적인 영향의 완화에 기여할 수 있다. 효과적인 정책은 경제적 발전과 지역 언어 보존 사이의 균형을 유지하도록 돕는다.

4 새로운 연구 분야와 트렌드

4.1. 계산 사회언어학

사회언어학과 컴퓨터 과학을 결합하여 대규모 언어 데이터를 분석하는 연구 분야이다.

활용 분야　소셜 미디어 담화 분석, 온라인 커뮤니케이션 패턴 연구, 언어 변화 실시간 추적

4.2. 신경인지 언어학

신경과학과 언어학을 접목하여 언어 처리와 습득의 신경 메커니즘을 연구하는 분야이다.

활용 분야   언어 장애 진단 및 치료, 교육 전략 개발

4.3. 생태언어학

언어와 환경의 관계를 연구하며, 언어가 생태적 인식과 행동을 어떻게 형성하는지 분석하는 분야이다.

활용 분야   환경 교육, 지속 가능한 언어 사용 정책 개발

4.4. 법정 음성학

음성학을 법적 맥락에 적용하여 범죄 수사 및 법정 절차에서 활용하는 연구 분야이다.

활용 분야   음성 감식, 법적 증거 분석

4.5. 유산어(계승어) 연구

이민 가정에서 비주류 언어가 어떻게 유지되는지 연구하는 분야이다.

활용 분야   이중언어 교육 정책 수립, 언어 유지 전략 개발

■ 4.6. 언어와 기술

디지털 도구, 소셜 미디어, 인공지능(AI)이 언어 사용에 미치는 영향을 연구하는 분야이다.

활용 분야   기계 번역, 언어 학습 앱 개발

■ 4.7. 수화 언어학

수화의 구조, 사용, 습득 과정을 연구하여 시각-제스처 커뮤니케이션을 탐구한다.

활용 분야   청각 장애인 교육, 수화 번역 기술 개발

■ 4.8. 초국적 언어 사용과 다중양식성

개인이 여러 언어와 다양한 의사소통 방식을 유동적으로 사용하는 현상을 연구하는 분야이다.

활용 분야   다중언어 교육, 다문화 간 의사소통 연구

NEW 영어학개론

© 김형엽, 2025

1판 1쇄 인쇄__2025년 11월 10일
1판 1쇄 발행__2025년 11월 20일

지은이__김형엽
펴낸이__홍정표
펴낸곳__글로벌콘텐츠
       등록__제25100-2008-000024호

공급처__(주)글로벌콘텐츠출판그룹
       대표_홍정표 이사_김미미 편집_백찬미 강민욱 남혜인 홍명지 권군오 기획·마케팅_이종훈 홍민지
       주소__서울특별시 강동구 풍성로 87-6
       전화__02) 488-3280 팩스__02) 488-3281
       홈페이지__http://www.gcbook.co.kr
       이메일__edit@gcbook.co.kr

값 29,000원
ISBN 979-11-5852-605-4 13740

※ 이 책은 본사와 저자의 허락 없이는 내용의 일부 또는 전체의 무단 전재나 복제, 광전자 매체 수록 등을 금합니다.
※ 잘못된 책은 구입처에서 바꾸어 드립니다.